U0507531

同济大学政治学丛书

欧洲一体化进程：在理论与实证之间

OUZHOU YITIHUA JINCHENG ZAILILUN YU SHIZHENG ZHIJIAN

沈洪波 著

中国社会科学出版社

前　言

两次世界大战，使欧洲与世界格局均发生了重大改变。欧洲国家均意识到组织和制度的创新是保障战后欧洲共同利益的途径。此后，政治家与学者们对于欧洲一体化的可能性、目标和进程展开了充分的想象、论证和实施。欧盟委员会的成立与发展，是欧洲历史上一个新时代的标志，其核心特征就是主权国家与超国家机制的共存与互动。可以说，到现在为止，欧洲的精英政治力量始终在推动欧洲一体化的进程。这种精英政治力量包括主流的政治力量和主流的学术力量。它们共同构筑了我们所看到的已经历时 60 余年的欧洲一体化进程的发展，使这样一个不断发展、变化着的实践命题存在于理论与实证之间。

欧洲一体化的学术研究，像任何其他问题的研究一样，经历了一些理论与认识上的变化、起伏。第一波理论是聚焦于新功能主义和政府间主义对欧洲一体化的路径的解释及影响。后来，学者们对欧盟的研究更趋于理性，通过制度主义的理论及设想来思考欧洲一体化。虽然使用的名称不同，但是都是通过制度主义的理性设想来完成的，或者是在同联邦主义的比较中得出的，也或者是同建构主义的分析分不开的。在这些理论方法中，欧盟被看作一个政治实体，它的形式可能是单一的，但是，在这一政治进程中，却再生了很多政治决策的方式，也就是我们现在看到的多层治理。

从理论上看，欧洲学者已经达成一致的观点，自有欧洲一体化的研究以来，按照理论派系，大体可以划分为现实主义和自由主义两类。现实主义主要是指坚持将成员国或成员国政府作为研究基本单元的理论，这种理论大体与关于欧洲一体化进程的各种方案相对应，其渊源可追溯到关于欧盟未来形态的联邦主义模式与邦联主义模式之争。政府间主义与新现实主义理论，以及博弈论等相关学说，共同构成了一体化理论的现实主义流派。其中，最具有代表性的人物之一是斯坦利·霍夫曼（Stanley Hoffmann），以他为代表的政府间主义者对欧洲一体化进行了现实主义的解读，他们假定，共同体的成员国仍然是决定结果的主要行为者。无论欧洲层次的制度化程度有多高，这种制度也只有在成员国的同意之下才能存在。超国家制度的关键决策仍然掌握在成员国手中，成员国之间的政治讨价还价决定了欧洲合作的特点和欧洲制度的范围与限度。这种根植于国家中心范式的理论具有精英主义色彩，集中关注各成员国尤其是英、法、德等大国领袖以及欧洲一体化组织领导人对欧洲一体化进程的影响。

而自由主义一体化理论主要包括以米特兰尼（David Mitrany）为代表的功能主义理论，以哈斯（Ernst Haas）为代表的新功能主义理论和以多伊奇（Karl Dentsch）为代表的沟通理论。相对于现实主义的一体化理论而言，自由主义的一体化理论更注重一体化政策由高政治领域向低政治领域的转移，注重政治精英向普通民众的意识形态宣传和沟通，因而相对有了多元主义的意味。但是，这种理论的本质仍是精英主义的，是对精英主义一体化模式出现转型的理论回应。

而在主要的理论流派背后，欧洲的一体化研究没有脱离实证研究。在欧洲一体化的研究与实践过程中，我们也偶有能够听到对欧洲一体化理论及实践行动的批判的声音。但是，迄今为止，无论从理论还是从实证的角度，对欧洲一体化进程都不存在明显的支持派与反对派的分歧，因为无论是精英还是草根，无论是主流还是非主流群体都没有形成否定或反对欧洲一体化的较为有影响力的力量，即便是处于现在的欧债危机后的艰难时期。这些年来，不同群体对欧洲一体化的争执大致集中在这样的范围，即，政治家们侧重于探讨欧洲一体化发展的目标应该是什么；而学者们则更偏重于讨论什么是欧洲一体化最好的途径，谁领导欧洲一体化，欧盟的实质是什么；草根政治则强调谁受益于一体化，一体化的利益分配如何更为公正。这些问题，是近十年来欧洲政治与欧盟政治研究的核心问题。

2005 年的制宪失败可以看作是欧盟的一个转折点。在此之后，欧盟处在一个十字路口，不是因为制宪失败本身，而是因为欧盟治理的进程不能摆脱制宪失败的影响。欧盟的本质是什么？欧盟能否继续扩大？欧盟的扩大无论是为了扩大地理版图，还是为实现精英政治家的野心，其前提是不出现内部的纷争。那么，什么是欧盟的核心政策得以持续下去或者得以改变的根源呢？制宪危机使这些问题摆在了欧盟研究者的面前。因此，也可以认为 2005 年的制宪危机是欧洲一体化研究的一个转折标识。但是我们也看到，制宪危机并没有影响欧盟的运作基础，至少到目前为止欧盟运作基础失灵的事件还没有发生，布鲁塞尔的一切工作都在正常运行。从环境问题到竞争政策，从电视广播到食品安全，委员会、理事会、议会都在忙于规范内部市场，欧洲央行也是持续地管理欧元。在贸易方面，欧盟在积极地拓展双边及多边贸易关系。在对外政策上，它也一直在寻求对外事务的连贯性。

前文的描述说明，在欧洲一体化的发展过程中，产生了许多“主义”，也不断地面对理论与实践方面的问题与难题。在欧洲学者中，产生了对这样问题的讨论：欧洲一体化是否需要属于什么“主义”的理论？[①]同时，在欧洲一体化的研究过程中，人们也不得不思考，驱动欧盟政治与经济发展的最重要的力量是什么？由于在欧洲一体化的进程中前后缺乏一致性，因此，仿佛不能一贯地说什么对它来说是最重要的。而社会科学家们关于欧盟的本质这个重要的命题也一直没有得到一致的答案。他们对这一问题的理解经常是从自己的研究领域或研究方法出发反映出对欧盟的理解。这其中包括，欧盟是一个国际组织，或是一个拥有自己的权利的政体，或是一个建构认同的来源，或是一个公共政策的制定方法等。我们看到的已有理论似乎都是在框定欧盟本质的前提下，来试图回答问题的。这样，由于欧盟是一个例外的或特别的复合体，各方对于欧盟的本质界定都有所不同。欧盟委员会主席德洛尔（Delor）曾经提到过欧盟是一个“不明身份的政治主体”，有点像北约（NATO）或者像联合国（UN）一样的国际组织，有点像德国或者加拿大一样的联邦国家，也有点像一些合法的组织领导体系如世界贸易组织（WTO），但是，又都不像。故此，对于欧盟政治研究来说，根本不会有最好的理论。

欧盟本质的不确定也使欧洲一体化的研究方向发生了变化。研究者们不再仅仅集中于欧洲一体化的理论研究，他们更侧重于在研究方法和研究角度上的新变化，也由此生成了相互不同的成套理论工具。总结起来，现

---

① Sophie Meunier（ed.），*Making History*：*European Integration and Institutional Charge at Fifty*，Oxford University Press，2008.

有的欧盟研究方法大致分为以下五类:

1. 国际关系方法

国际关系学者为欧洲一体化的研究提供了宽阔的视野。他们的研究集中于在国家间政治中提出一些难以解决且具有刺激性的问题,并且他们在欧盟的研究中,一直试图证明,在某种程度上没有国际性政府的参与,地区、国家间的合作也是可能的和可持续的。在寻找这些问题的答案的过程中,国际关系的学者们增加了价值与规则分析的渠道,讨论关于欧洲一体化的本质及重要性。

首先,将欧洲一体化进程作为一个体系之下包含的另外一个体系来进行研究,即在全球政治的宽泛体系之下来研究一个地区联盟,从而鼓励大家不断地提出这样的问题,即为什么欧洲国家愿意让渡主权?

对于功能主义者来说,这一问题的答案在于这些国家在决定通过自由贸易而增强经济独立性的时候,他们发现与其他国家贸易的选择与路径减少了。[①] 欧盟的机构与利益集团组成的联盟,引导与鼓励一个区域范围内(内部市场)的合作向新的范围"外溢"(如环境政策)。成员国保有权利,但是他们必须与布鲁塞尔的欧盟机构或者非机构行为体以及那些国家和地区的政治首都进行合作。对于功能主义者来说,最重要的是关于欧洲一体化是如何以及为什么不停地向前推进。在国际政治中,欧盟成员国与一般民族国家存在本质的区别在于,在某种程度上,欧洲一体化是不可逆转的。

对于政府间主义来说,"欧洲一体化不断推动成员国去保持自由选择欧盟如何运作的权利"。[②] 由于欧盟是建立在成员国间一系列讨价还价的基础之上的,因此,在追求欧盟的经济利益的同时,也是成员国自利和理性选择的结果。当然,成员国间讨价还价而引发的矛盾也在不断增大,他们从中获得的利益也不会是同等的。但是,这种状态会因为国家利益而被可以接受的折中打破,尤其是被大成员国的国家利益所打破。也可以说,这些成员国政府都期望在委员会、议会和法院中的代表数使之能够决定成员国政府间讨价还价的结果。也正由此,对于政府间主义来说,如何在政

① Borzel, T. (ed.), "The Disparity of European Integration: Revisiting Neofunctionalism in Honour of Ernst Haas", *Special Issue of Journal of European Public Policy*, Vol. 12, No. 2, 2005.

② Moravcsik, A., *The Choice for Europe: Social Purpose and State Power from Messina to Maastricht Ithaca*, N. Y. and London: Cornell University Press and UCL Press, 1998, p. 188.

府间的讨价还价中调和国家利益是欧盟问题研究的重点所在。欧盟国家都是传统意义上的民族国家，它们的国家利益催生了相互的制度合作。政府间主义者认为，欧盟在欧洲的风景线中占据了长久地位，在很大程度上是因为成员国政府期望这样做。由此，他们的分析得出的结论往往是：欧洲一体化是可能逆转的，而且这种可能性一直存在。

2. 比较政治研究方法

随着欧盟政策与制度范围的不断增多和扩大，许多比较学派的政治学家，尤其是欧洲的学者，发现他们时常不能理解自己的研究主题——即不能够理解欧盟是如何运作的。此时，新制度主义者，开始对欧盟是如何运作的进行了有洞察力的分析，他们也对比较政治学和社会科学产生了深刻的影响。

新制度主义者认为，欧盟作为一个体系来说，至今为止，它的运作是符合规则，也是能够被接受的。布鲁塞尔的政策制定者们已经完成了创建一个共享权力的体系，特别是在它的主要组成机构之间。人们看到，日复一日的讨价还价，在普通的欧盟政策机构之间与成员国政府之间是一样多的。而与简单的讨价还价相比，它看起来更是以政府间协作为基础，并围绕条约改革来进行的。决定现实政策的核心因素在某种程度上已经制度化，而激进的政策改革似乎已经被制止。①

新制度主义与新功能主义有相近的设想，特别是在关于欧洲一体化作为一个持久的过程方面。但是，制度主义试图研究欧盟作为一个政治体系本身，类似于对国家体系的研究，以反对其作为国际关系体系的研究。对于他们来说，解释欧盟政治的关键在于，欧盟机构如何遵循自身的议事日程，并发挥优先权，而使欧盟去除单纯为取悦其他方而不得不接受的结果。在他们看来，欧洲联盟是特别的，首先是因为它有那么多特别的机构。

在新制度主义的各种理论模式中，历史制度主义因其鲜明的不同于理性选择制度主义和社会制度主义的特征，以及它不拘泥于欧盟机构执行力研究并将欧盟发展目标具体化的突出优势，成为近年来欧洲一体化研究的一个重要方法。为此，本书将在后文部分中将其单独列出来，作专门的

① Pierson, P., "The path to European Integration", *Comparative Politics Studies*, Vol. 29 (2): 123 - 163, 1996.

介绍。

3. 公共政策方法

在公共政策研究方法看来，研究欧盟政治而不研究它的政策规则，就如同研究一个工厂而忽略了它制造的产品。我们看到大多数的欧盟政策是规则政策，具备相当的技术含量。我们也看到欧盟机构的资源是有限的，他们对布鲁塞尔之外或者作为非公共行为人的专家和资源的依赖程度很高。政策网络分析坚持欧盟政策的结果是由非正式的讨价还价所决定的，而这些大多发生在正式的机构或者政策过程之外。[①] 到目前为止，理事会或者欧盟委员会部长们的合法的全体投票议案经常需要经过一系列官方的或者是说客们的一道道详细审查。为此，其结果经常是，这些提案的最终面目已经与最初的草案相去甚远。也可以说，政策网络分析往往因为试图去追求建立普遍一致的政策细节而与欧盟委员会的政治世界相去甚远。

并且，欧盟的一个重要的特殊性在于它的政策执行缺乏分级：没有政府去强制执行政策的执行日程，这导致政策的利益相关方对于政策执行的日程安排相互讨价还价。而且，欧盟也没有具体的行为体作为政策执行的负责方。因此，成员国必须在一起共同讨论和交换意见——关于合法性、财政、专业，以便来实现这些目标。对于政策网络的分析家来说，解释欧盟最关键的任务就在于它按照什么政策和准则来制定这些政策。了解政策的结果意味着调查研究网络各部分的结构：他们的成员国是否稳定或者是可变的，欧洲一体化的关系是紧密的还是松散的，内部的资源如何配置，等等。在他们看来，从影响上来说，欧洲一体化是通过一系列不同和多个次级体系做出的各种不同的政策选择。欧盟的行为体之间相互独立行动但同时也在复杂地相互交叉，即便是那些最高的正式权力——在成员国与欧盟机构之间，也是建立在高度相互依赖的基础之上的。对于各级行为体来说，根本就没有正式的执行权力者的存在。

4. 社会/文化方法

欧盟最重要的特征是什么，如何去解释？对于建构主义者来说，欧盟是利益与认同的建构。欧盟的决策者与任何人都一样：他们都是社会的存在。但是他们与大多数其他政治行为体又有不同，体现在他们与其他行为

---

① Peterson, J., *Policy Network in A. Wiener and T. Diez*, *European Integration Theory*, Oxford: Oxford University Press, 2004, pp. 117 – 133.

体之间向内与向外相互作用，而这些行为体的民族认同、语言与文化却又相互不同。布鲁塞尔所连接的卢森堡与斯特拉斯堡仿佛成为一个真正的多民族的十字路口——世界上再没有其他的政治首都具备这样多元而又复杂的文化。但在感觉上，布鲁塞尔又不像欧洲的其他地区一样，它的另一个作用似乎在于将欧盟与它的成员国相断开，它也很少被看作或被大多数公民认为是欧洲认同的核心来源地区，它最大的作用似乎是发挥在欧盟的制度设计与政策制定之中。这为欧洲认同的社会与文化研究提供了广阔的空间。

再者，应该强调的是，与政府间主义或者制度主义相比，建构主义不是一种固定不变的地区一体化理论。它更是一种哲学思考，甚至是一种形而上学。它坚持社会的现实是人类的建构与日复一日的实践不断再生产的结果。其主要的结果在于我们不能仅仅通过简单的叠加来解释每一个成员国、欧盟机构或者说客们的现实利益，然后将布鲁塞尔设想成为一个真空，在其间他们的利益都是不变的，不受事实上正在不断提高的欧盟治理的讨价还价等非正式的游戏规则的影响，或者在不触及欧盟作为一个政治体系的存在的前提下，如何来看待自身的集体政治行为。当然，欧盟的决策是自利的。欧盟可能也会在某些方面没能将效用发挥完好，但是它却创造了迄今为止比任何体系都要多的集体行动。可以说是对多边国家间利益的可调和的一种创造，也可以说是一种“建构”。建构主义不可回避地，也应从本质上去解释这是为什么。这是欧盟研究的社会/文化方法的主要内容。

5. 历史制度主义方法

前面在介绍比较政治研究方法时已经提及了历史制度主义方法。这一方法通过分析欧盟政策在过去发生的一系列变化，用历史的眼光解释欧盟制度在变化中的持续性。在此过程中，历史制度主义方法也为这些变化分析提供了有用的工具。这一方法尤其适用于当前处于相对低潮发展期的欧盟。从时下来看，欧洲一体化研究最重要的问题莫过于研究欧盟如何处理当下的政治、经济与社会挑战，当然，目标也是着眼未来。但从历史制度主义的视角，这些都是建立在欧盟已经经历的一体化历程基础之上，并需要沿着这一路径继续研究。也就是说，为了把握欧盟如何面对挑战以及其将来能否战胜这些困难、解决这些问题，应该从欧洲一体化的历史和理论的视角对现实进行解析，也就是用历史制度主义的方法来进行研究。在这一方法基础之上，学者们的研究扩大到论及欧洲一体化的本质问题。

历史制度主义作为理论来讲，最早是在皮尔森（Paul Pierson）的文章中讨论，它经过许多学者的发展与贡献后更为清晰。一般认为，“制度主义是用来阐明政治斗争是如何在机构的设立过程中得到调解的”。① 换句话说，机构影响政策，不仅仅反映了政治权力的分配与喜好，而且，可以对政策选择路径产生独立的或者干预性的影响。机构在这里包括正式的组织（理事会和委员会），也包括非正式的社会管理机构（如一些在实践中具备表达一致通过或者是否决权的机构）。这些机构在欧洲一体化的发展中产生了重要的影响。

从宽泛的意义上讲，历史制度主义的学术领域也是多元的。建立在对现实材料的分析和观念因素的基础之上，在比较政治领域、国家关系领域、美国政治学、经济历史和社会学领域都可以找到历史制度主义的影子。它试图建立一个理论和经验主义相结合的方法。斯坦默和西伦（Stenmo and Thelen）最初确定了制度主义的历史偶然性及其研究的本质特征，皮尔森（Pierson）分析了历史制度主义研究的三个主要影响因素：巨大的世界难题、暂时性和历史背景，② 进而得出正是这三个因素创造了一系列的战略性思维，提出并回答了机构如何限制和影响政治行为体的行为这一历史制度主义的核心问题。这使得历史制度主义清楚地区别于其他政治科学的研究方法：它是一种行为主义或理性选择的模式。历史制度主义研究方法的主要特征表现在以下几个方面。

第一个特征是，历史制度主义学者将视角放在一个大的世界问题之中，而不仅仅是学术问题。这些问题包括，稳定的民主是如何发展的？道德认同什么时候成为政治的重要因素？这些问题是世界性难题，不是方法论和狭隘的理论所能解释的。正因为如此，历史制度主义提出的问题是关于欧盟的本质，它的过去与未来。

第二个特征是它具有明显的暂时性，它使时间变得紧迫。历史进程是历史制度主义研究的中心。特殊的历史事件往往产生偶然的结果，但是这种结果往往又带来事物本质的变化。暂时性会带来一个结果，就是，许多

---

① Steinmo, Thelen and Longstreth, *Structuring Politics*: *Historical Insititutionlism in Comparative Anlysis*, Cambrige: Cambridge University Press, 1992, p. 207.

② I. Katznelson & H. Milner (eds.), *Politics in Time*: *Historical Institutionlism in Contemporary Political Science*, Iondon an New York Routledge, 2004, pp. 304 – 316.

学者发现，机构一旦建立起来，它就是富于黏性的，并对变化有抵制性。这种现象就使机构和群体与制度联系在一起而具备了他们自身的功能。投入在机构上面的政治、经济和社会力量使它保持下去并具有强大的利益与能力。①

历史制度主义的第三个特征在于历史背景和构成形态对于结果的作用。显然，在历史制度主义的研究中起核心作用的是制度本身，但是它的确是一种特殊形式的制度方法研究，区别于其他形式的制度主义研究。如制度理性主义和社会制度主义。② 历史制度主义侧重于分析宏观的历史进程并试图寻找制度对宏观历史进程的影响以及历史与现实之间的关系。

我们也能看到，历史的背景在理论处理中也是有缺陷的，它需要学者们用传统的方法来思考问题，探索问题的复杂性。但它是一种能够用必然性来解释问题的工具，因此，它又是一个有明显优势的结构理论。我们也看到，理论的成功与受到的挑战都来自对结果的预测，这也是理论变化的根本原因所在。但是对于历史制度主义来说，这不是一个问题。历史制度主义研究的是变化的世界中具有偶然性的事件，并在其中探索制度的作用及制度产生的历史必然性。在这其中，制度可以是变化的，历史也是在改变的，制度与历史都会不断出现新的问题。因此，当历史制度主义用在国家层面时，它能够提供理解国家行为体的内容；当它利用在欧盟层面上时，它又打开了理解一体化路径变化的道路。

以上的五种方法，基本可以概括目前欧洲一体化研究的主要方法和模式。

在中国国内，对于欧洲一体化进程的研究主要沿着三个方面的路径：第一，较为系统、全面地介绍具有代表性的各理论流派，如联邦主义与邦联主义，功能主义与新功能主义，政府间主义和自由政府间主义，治理理论（包括治理架构和治理网络分析）与新制度主义（包括理性选择制度主义、历史制度主义和社会制度主义），社会建构主义与欧洲认同，等等。内容涉及理论产生的背景、前提和核心假设、适用范围、主要内容和贡献、局限性及其历史地位等。这对厘清各主要流派的内容本身无疑具有

① Ikenberry, *After Victory: Institutions, Strategic Restraint, and the Rebuilding of Order After Major Wars*, N. Y.: Cornell University Press, 2001, pp. 69 – 70.

② Hall and Taylor, "Political Science and Three New Instituionlisms", *Political Studies*, 1996, Vol. 44/5, pp. 936 – 957.

重要意义。第二，对各派理论作系统的比较研究（国内已有此类专著问世）。这种路径的价值在于，可以更加清晰地理解各派理论之异同，包括其各自的核心假设与理论边界，合理性与局限性，竞争性与互补性，从而既在理论层面，又在现实层面（因为理论发展往往与一体化实践存在着对应关系）加深对欧盟制度创新与“多维特性”的理解。[①] 第三，在译及欧洲最新理论专著的基础上，评价、归纳并梳理一体化的理论与研究方法，从划分研究基本路径与主导范式切入，将各派理论纳入三种路径和三大主导范式，使得理论流派的宏观阐释框架具有更高的概括性和清晰度。[②] 总体看来，国内研究成果的重点在于结合欧盟发展实践，阐释一体化理论。通过实践对照来验证各组理论，显然可以更深刻地理解其解释力及其限度所在。又如，有学者从欧共体/欧盟政治模式的发展历程入手，先是分别阐述这种模式在不同历史时期的演变特点，归纳出三种基本模式，然后从每一模式出发，逐一阐释欧洲一体化的三种主要理论，即新功能主义、政府间合作主义与治理理论。试图将现实发展与理论观结合起来，明确欧盟政体形式演变与主要理论产生之间的对应关系。[③] 在国内学者的观点中，三种理论均被视为中观理论，因为能够阐释欧洲一体化所有模式的宏观理论尚不存在。[④] 这与欧洲学者关于从理论研究向理论工具与方法的侧重转移是相辅相成的。

可以看出，国内学者已有的成果大多是对欧洲一体化按阶段就理论与实践关系所进行的解读。本书正是在已有丰富研究成果的基础上，试图从欧洲一体化进程中的“问题”视角，对欧洲一体化中的政治、经济、文化、认同及一体化困境等专题，进行理论与实证关系的分析与研究。选择这样的一个视角的原因，主要是出于以下几个方面的考虑。

首先，正如前文所阐述的，欧洲一体化必然是需要理论支撑的，但是，欧洲一体化本身又是一个实践的过程。欧盟研究的难点在于，其政治

---

① 陈玉刚：《国家与超国家——欧洲一体化理论比较研究》，上海人民出版社 2001 年版，第 1 章。

② 参见朱立群《欧洲一体化理论：研究问题、路径与特点》，安特耶·维纳、托马斯·迪兹主编《欧洲一体化理论》“译者前言”，朱立群等译，世界知识出版社 2008 年版；另外，“译者前言”的删节本还可参见《国际政治研究》2008 年第 4 期。

③ 顾俊礼主编，闫小冰撰写《西欧政治》，经济科学出版社 2001 年版，第 11、12 章。

④ 以上资料参见中国社会科学院欧洲研究所《欧洲政治研究十年述评：2001—2010》，http：//ies. cass. cn/Article/cbw/ozzz/201108/4128. asp。

与经济研究的每一个因素都需要一体化实践的成功与否来解释。而这些实际问题的复杂性在欧洲一体化 60 年的发展中已经为我们所见。一些理论会因为一体化的挫折而缺乏根基，一体化的步伐也受到特定时代的经济、政治背景的深刻影响，因此，一体化从理论到实践都经受了各种更迭与冲击。那么，这些是否意味着对欧盟未来的研究是不可预期的呢？应该说，如果欧盟政治与经济的研究是一个可以假设的，其目标是使国家终结的欧洲联盟的发展路径的话，它的确是不可预期的。但是，如果欧盟的政治、经济、文化研究是对欧洲一体化体系发展的相关因素的判断与考证，进而证明其结果的可能性的话，它又是可以预期的。不同研究者会对此得出不同的分析结论，供我们思考欧洲一体化的未来及其对区域一体化的借鉴与意义。也由此，显示出对欧洲一体化进程按“问题”专题进行研究的价值与意义。

其次，需要说明的是，至今为止，还没有哪一种方法能够在欧洲一体化的研究中处于“垄断”的地位。所有的这些方法都能够折射出欧盟政治运作的某些本质特征，在一种方法中被低估或忽视的因素，在另一种方法的讨论中被认为是重要的；或者是在合适的环境下，在决定利益主体从欧盟应该获得什么或获得了什么的时候，人们自然会选择对之有益的方法。① 那么，这其中的原因是什么呢？

在笔者看来，这其中主要的原因在于：

学者与政治家们共同的愿望都是试图通过合理化的工具、语境和表达来阐述欧洲一体化的合理性、合法性与前景。单纯的一体化理论，也是对一体化从各个不同的政体形态和方法进行抽象的研究与展望。而经验主义的现实问题又使一体化的研究面临这样的现状，就是欧盟是一个特殊的政体现象，它的研究主要目标应该是解决实际的问题——促进和保护成员国的利益。欧盟作为一个建立在共同价值基础上的共同体应该是在传统基础上的再生；以及吸收越来越多的欧洲共同价值；或建立在普世权利和民主程序基础上的后国家时代的联盟。这已经为欧洲一体化的研究定下了基调：欧洲一体化的不同理论与研究方法、模式之间不存在根本上的矛盾。

笔者正是试图在这样的思路下，沿着欧洲一体化进程的发展，利用不

---

① Helene Sjursen, “The European Union between Values and Rights”, in Helene Sjursen (ed.), *Questioning EU Enlargement: Europe in Search of Identity*, Routledge, 2006, p. 203.

同的相对适用的分析方法来解释欧洲一体化进程中政治、经济、文化、安全合作等方面的问题，进而对当前一体化面临的困境问题做出分析，对一体化的未来进行评估与展望。这也是本书的研究出发点。

第一章　转型时期欧洲、欧盟的含义与外延

从概念来讲，欧洲转型既包括转型的动态过程，也包括对这种动态过程的静态描述，是过程和状态的统一。放在宏观的历史图景中，欧洲转型是指第二次世界大战后欧洲从一个四分五裂的战争欧洲向团结向前的和平欧洲之根本性转变，即欧洲一体化。[①] 欧洲一体化进程，改变了原有的欧洲定义，欧洲一体化最直接的产物是“新欧洲”的诞生。欧盟从 6 国到 28 国乃至在今后仍然可能继续扩大，在东扩的过程中，欧盟本身的一些理念发生了变化。在这样的背景下，重新理解欧洲与欧盟的含义显得十分重要。

第一节　欧洲含义的外延

发展到现在，欧洲一体化的进程已经改变了欧洲的原有定义，版图定义已经不再适用于现代欧洲了。人们对于“什么是欧洲”这个问题陷入了深层次的思索：什么是欧洲的边界？现代欧洲是欧洲认同的欧洲，是政治欧洲还是其他？我们将在这一节中具体分析。

一　不确定的欧洲边界

欧盟的扩大，使欧洲的边界不断地发生变迁，也带来了新的问题与

① http://ies.cass.cn/Article/ozxzbt/201211/5721.asp，欧洲所学者笔谈《如何认识欧洲转型》，2012 年 11 月 30 日更新。

忧虑。冷战时期构筑的东欧与西欧的几乎被视为不可逾越的历史和文化边界，曾经看起来是那么的坚不可摧，却在欧盟的扩大过程中被轻易地穿越了。欧盟的东扩重新更改着欧洲的边界，这一战略的执行也带来了很多现实的问题与概念的困境。关于民主鸿沟及文化与经济的巨大差距，似乎使新欧洲与老欧洲之间还需要通过很多努力来完成互相兼容。而新的欧洲地图由此变得不确定了。欧洲一体化的体系在接受新的成员国的过程中也发生了很大的变化。而相对于欧洲一体化的核心方面，统一市场和申根体系都面临着新的问题与挑战。欧洲成员国内部的边界渐渐地显得不再重要了，而《申根协定》对于欧盟的外部边界有着严格的限制。那些要求加入欧盟的国家积极申请加入《申根协定》来加固它们的国界。加固的国界使成员国与非成员国之间出现了明显的差别，产生了另外一个复杂的问题，就是它使一个国家从主观上到客观上都需要一个绝对而明确的边界，为此，欧盟成员国的压力加大，且在管理上也会遇到一些难题。

对边界的管理似乎也在全球经济压力的竞争中遇到问题（如表1—1所示）。全球化的背景使对商品、资本和人口跨国流动的控制成为不太可能的事情。同时，也为控制恐怖主义、跨国犯罪和移民带来了困难。欧盟越是扩大，就会输入越来越多的多元化，这又给欧盟的文化认同、经济发展路径和治理模式带来新的问题。这些因素，使欧盟在不断扩大的同时，似乎又不可能无止境地扩大下去。到目前为止，人们还看不到一个关于欧盟的绝对意义上的边界地图。

欧洲的边界为什么难于界定？如果说欧洲的边界需要在地理上来界定的话，那么，自从冷战结束后已经很难。一方面，在历史、地理和文化上都不存在欧洲的自然边界，且按照《罗马条约》的提法，“任何欧洲国家都可以申请成为共同体的成员”；而另一方面，固定的边界通过政治的讨价还价的方式来取得是非常复杂的，代价巨大且可能引起冲突。因此，一些欧洲学者这样认为，“欧洲作为一个文化和地理上的地区来讲，是没有明确的边界的”，[①]“欧洲的这种多元性过于宽泛以至于不能找到一种共同的认同，在里斯本与马德里，赫尔辛基与斯德哥尔摩，布拉格与华沙，萨

① Helen Wallace and William Wallace, *Flying Together in a Larger and More Diverse European Union*, The Hague: Netherlands Scientific Council for Government Policy, 1995, pp. 28 - 29.

洛尼卡与巴勒莫”。①

表 1—1　　**地理边界的类型**

边界界定方式 / 边界界定特征	边界的界定因素			
	市场交易	文化特征	武力边界	政治声明
边界的限制性	边界的划定	文化空白地带	国界	接壤边境
边界的建立与巩固途径	建立市场	构成民族	建立国家	建立功能体系
边界确定的核心点	经济权利 财富权利 交易选择 共同货币	成员国的空间 居住地的特征 包括语音、宗教、伦理	核心代表 对外机构	政治社会权利 规则体系（教育、福利、劳动力市场）

资料来源：Stefano Bartolino，Exit Options，Boundary Building，Political Restructuring，Florence，European University Institute Working Paper，SPS，No. 1，1998，p. 25.

欧洲边界问题的本质在于：人们一直在争议关于欧洲的确定边界或边界线，但是欧盟的官方政策则表明欧盟的官方边界规则不会含糊——这是《申根协定》的精髓。事实上，边界不仅仅是地图上的连线，边界问题本身是一个复杂的制度，它体现了划分界线时一个国家或地区所体现的政体本质。威斯敏斯特体系的欧洲国家有着相对固定的边界，并且，由于边界在地理上、经济上的功能经常重叠，这就使当时的欧洲国家在行政边界、军事前线和文化特征、市场交易区域上没有相互断离。欧盟扩大意味着一个巨大的多元性的输出，但是它不能在短时间内使现有的欧洲国家的国家功能与地理边界发生改变。

而现时期的欧盟也不可能建立起固定的集中管理的相对的硬边界。从英国、爱尔兰和丹麦选择在《阿姆斯特丹条约》之外的关于申根的协商就可以看出，在边界问题上，欧盟的硬边界设想是有限度的。虽然欧盟的领导人支持《申根协定》成为一个硬性的边界体制，但是这被现实证明

① Jan Zielonka，*Europe As Empire*，*The Nature of the Enlarged European Union*，Oxford：Oxford University Press，2006，p. 11.

不太具有可操作性，尤其是经过扩大的欧盟正在发生着持续的变迁。一个硬边界体系对于恐怖主义、跨国犯罪和移民的控制并无特别大的意义，与此同时，对于欧盟国家及邻国来讲，也不利于贸易利益的取得。在现实中，一些东欧国家也不喜欢《申根协定》，因为其在某种程度上中断了他们与自己民族的联系，甚至带来了法律问题。

可以预见的是，随着欧盟的东扩与发展，欧盟很可能经过变迁而形成一定的硬边界，而不是由《申根协定》所规定的固定的外部边界。作为其结果，"城堡"一样的欧洲不会出现，而可能出现一个"迷宫"一样的欧洲。[①] 未来的欧洲边界可能会成为：由不同的法律、经济、安全和文化空间分开，或者因为这些个体因素单独地绑在一起，形成一种跨越边界的多种合作，其内部与外部的划分则会变得模糊。在这样的背景下，欧盟的边界不是领土意义上的，不是本质意义上的，而是看不见的。这些边界不再像一个地区的防线，而更像是相互认同的人民的混合体。

这无疑是对欧盟的边界的一种乐观的评估，如若欧盟在边界问题上的发展如上所述，那么，新的欧盟边界是否会带来欧盟新的地缘政治？欧盟体系的运作与这样的边界和更多元的地区合作相适应吗？欧盟治理能够为这样的欧盟提供民主与合法性吗？无疑，灵活性将是欧盟为达到民主、合法性及适应现代化与全球化所必须具备的特征。欧盟既要作为一股统一的力量出现在世界面前，以对抗来自政治的、经济的、防御的有形与无形的压力，同时，还要保持其力量的源泉：多元主义与多元性。当这些原理用于欧盟的边界问题时，它同样会带来一种困惑。因为，在确定边界的同时，欧盟又需要通过国家和地区行为来保护其内部与外部的安全。

欧盟的扩大是在证明欧盟在政治上具有巨大的力量，它能够对内、对外代表强大的现代欧洲政治。欧盟扩大所能带来的利益是真实的，它不仅仅是物质上的，它对整个欧洲的民主、繁荣与和平的贡献也都是巨大的。欧盟通过扩大证明了建立在政治商讨、法律规则秩序和不同层次的经济发展基础之上的一个巨大的政体的出现。相对而言，确定的欧洲边界已经显得不那么重要了。

---

① Jan Zielonka, *Europe as Empire*, *The Nature of the Enlarged European Union*, Oxford: Oxford University press, 2006, p. 4.

二　民族主义的欧洲

要了解什么是欧洲，很重要的是理解欧洲的民族、民族主义和民族国家的概念。文化、地理边界和政治共同体，这些是组成现代民族国家的最基本的概念。从民族的经典定义上来看，它一直是共享文化与地理边界的人类共同体。从其来源上看，在欧洲，最初使用natio（英文“nation”的词源，指国家、民族，尤指民族国家之义）这一概念的是罗马人，罗马人使用它以区别于罗马人以外的“国族”。但从中世纪时起，这一概念成为了英国、德国、法国等国大学与教会间相互区别的概念。文艺复兴之后，它又成为代表欧洲地区人口、种族和政治共同体的概念。到了18世纪，现代国家——代表文化和政治共同体的概念成形，激励法兰西爱国者的信念便是“自由的民族——使其成为了拥有共同文化、共同领土和遵守共同法律的人民共和国”。[①] 文化、地理、政治共同体这是现代国家的基本元素，它表明，民族，它不像国家，它是一个社会群体，一个共享文化的历史共同体。像国家一样，民族也是一个地理单元。因此，后来出现了表述上的一个联合概念——民族国家。但是，90%以上的国家都是由一个以上的多民族构成的：一个国家边界内存在几个种族共同体，如比利时、瑞典和罗马尼亚；或一个国家边界内存在多个民族，如英国和西班牙。这是欧洲在“民族”这一概念上的现状。[②]

我们在探索现有的“欧洲”民族国家边界的过程中，又看到了两种不同分支的民族概念。第一种分支是西欧存在的民族模式，我们可以称之为地理意义上的民族。包括法国、英格兰到不列颠、西班牙、瑞典和丹麦。第二种分支主要分布在东南欧，在反对哈布斯堡王朝和奥斯曼扩张过程中形成的坚持用自己的语言、文化来代表自己的“人民”特征的具有“种族”聚居体性质的民族，如保加利亚、塞尔维亚、波兰、捷克、斯洛伐克。在第一分支中，有代表性的如法国是建立在共同领土、文化和法律基础之上的人民共和国，它的基本要素是地理边界、公共文化（通常是语言和历史）、公民、共同的法律和执法体系。第二分支中，则为种族国

---

① Zernatto, G.,“Nation: The History of a Word”, *The Review of Politics*, 1944, Vol. 6 (3), pp. 351 – 366.

② Wiberg, H.,“Self-determination as an International Issue”, in I. Lewis (ed.), *Nationalism and Self-geternmination in the Home of Africa*, London: Itahaca Press, 1983.

家形式，有代表性的如波兰和希腊人都是被宗族纽带、本国文化、大面积的迁移以及民族历史所限定的公民共同体。汉斯·科恩（Hans Kohn）这样描述欧洲的民族主义：地理形式是西欧的特征，而种族观念在莱茵河以东已经确立。这也能够解释为什么在莱茵河以东出现了政治共同体的背离，包括用强力的资产阶级因素来推进建立政治共同体的失败。[①] 汉斯的理论有很多地方受到了后来学者的修正，但在他的理论中至少有一部分分析是正确的，就是这两种民族主义——地理边界意义的民族和种族纽带的民族一直在欧洲大陆上持续存在，并且，他们之间的斗争成为欧洲政治发展的基础。

在以上分析的基础上，我们看到了欧洲两种不同的民族国家，但我们也可以在寻找其共同性的基础上给欧洲的民族作如下的定义：

（1）公民共同的文化；

（2）公民共同的历史（包括神话与记忆）；

（3）传统界定上的国家边界或者说祖国；

（4）公民间或民族内共同的法律（权利与责任）。

最后两个定义，对于种族共同体国家来说是不明晰的，但由此可清楚地表明拥有共同权利和义务的国家公民在被界定的地理边界内共同享有种族的历史和文化。在此基础上，安东尼·史密斯（Anthony Smith）试图给欧洲地理意义上的民族作出如下的定义：民族是建立在共同领土之上，享有共同的历史和文化，具有统一经济、共同权利与义务的人民共同体。[②] 这里谈到了经济，是因为在任何一个聚居区内，如果没有清楚的劳动分工，这个民族就谈不上有统一与自治。

那么，怎样理解民族主义呢？我们可以看到民族主义的三个基本要件，就是民族认同、民族统一和民族自治。没有认同，就没有相互区别的共同体，没有这样的共同体，就不会有现行的国家体制。没有民族统一，这个民族就不会壮大和前进，它将缺乏道德准绳和认同基础。没有自治，民族不能独立，它便不是一个真正的存在。也就是说，没有民族自治，民族就不能决定自己的事务、听到内部的声音、表达真实的文化。所以，民

---

① Kohn, H., *Nationalism: Its Meaning and History*, London: Van Nistrand, 1967. *The Idea of Nationalism*, New York: Macmillan, 1955.

② Anthony Smith, "The Nations of Europe after the Cold War", in Jack Hayward and Edward C. Page, *Governing the New Europe*, Combridge: Polity Press, 1995, p. 44.

族必须在自己的法律基础上实行自治。这样，民族主义就成为自由主义的诉求——包括在社会、文化和政治方面。但这只是个人主义的自由主义，而不是文化共同体。民族共同体的这种追求自由的形式决定了它们的命运。

民族主义的不调和在欧洲是种族和民族冲突的诱因，这引发了两次世界大战，因而才有了战后的欧洲，继而的欧盟。要了解欧洲和欧盟的发展和意义，这是不能忽略的部分。民族主义是人类的特定群体的成员为达到和保持自治、统一和认同，为建立一个现实存在或潜在的民族制度而进行的一种意识形态运动。在欧洲方面，这一概念在不同时代不同地区有不同的表现形式。在西欧、北欧，我们看到了一些成长起来的权力国家，如英格兰、法国、瑞典已经形成了固定的地理国家概念，在这里，种族共同体从属于民族国家。但是同样在西北部，爱尔兰、挪威和芬兰，依然不断受到种族民族主义的重复挑战。而在一些开放的东南欧国家，种族民族主义在19世纪早期仍然处于对哈布斯堡、奥斯曼等帝国的抗争之中，虽然这些地区受到了后来法国大革命思想的鼓舞，不断摆脱之前帝国所施行的农业经济的社会模式，而支持民族主义的政治发展。但东南欧各国在民族融合的过程中，又出现了各民族间为沿袭宗族纽带、本国文化而进行的大规模斗争，这种斗争又使领土界限变得模糊，而这使其与种族和领土稳定的西北欧出现了明显区别。民族主义情绪在这些地区更为高涨。

建立欧洲共同体国家的理念最早在15世纪就已有之。人们认识到，在欧洲的种族差别基础上，像罗马帝国一样仅仅在领土上建立统一的欧洲无疑是肤浅且错误的（但它为后来的欧洲统一提供了一定的框架）。这一时期，经济和政治上的竞争、贸易竞争、殖民冒险、领土战争使欧洲国家间的政治多元主义被重视起来。到了18世纪，政治竞争和领土争夺被欧洲国家间的“权力平衡”倡议所搁置。但是欧洲国家间关系的模式需要建立在不同的传统之上。可以确定的是，“权力平衡”应该更符合西北欧的传统而不是东南欧的传统。在西北欧，强大的规则有助于帮助权力去成功地发展经济，同时，经济的发展反过来又帮助凝聚民众对政治的忠诚度。而在东南欧的多种族的民族国家范围内，经济往往是一个政权能否稳定地获得民众忠诚度的最重要的砝码，种族因素在这一地区的政治中发挥了更为重要的作用。

还有一个问题值得关注，那就是在西北欧国家，对不同种族进行政治统治的核心基础是国家。换句话说，从一开始，这些国家的模式就是民族国家的权力置于种族利益之上，国民的核心构成是文化人口而非种族。如英格兰、法国、荷兰、丹麦、瑞典等都是建立了资产阶级共和国，将旧有的种族聚居地变成了民族国家。后来在此基础上积聚了大量的人口而被共同称为“古老而统一的民族”。①

在某种程度上，这种民族国家的发展模式也成为决定欧盟经济和政治发展的前提条件。“二战”后的欧洲，试图在原有的民族差别与认同基础上建立一个新的统一的大洲，它期望不再延续过去四百年的欧洲秩序。每一代人都有其对民族文化和民族继承的理解，以此来记录经济、政治和文化的改变。欧洲的现代历史是建立在民族国家不断自强和开拓基础之上的，而战后追求和平的欧洲似乎更强调它是欧洲所有民族的、属于欧洲人共同的欧洲。正如英国前首相撒切尔夫人（Margaret Thatcher）1988 年在比利时的演讲《民族大家庭》中所倡议的：“这将是一个民族国家的大家庭，并不是欧洲吸纳英国或者其他国家成为其成员，而是所有成员国共同建立一个单一超国家的欧洲机构。欧共体，只有在保持每个国家的自身认同的基础上，形成一个对欧洲的共同认同，才会成为一个民族国家的大家庭”，“让欧洲成为一个民族大家庭，相互理解，相互欣赏，共同发展，共享民族认同，而不仅仅是为建设我们共同的欧洲而努力”。②

三　政治欧洲

对欧洲的理解一直是一个复杂的问题，现在我们试图将其历史理解与政治理解结合起来。全球化的进程在使人们奔向世界的同时，也使人们更为急切地寻找到自己所属的共同体。这是一种政治诉求，最终体现在经济和社会安全方面。

德国学者福里斯特（Rolf Hellmut Forest）总结了 1306—1945 年开展欧洲联合的 182 个案例。实际的案例或者更多些，或者更少些，但是这都不是最重要的。他所做的案例，其目的应该在于帮助人们去理解欧洲。因为开展这些联合的原因各自不同，他试图说明现在欧洲所发生的事情与历

① Seton-watson, H., *Nations and States*, London: Methuen, 1977.

② Jack Hayward and Edward C. Page (eds.), *Governing the New Europe*, Combridge: Polity Press, 1995, p. 1.

史是有相关性的，并根据史实证明，欧洲一体化的设想可以追溯到罗马帝国时代。①

但是这样做的话，又否定了现代欧洲政治联盟的初衷，并且，这一推断也不免带上了强烈的欧洲中心主义色彩。

事实上，现代的欧洲似乎更为复杂。贸易领域无歧视的规则成为多边主义的贸易基础，这一规则后来超越欧洲而为世界贸易组织（WTO）成员国所接受。在欧盟内部，制定了一些特殊的规则而使成员国间相互获利。就是说，欧盟向世界提供了普世的规则，同时，为了保持自身的一体化，又返回到带有“歧视性”的路线上来。欧洲在面对普世主义规则的时候保持了两个理性，一个是将欧洲作为特殊的政治概念将其封闭起来，另一个是在其他领域将欧洲作为具有普世精神的统一体。因此，笔者并不赞同简单地将欧洲的一体化视为欧洲联合也可能作为未来世界的一个模板来进行讨论。

但是，欧洲的普世主义对世界的影响是深远的，这两种不同的理性不仅可以从北大西洋公约组织、世界贸易组织、欧盟、欧盟理事会、欧元区和《申根协定》中看出来，而且从联合国及北大西洋公约组织的集体安全体系中也能体现出来。它们都远远超越了关于人权的、多边贸易的和基督教欧洲的范围，由欧洲发起的普世规则在世界上的影响会越来越大。问题的挑战在于，当它所建立的普世贸易与安全规则反过来对欧洲构成威胁的时候，对欧洲做怎样的理解能够有助于欧洲制度的建立和政治的稳定呢？

欧洲民族主义者面临这样的难题，即爱国主义者的政治一体化认知远远低于欧洲层面，同时，规则政治战略规划者的视野超过了爱国主义者，似乎也超越了欧洲一体化现有的层次。这使我们看到在理论上与实践上不同的欧洲，感受到对欧洲理解的困惑。自由、非歧视、相互认同是有效的普遍规则，然而，这些都不能描述欧洲疆域的特殊性。同样，所有的安全战略都是为避免重复出现在一个大洲层面的安全困境。

欧盟的建立与发展被视为一个过程，欧洲一体化将伴随欧洲的历史而发展。换句话说，人们对欧盟的理解不会一直与保卫在欧洲政治上的特

① Francis Cheneval, “Lost in Universalizaton? On the Difficulty of Localizing the European Intellectual”, in Jack Hayward and Edward C. Page, *Governing the New Europe*, Combridge: Polity Press, 1995, pp. 31 –49.

殊性而存在。在欧洲一体化的过程中，世界上的多边制度不断形成，欧洲能否将在内部形成的曾经作为超越民族国家的规则一直延续下去，使其一方面成为外部规则的基础，另一方面又将其限定在欧洲范围之内？这些问题的存在与解决使欧洲概念在很大程度上具有政治性。

四　欧洲主义的欧洲

20 世纪后半叶的欧洲，追寻相互认同，似乎所有欧洲的利益都在于相互的安全与合作。然而，欧洲主义的理念，亦即欧洲认同，同样存在着很多困惑。其核心问题在于欧洲的统一是否是可行的？即是否能够实现从乌拉尔到大西洋，从北欧到地中海的政治一体化进程？至少欧洲在历史上没有为之提供肯定的答案。相互独立、差异性、各国间的利益冲突及历史似乎都是目前欧洲统一的障碍。

对于欧洲主义者来说，欧洲国家间的相互独立是可以克服的。他们相信欧洲具有共同的文化基础，但是，现代欧洲一直处于一个军备增加、经济形态不稳、权力斗争不断的状态之中。因此，为了保证欧洲的未来、福利和安全，并对世界事务负起相应的责任，必须解决欧洲内部的矛盾与斗争。另外一些欧洲主义的学者们一直致力于研究构成欧洲认同的基础，其目标是探寻欧洲民主的发展及欧洲认同在现代国际关系中的地位。例如，在国际关系理论中探寻是否存在统一欧洲的概念，和平、安全与合作的意义，权力平衡与中立，等等。这也可以认为是学者们对于欧洲主义发展的重要贡献。

支持欧洲主义的学者们理所当然地认为欧洲主义是一个不存在问题的理念。但是人们必须思考，欧洲概念是增加还是减少了欧洲国家间的合作或冲突？欧洲价值对于和平世界的贡献是什么？欧洲主义的理念让人们用历史的眼光和发展的理念看待国际安全。这其中有三个值得思考的问题：第一，怎样从欧洲的文化进程来思考欧洲主义的这种转变？第二，怎样用旧有的模式与理论来解释现实世界并对未来做出思考？第三，这些思考与转变怎样才能为人们所接受？

人们从不怀疑欧洲一体化过程中的文化继承，但是也不能否认欧洲各国间的差异。各国间利益冲突的历史在欧洲文化继承中有一个突出的表现，即对二元性的继承。欧洲的思考方式是二元性的。二元性在其他文化中也有显现，但在欧洲文化中二元性却扮演了核心的角色。按照彼得

(Peter Gay) 的论断，两极化的思考——非此即彼式的思考，似乎对于西方人已经成为一种习惯。[①] 例如过去和现在，私人与公共，真实与假象，我们和他们，朋友和敌人，好的和坏的，等等，在二元性所笼罩的欧洲人的思维中，类似“一国两制”的思考似乎是被排除在外的。

这种二元性思维在古代波斯人的宗教记载中可以找到渊源，后来被犹太教和基督教所接受。在波斯人的记载中，就是在真正的上帝面前也存在与之相对立的反面，那就是邪恶的一面。高尚与邪恶，光明与黑暗，善与恶一直进行着斗争。最终，救世主的出现将黑暗的力量革除，使地球获得新生。后来，犹太教从波斯人这里演绎出了相似的宗教神话，基督教也是如此。

除了宗教的根源外，国家间的权力斗争在古希腊时代就已经是政治的一部分。这种斗争体现在斯巴达与雅典之间，也体现在他们共同对马其顿人的斗争中。其中基本的理论和意识就是专制与民主、与自由。

那一时期的欧洲认同，主要体现在与敌人进行斗争的历史上。历史上的欧洲征战不断，所谓的敌人既有欧洲内部的敌人，也有来自东方的敌人。在欧洲认同的理论部分，经典的希腊政治哲学理论具有重要的作用。柏拉图和亚里士多德的政治哲学理念分为内部与外部两个部分，对内，追求人的利益的最大化，而对外，却没有谈及人的利益问题。而事实上，在他们的哲学中，对于外部的人类，平等是不存在的。自然贡献与理性智慧皆是在城邦或者国家内部来施行的，而希腊与波斯人之间的战争最主要的根源在于相互间的不信任。也或者是这种二元性的思维，使希腊人能够产生欧洲共同的政治哲学文化，但是却没有建立共同的族系。但为强调欧洲人的认同，他们把对波斯的战争称为“圣战”。后来，西方基督教将伊斯兰世界称作一个邪恶的世界。到 11 世纪，伊斯兰成为西方世界的主要敌人，而对伊斯兰世界的战争使欧洲人具有了很大的流动性，逐渐使拉丁基督教世界形成了统一的意识形态，又发生了后来的十字军东侵。在这一过程中，伊斯兰世界成为西方社会敌对的政治和意识形态体系，它被视为与西方世界完全不同的市民社会，一个遥远的、外族的经济区域。在那些年代，欧洲是体现为现实主义的。但是在 19 世纪初期，西方世界被认为是实用主义的、帝国主义的，被其他世界认为是独

---

① Gay, P. Freud, *Jews and Other Germans*, Oxford: Oxford University Press, 2008, p. 231.

裁。到了19世纪中叶，对于东方来说，帝国主义成为欧洲世界的代名词。西方在经济、技术、军事、政治、文化等领域的统治具有决定性，伊朗和土耳其帝国相较之下不再具有威胁。1881年后，殖民地开始大范围地扩散，这无疑巩固了已经建立起来的欧洲中心主义。“它带有很大的对其他地区轻蔑的气息。这时欧洲将所有抵抗其统治的因素视为被劣等的精神所鼓动的阴谋。”①

第一次世界大战动摇了欧洲市民关于其持续无限发展的信念，并且这一过程随着后来的反殖民主义和去殖民化运动而继续。20世纪60年代后，旧的景象发生了戏剧性的变化，曾经被西方蔑视的一部分东方国家成为欧洲的对手。60年代至70年代，这一角色由阿拉伯国家担当，但是，伊朗1979年发生的革命，对欧洲国家发出了新的示威，伊朗成为了西方利益的威胁者。这些背景为用文化理论分析二元论的角色功能提供了重要的支持。② 为此，人们必须要去区别朋友与敌人，谁是守法者谁是罪犯，等等。否则，就没有社会秩序，但这些区别标准不是建立在客观因素基础上的，它们只能来源于神学。

传统的二元性与现代世界是否具有相关性呢？如果没有相关性，那或者是前辈们不如现代人开明，抑或是他们比现代人更虔诚而缺少理性。不过，看到后来西方世界与伊斯兰世界的冲突，我们可以感受到历史思想对后世的影响。并且，我们也能够为现代欧洲主义思想寻找到二元论的根源，这为现代欧洲主义带来了两个方面的挑战。

一方面，宗教机构、教育机构和现代的文化机器会将传统部分地转移到现代，影响每一个生活在欧洲文化背景中的人。我们发现，如果欧洲主义的理念能够实现，它无疑是建立在二元论基础之上的。并且，欧洲主义不仅不能够改变二元主义，而且欧洲主义从头到尾都是二元论形式的新的应用。这种应用，使其不可避免地产生在“欧洲”心目中共同的敌人：伊斯兰、日本和亚太地区其他的经济竞争对手。并且与美国也存在着经济、政治和安全领域的竞争。所以，欧洲主义只有两条路可以选择：一个是用西欧联盟来对抗俄罗斯、美国和日本及亚洲国家；另一个是以整个欧

---

① Rodinson, M., *Europe & the Mystique of Islam*, Seattle: University of Washington Press, 1987, pp. 64 - 67.

② Vilho Harle (ed.), *European Values in International Relations*, London: Burns & Oats, 1990, p. 77.

洲的联盟来对抗“外部敌人”。这就是说，欧洲主义不会给予世界和平以太多的承诺，而欧洲主义也不可避免地要面对欧洲内部存在的“敌人”——种族主义就是其中一个。

另一方面，如果欧洲主义是一个二元论的政治概念，那么，它必须将自己发展成为一个更富于建设性的二元论概念。然而，这并没有想象的那么简单。如果欧洲主义变成一个折中的概念，试图使各个不同的体系共存，那么，它又必须要回答一个问题，就是它是否采用了新的理论和理念，而这一理论和理念又必须来源于欧洲。仅仅“地球村”或者“全球治理”的概念还远远不能明确地表达这一理念，人们需要看到更为真实、现实和可行的理念。

欧洲文化的继承也在发生着潜在的变化。古代政治哲学中的权力斗争在现代世界越来越不能得到大多数人的支持。人类共同价值的倡导在挑战二元主义，也或者，欧洲对人类共同价值的倡导还需要时间来得到世人的信任。从短期来看，对于部分国家来说，欧洲的普世主义仍然存在一定的危险——普世价值会让人们联想到帝国主义的征服。欧洲正是通过征服的方式让世界了解了自己的文化，在16世纪将自己的文化传播到美洲，在19世纪传播到世界。如何来确定新的欧洲主义的理念，这对于欧洲一体化发展的进程，对于欧洲在未来世界的地位都是具有挑战意义的问题。

第二节　欧盟的概念、角色与本质

理解欧盟，与欧盟的扩大紧密相关。在欧盟扩大的过程中，对欧盟含义的理解也在不断丰富。虽然欧盟扩大是欧洲联盟早期就有的一个基本特征，但是，在欧洲一体化的理论研究中，却很少有与之相关的体系研究。在某种程度上，欧盟的扩大被看作是孤立的节点，不能说明欧盟的本质。而事实上，不充分理解欧盟的东扩，就不能真正地理解欧盟作为一个政治共同体的内核。不去理解欧盟扩大，也不可能真正明晰欧洲要建立什么样的秩序。在这一部分，我们试图通过在欧盟扩大过程中出现的对欧盟概念的三种理解、欧盟角色与欧盟政体模式的分析来理解欧盟的含义。

从一般意义上说，欧盟是欧洲联盟（The European Union）的缩写，前身为欧共体（欧洲共同体），是由原欧洲共同体成员国家根据《欧洲联盟条约》（也称《马斯特里赫特条约》）组成的国际组织，目前拥有28个会员国，人口近4.5亿人。

欧盟发展过程中的主要时间表为：1951年4月18日，法国、联邦德国、意大利、荷兰、比利时和卢森堡6国在法国首都巴黎签署关于建立欧洲煤钢共同体条约（又称《巴黎条约》）；1952年7月25日，欧洲煤钢共同体正式成立；1957年3月25日，法国、联邦德国、意大利、荷兰、比利时和卢森堡6国在意大利首都罗马签署旨在建立欧洲经济共同体和欧洲原子能共同体的条约（又称《罗马条约》）；1958年1月1日，欧洲经济共同体和欧洲原子能共同体正式组建；1965年4月8日，法国、联邦德国、意大利、荷兰、比利时和卢森堡6国在比利时首都布鲁塞尔又签署《布鲁塞尔条约》，决定将欧洲煤钢共同体、欧洲经济共同体和欧洲原子能共同体合并，统称“欧洲共同体”；1967年7月1日，《布鲁塞尔条约》生效，欧共体正式诞生；1973年，英国、丹麦和爱尔兰加入欧共体；1981年，希腊加入欧共体，成为欧共体第10个成员国；1986年，葡萄牙和西班牙加入欧共体，使欧共体成员国增至12个；1993年11月1日，根据内外发展的需要，欧共体正式易名为欧洲联盟；1995年，奥地利、瑞典和芬兰加入欧盟；2002年11月18日，欧盟15国外长在布鲁塞尔举行会议，决定邀请马耳他、塞浦路斯、波兰、匈牙利、捷克、斯洛伐克、斯洛文尼亚、爱沙尼亚、拉脱维亚、立陶宛等10个国家加入欧盟；2003年4月16日，在希腊首都雅典举行的欧盟首脑会议上，上述10国正式签署加入欧盟协议；2004年5月1日，10个新成员国正式加入欧盟；2007年1月，罗马尼亚和保加利亚两国加入欧盟。到目前为止，欧盟的成员国包括：法国（France）、德国（Federal Germany）、意大利（Italy）、荷兰（Holland）、比利时（Belgium）、卢森堡（Luxembourg）、英国（the United Kingdom）、丹麦（Denmark）、爱尔兰（Ireland）、希腊（Greece）、葡萄牙（Portugal）、西班牙（Spain）、奥地利（Austria）、瑞典（Sweden）、芬兰（Finland）、马耳他（Malta）、塞浦路斯（Cyprus）、波兰（Poland）、匈牙利（Hungary）、捷克（Czechoslovakia）、斯洛伐克（Slovakia）、斯洛文尼亚（Slovenia）、爱沙尼亚（Estonia）、拉脱维亚（Latvia）、立陶宛（Lithuania），罗马尼亚

（Romania），保加利亚（Bulgaria）。

一　对欧盟概念的三种理解[①]

迄今为止，对于欧盟的概念，大致有三种理解：

第一，欧盟正在发展成为一个解决成员国现实问题的政治实体，它的目标是实现成员国的利益最大化。这样，欧洲一体化也随之被限定了，即它是成员国期望通过在欧洲范围内而不是在国家内部来获取利益的过程。其结果是，欧盟的各种投票成了实现成员国利益的工具。严格意义上说，从这样的角度，欧盟就不是一个超国家实体。这样的体制下，与其说欧盟是自治的实体，不如说它是成员国的工具：它的主要目标就是减少成员国间合作付出的代价。建立在这样的基础上的合作概念可以理解为：通过经济合作来实现成员国间的现实利益。它们也可以通过合作来共同解决安全和外交政策领域的问题——只要这些能够给成员国带来切实的利益。然而，这个观点也受到质疑，因为这些现象应该只可能发生在欧洲国家面临危机或者说成员国面临共同的威胁的时候。这就使联盟不会是一个稳定的联合体，将成员国用“胶水”粘起来的结果是它们不停地在联盟中寻求利益而尽可能去减少损失。如果这样的利益不复存在了，成员国自然会试图到联盟之外去解决它们的问题。

第二，欧盟是一个价值共同体。从这样的观点出发，人们试图通过地缘和欧洲传统的再生寻找欧盟之根，共同的认同就成了欧洲一体化的基础。这样，一体化不必限定在成员国对具体利益的期待方面，而应建立在共同体“感受”之上。它允许各国在利益分配方面为深化一体化而出现不均等。因此，与前一类型比较，作为一个价值共同体的欧盟将是一种超越政府间主义的国家间或超国家的制度安排。这种观点的好处在于它以每个成员国的潜在利益为判断核心而不是以现实利益为判断核心；集体制度将是一种特定行为，由共同体认同和目标来限定集体的形式。然而，对价值共同体的观点也是存在争论的，争论集中在：目前还不存在统一的欧洲认同的基础，欧盟的确是包含了拥有大量的共同利益的国家行为体，但它们同时又在国家利益上存在这样那样的冲突。

---

① Helene Sjursen, “Enlargement and the nature of the EU Polity”, in Helene Sjursen (ed.), *Questioning EU Enlargement*, *Routedge*, 2006, p. 2.

第三，欧盟是一个建立在权利基础之上的后国家联盟。这一观点认为欧盟是建立在民主制度从国家向欧盟层面的扩展基础之上的。从价值共同体的角度来思考，作为一个建立在共同价值基础之上的政治联盟，欧盟的治理将通过由成员国直接向欧盟输送民主的方式取得合法性。而建立在权利基础之上的联盟将不再依靠文化共通和价值传统的感受，这种后国家联盟建立在普世权利和共同传统的基础之上。它允许文化多元主义，这样的权利集体可以认为是在不同的利益基础上为达成共同的理解而形成的集合。

以上三种观点都是建立在欧洲一体化基础上，对欧盟概念的基本阐述。它们从政治制度的不同方面，对现有的欧洲联盟进行了分析。但没有哪一个理解能够对现实中的欧盟进行完全的解释。

二 欧盟的角色

一位中东外交官提出过这样的问题：美国的建议我们不能拒绝，但是欧盟的建议让人不能理解！人们可能不喜欢美国的政策，但它至少传递了清楚的信息。而欧盟的情况却不同，那就是，欧盟之外的人不确定这个联盟代表了什么或者它是否起作用。如果欧盟代表了一个战略角色，它一定要向世界说清楚它在代表谁发声，而且它一定要倾听世界的声音。[①]

这里其实谈的是欧盟的角色问题。在全球化背景下，经过近二十年的摸索，欧盟已然发展成为政府、经济组织、市民社会、媒体和其他相关群体的合法代表。到现在，可以说欧盟已经发展成为一个国际关系领域的稳固角色。但如果欧盟试图去行使更富于影响力的角色，它便不可避免地被世界上其他地区寄予期望、想象和期待。

我们可以先从欧盟内部来考察欧盟的角色问题。图1—1、图1—2是欧盟成员国的公民对欧盟的认可度调查，从中可以看出，目前的欧盟内部角色研究很多都是关于欧盟内部的效率和一致性问题：

---

① Linch, D., *Communicating Europe to the World: What Public Diplomacy for the EU?* Working Paper, No. 21, Brussels, European Policy Centre. Online, available at http://www.epc.ed/TEWN/pdf/251965810_ epc% 2021.pdf (accessed 31January 2009) 2005, p. 11.

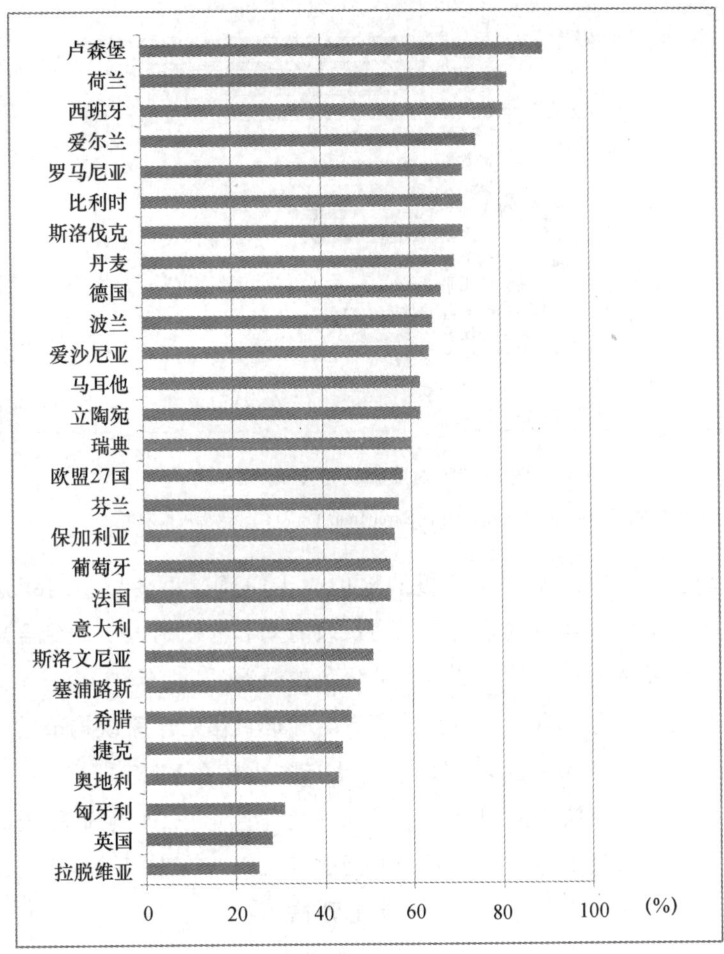

图 1—1 欧盟成员国公民对欧盟认可度调查

数据来源：European Commission，Eurobarometer 71，September 2009.

关于欧盟角色，很多时候也被描述为欧盟在世界政治中的特殊角色。也有越来越多的学者开始关注欧盟在世界上的角色。这有利于欧盟在当代国际关系中的定位，同时，也有利于人们更深入地理解欧洲认同。

有关欧盟的国际角色，从 1992 年欧盟共同外交与安全政策（Common Foreign and Security Policy，CFSP）的建立到 2003 年共同安全与防卫政策（European Security and Defense Policy，ESDP），以及第一次向外派出部队，都表现出了欧盟试图走向国际政治的中心舞台。而欧盟委员会在对外政策方面作出了一些具有标志性的决策。欧盟是世界上第一大贸易体，它同时

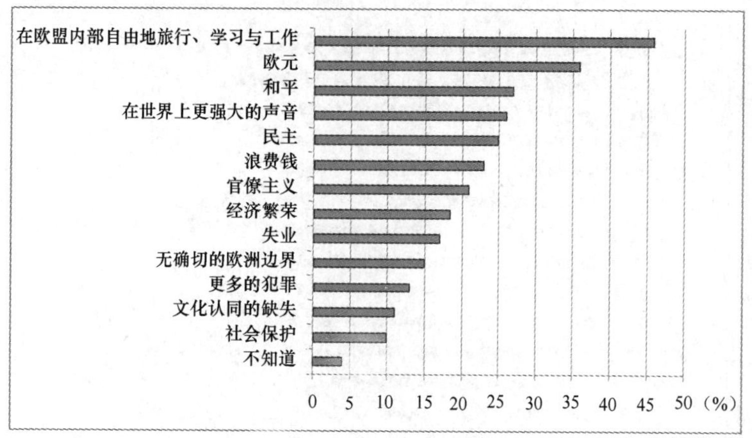

图 1—2 对欧盟认可度调查内容

数据来源：European Commission，Eurobarometer 71，September 2009.

拥有在国际贸易组织中举足轻重的地位。比如通过世界贸易组织这一机构，欧盟的金融和经济政策的影响力从政府间和非政府间扩大到全球，欧盟大量的国际援助也有助于欧盟外部角色的提升。

欧盟的构架是由欧盟委员会、理事会和成员国三个系统构成的。因为它建立在维护世界和平的基础之上，具有多边使命和多重的对外政策结构，大多数分析家认为欧盟是一个特殊的全球性角色，① 但是欧盟的国际认同和欧盟的角色实际上都是复杂的问题。图 1—3、图 1—4 分别是欧盟在世界政治中的主要角色与外部印象的评估。

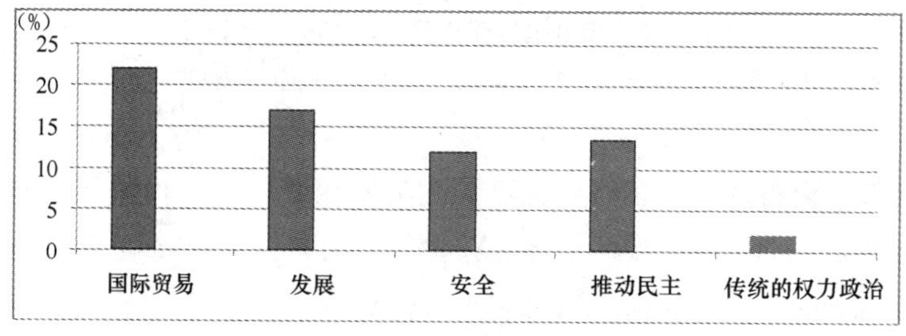

图 1—3 欧盟在世界政治中的主要角色②

① Lucarelli，S.，"The European Union in the Eyes of Others：Towards Filling a Gap in the Literature"，*The European Foreign Affairs Review*，Vol. 12（3），pp. 249 – 270.

② Sonia Lucarelli and Lorenzo Fioramonti（eds.），*External Perceptions of the European Union as a Global Actor*，London：Rantledge，2010，p. 210.

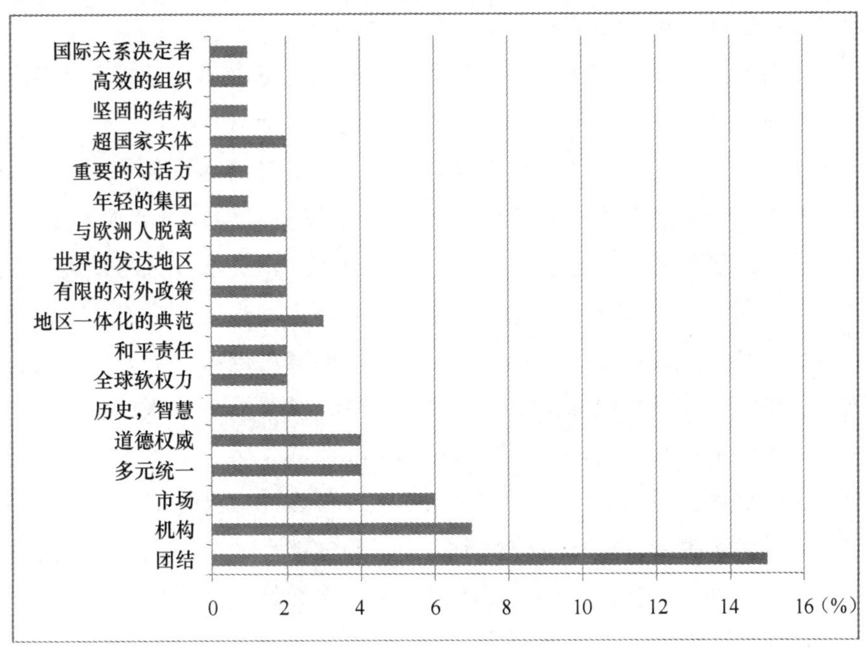

图 1—4　欧盟的外部印象①

从图 1—4 可以看出，一方面团结的因素可以看作是欧盟在国际关系领域的一种强大的代表力量。它具有数量上的优势，代表了当时 27 个国家的统一意见。这种强力也可以看作是欧盟与世界其他地区加强关联的因素。特别是从历史的原因和多方面的经验来看，欧盟各成员国具备不同的能力，同时也具备与不同国家打交道的能力，这些能力的合力让世界上任何大国都不可小觑。但从另一方面来看，欧盟的主要弱点在于实现多元统一的困难，尤其在传统的对外政策领域。二者如同一个硬币的两面：当多元性被广泛重视的时候，对外政策的统一性就会被削弱。所以，欧盟权力个体数量的多元也是对其在国际舞台上扮演角色的挑战。

总体来说，团结的"国家联合体"印象对于欧洲外部角色来说是积极的形象，它使欧盟成为和平、智慧、诚实、中立、非帝国主义、平衡的对话方和统一的地区一体化的代表。由于"国家联合体"在内部事务与对外事务中都具有超国家的特征，它又为欧盟在国际上树立了建立在一

① Sonia Lucarelli and Lorenzo Fioramonti（eds.），*External Perceptions of the European Union as a Global Actor*，Routledge：London and New York，2010，p. 208.

致、统一、对话和人权基础上的“道德权威”的形象。

我们也看到，与“国家联合体”优势相反的是，多元认同与多元利益汇聚在同一个联盟之下，这也限制了欧盟的国际行动能力。复杂的欧盟体系使市民政治与精英政治经常陷入争论：欧盟的本质是什么？对于布鲁塞尔来说，它首先需要回答两个问题：第一，什么是欧盟？第二，如何看待欧盟的角色（包括其中的优势与劣势）？对于什么是欧盟，欧盟的外交家们试图将欧盟描述成一个非典型的国际角色，它具备一些国家特征同时又受到一定的限制，完全依赖于政策制定的权力来执行对外政策。当我们分析欧盟的国际角色时会发现，欧盟在各类不同事务中的表现又有所不同。这是因为欧盟的非典型性使其作为一个新型的国际关系行为体出现。在一些经济事务的竞争中，如国际贸易方面，是在欧盟委员会层面解决的，而在对外政策、安全和内部事务中，又被认为是由国家层面来决定。我们看到，在欧盟委员会层面解决的问题，在国际领域被视为是高效的、有影响力的，并且在制度层面，欧盟又是国际规则制定的强有力的影响者。当然，为此，有一些国家如南部非洲的外交家认为欧盟利用规则制定来施行保护主义，利用技术和关税来保护内部市场。欧盟也被质疑在一些制度的制定过程中的不透明。这些规则一方面构筑了欧盟的权力结构；另一方面，也加重了其他国家的负担，为国际合作带来一些障碍。①

另外，成员国的分歧也被认为是欧盟对外政策一致性的主要障碍。在许多问题上，成员国之间通过协商，只能取一个折中的方案，这使欧盟的对外政策缺乏“个性”和明确的定位。在这样的情势下，对于一些敏感问题，欧盟不能在复杂的情况下发出有力的共同声音。即使发出声音，也使其他国家要去辨别：这代表了哪一个或几个欧洲大国的声音？在对外政策方面，欧盟一直没有脱离大国主导的游戏规则，这影响了欧盟对外发出强而有力的声音。

总体来说，在现有的国际政治中，或者由于其能力，或者由于其表决方法，欧盟在传统的权力政治领域还未发挥巨大的作用。但是，这并不代表欧盟所有成员国都处于弱势之中，在某种程度上，外交和对外政

① Sonia Lucarelli and Lorenzo Fioramonti (eds.), *External Perceptions of the European Union as a Global Actor*, Londen: Routledge, p. 207.

策都是与国家利益密切相关的。尤其是对于法国和英国这样的欧洲大国，由于与其前殖民地的特殊关系，他们在这些地区保持着较高的影响力，并且也在努力维持自身的这种影响。在经济领域，也会发现政治权力是潜在的。除控制 WTO 外，欧盟对国际货币基金组织和世界银行都具有较强的影响力，其在联合国安理会也拥有两个座席。欧盟试图推进“话筒外交”（megaphone diplomacy），即无论联盟的身份如何，联盟将利用规则来对国际事务发表看法，在其发挥作用有限的国际事务上表达它的不妥协。欧盟在人权方面被公认为在世界上具有广泛的影响力。

另外，欧盟还被认为有些忽略了与权力政治的有效沟通，即指它缺乏在全球范围内对媒体的控制能力以“生产”出有效而可信的表达，比如通过非政府组织、媒介和学术机构。当今世界上，美国垄断了知识和文化象征的生产，这使它能更有效地吸引世界上最好的人力资源，尤其是从新兴的大国，如中国和印度。“在这一点上，欧盟被认为是短视的，因为欧洲现在的移民政策使其不具备吸引优秀人才的能力和利用这些人才来宣传欧洲价值，并通过这一渠道来打造其他国家未来的价值理念。”①

从《里斯本条约》来看，无疑，欧盟期待在国际上拥有更大的发言权和影响力，这需要欧盟成员国的共同努力，也需要与国际大气候相结合。从国际上来看，伴随全球化的发展，似乎世界各国更希望欧盟发展成为一个合作者而不是政治主导者。在全球性金融危机的情势下，尤其是欧元区的危机蔓延的背景下，欧盟需要建立强有力的制度来改善金融经济的不稳定，这显然比地缘和环境变化等其他挑战要紧迫得多。因此，欧盟在对外影响力方面的努力无论从内部和外部来说都面临一定的压力。

三　欧盟政体

在过去的二十年间，对于“欧盟是一个什么样的政体”的讨论一直是一个热门的话题。欧洲联盟通过扩大，不断将其政治领域扩充，从金融

① Sonia Lucarelli and Lorenzo Fioramonti（eds.），*External Perceptions of the European Union as a Global Actor*，Londen：Routledge，p. 207.

到移民到对外防御，其在公共讨论中已经被看作一个政体。这种政治化的过程使学术界对欧盟的主题分析与理解越来越深化，“它终结了人们在20世纪50年代将欧洲片面地理解为一个小范围的、纯经济的、技术的、无文化吸引力而又保守的地区的议题”。①

确切地说，在《马斯特里赫特条约》签订之前，学者们从不同的角度讨论欧洲一体化，或者从法律的、经济的、社会的和政治的角度，或者是从历史的角度，或者是从现实分析的角度，主要研究的是一体化的动力或者对其进行抵制的结果，但是，学者们很少去探索一体化的规则问题。从20世纪90年代起，欧洲问题以跨欧洲的形式，作为现代世界政治的一个重要内容出现了。与以前相比，人们对欧盟的理解也发生了变化：开始是从哲学的角度认识现代欧盟与过去欧洲的相关性，然后从自由主义、社会共同体或者民族共和范例的国家或超国家的角度，思考更深层次的有国际意义的政治边界与地缘边界的欧盟政体。也有一些研究者继续将欧盟作为一个超国家行为体来研究，另外一些研究则强调共同体模式在技术和市场权力下的去政治化问题。

无论讨论是否达成一致结果，《马斯特里赫特条约》的成效都是非常明显的：它在欧盟还没有认识到自己的民主合法性问题的时候，在欧洲层面的政治决策已经侵蚀了欧盟的合法性基础的时候，打开了欧盟合法性理论分析的闸门。20世纪90年代以后，合法性的确是欧盟面临的棘手问题。现在对欧盟合法性问题的分析，在欧洲的理解方面已经讨论到属于公共领域的现实的、潜在的或者希望的问题，这其中涉及欧洲认同、欧洲人，以及与他们所属的民族国家之间的关系问题。当然，学者们讨论的绝大部分还是围绕着成员国、体系内的规则和某些具体的问题，其中，关于跨国家的公民社会、欧洲的公众空间领域、欧盟的民主赤字问题、宪法研究等似乎已经成为独立的学科研究领域。而这些，又都是在直接或间接地讨论另一个相同的命题：欧盟是一个怎样的政体。

要讨论政体，就必须明确成员国间的跨国家方式，这涉及两个主要的问题。一个是已经持续多年都在讨论的，即当前的欧洲是在大洲范围内的

---

① Hartmut Kaelble, “The 1970s in Europe: A Period of Promise or Disillusionment?”, *Humboldt University of Berlin*, on Friday, 13 November, 2009.

统一，还是仅仅是在欧盟基础上的合法的政治联盟？这个问题经常与讨论公共事务的进程相关联，如地区的繁荣、稳定、道德和富裕的生活？但是，人们更需要清楚的是，统一后的大洲为这些问题带来了什么？另一个问题则建立在一个更加复杂的层面上，欧盟如何用制度设计来削弱国家层次的主权，以寻求很难把握的"多元统一"？这一讨论将欧盟政体这一问题的本质留在这样的多元层面上：欧盟是否能够在欧洲与国家层面上，同时进行合作和主权共享？欧盟应该如何在保持多元的基础上，来寻求共同的目标？

因此，在《马斯特里赫特条约》之后，一个这样的哲学三角（图1—5）围绕着关于成员国的认同问题开展起来了，我们相信，这个框架可用来理解欧洲与变化的成员国之间的关系。

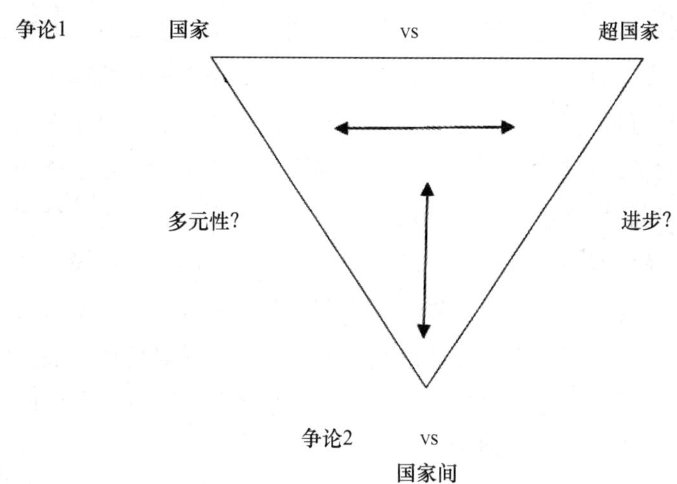

图1—5　欧盟政体讨论三个学派间的争论示意图

在争论1中，我们看到的是民族国家立场的代表，也称作"民族内部派"或"国家主义者"，它在本质上是反对欧盟作为一个民族国家的定位的。从总体上来说，这种思路起源于现代民主和福利国家，认为民主与福利是在民族国家的层面上产生的，而不可能在欧盟的层面上产生。一个民主共同体，应该拥有共同的语言，共同的代表，这些应该源于共享的历史和对现有共同体与其他共同体差异的认知，而欧盟没有，或者也不具备这样的条件。相应的，欧盟是用相互的需要去设想相互的信任和在特定的共同体中发现社会公正与共同的身份。

在他们看来，欧盟不是作为一个理论和政治问题而存在的，它更像是一个国家间的统一市场，通过对经济、技术规则的执行不断实现地区标准化的过程。结果，欧洲一体化不被视为一个进步，而被视作“自决”或者“社会公正”的过程——而这两个方面被认为是现代民族国家的两个成就。“国家主义者”将自己分为两个分支，一个是保守派，另一个是激进派。保守派将欧盟扩大视为对国家认同和文化价值的一种威胁，而激进派则坚持将民族国家视为进行自治与社会公正的最好的方式。在挪威、英国、法国和捷克，支持这两派的学者大有人在。

比较之下，在这个图形的另一端，则更强调欧盟是一种进步。我们将他们称作“超国家主义者”。欧盟因其反对民族主义和霸权主义而被看作是经济、社会、道德和政治进步的代表，它一直带有这样的理想，就是一个将欧洲的民主规则不断扩大的版图。然而一个新的民主欧洲也是拯救国家福利的唯一出路，而欧洲的国家福利已经受到全球化的威胁。对于这一派别来说，他们倡导欧洲的共同语言和共享价值，认为这是建立民主政治共同体的必要基础。由于这一价值共享在民族国家的层面呈现出一个长期的历史进程，因而在欧盟的层面也必将如此。因此，在这一学派内部，对一些问题还没有达成共识，包括在统一的大洲范围内实现民主的条件，以及这将意味着什么，如何发展欧洲范围的公共事务空间来支持自下而上的欧洲政治认同。但是有一个问题是非常清楚的，就是这些发展一定要带来欧洲统一。作为一个超国家的观点，这种理念的潜在意识是将欧洲建成一个由多民族构成的联邦国家。

当然，也有很多学者对欧洲统一的影响与作用发表了自己的观点。最著名的是哈贝马斯（Jurgen Habermas），他一直对此表明个人的态度与看法，且表达了他对欧盟宪法的支持，但他认为，肯特（Kant）所谓的人们之间为长久和平而形成的长久的联盟的观点是不能自圆其说的。事实上，对法律与人权的解释是不能最后得出他所倡议的个人自由依赖于国家主权的原则的。哈贝马斯的逻辑表明了他认为欧盟作为一个联邦国家应具备一个国家身份。

关于国家间与超国家的讨论，不仅使我们看到了成员国在欧洲构成方式上的不同框架，同时，也扩大了人们对欧洲范畴的理解。事实上，有一些人更倾向于在两条道路中选择一种折中的方式，或者努力去超越这些旧有的立场。这就使我们看到了“跨国家间”学派。

“跨国家间”学派早期称为“后国家”学派。它支持欧洲作为一个规则、程序、权利和秩序的行为体，它注定要遵从国家民主，拥护国家内政——因为民主是真实存在的，至少在历史的层面上，民主是在民族国家框架之内的真实的存在。但是这一学派与国家主义的观点也存在分歧，它们认为欧盟概念不应该是来自于国家形式的消解，而应该是一些潜在的完善手段。据此，欧盟的主要贡献在于成员国制度与规则的制定，例如禁止任何形式的在民族立场上的跨国家间的歧视。由于这些制度与规则成为了跨国家间联系的命脉，欧盟与其说是民主发展的结果，不如说更像是一个制宪的政体，它使欧洲公民参与到政治决策中来，促进了个人权利的发展，而不仅仅是使人们共享内部文化。

在“跨国家间”学派中，学者们对于民主是否应该成为欧洲空间范围的严格界定也有不同的观点。欧盟已经不再仅仅是一个国家同盟，自从它的人民以多种面孔和不同的政治形式及相互的历史认知出现，一种新的民主形式的联盟就已经在形成之中。[①] 这一派的学者认为，欧盟代表的是自由国家的“联邦主义”，或者一个邦联而不是一个联邦。它和联邦的主要区别在于欧盟允许其各组成部分的主权规则继续存在。从起源上说，邦联是建立在自由公约基础之上的一个持续的联盟。欧盟是介于联邦国家体系与一个同盟之间的联合体，所以它的规则明显有别于国内法与国际法，而是一种神圣的超越。在这些学者看来，世界大同的思想将成为建立在自由国家规则与秩序基础上的某种形式。欧洲国家间相互认同虽然为其共享内部文化铺平了道路，却没有宣告一个联邦欧洲的来临。一个新的欧洲、一个新的欧洲政体是在国家与人民的联合中诞生的。

关于欧盟政体的讨论其目的当然不仅仅局限于哪种对欧盟的理解是更正确的。讨论的目标在于他们所反映的隐藏于其中的各个国家的政治文化背景的不同。对欧洲一体化这一主题的理解也可以做出一种文化解释，就是，将文化（其中包括价值、知识、习惯、历史、记忆及世界观认知）与变化的社会政治和国家问题相联结，进而又将对这些问题的不同理解与民主、公民、共和、价值、伦理、规则等核心概念的讨论结合起来，讨论

---

① Justine Lacroix and Kalypso Nicolaidis（eds.），*European Stories*：*Intellectural Debates on Europe in National Context*，Oxford：Oxford University Press，2010，p. 12.

现在的“国家”和“欧洲”。

四 欧盟改革中的实验与变化

欧盟从共同体发展到今天，一直经历着变化的改革过程。可以确定的是，欧盟已经不再是一个平常的国际组织。然而，它的发展还没有一个明确的指导性计划。并且，在复杂的成员国、利益组织之间的政治讨价还价之后，欧盟决策包含了太多的折中方案。结果之一是，当欧盟的改革计划发生改变时，其变化往往是递增的。即便原本是激进的改革计划，最终也会趋向于将改革的方式带到温和的方向上来，因为在同一个体系中有多种不同的利益需要满足。

这种变化由最终未被通过的《欧盟宪法条约》可以看出来。宪法是由基本权利、利益、条例、总统、外交部长和安全防务等责任方面构成的，作为其结果，它注定了将是以条约的形式固定下来并作为一种象征而出现。与“宪法”相关的事务都类似于欧盟的赞美诗。我们看到，包括对欧盟并不完全服从的国家，如波兰、英国等都能够通过宪法条约，其原因在于宪法给了所有成员国以修订的机会。然而，显然事情并不如期望中的那样顺利。欧洲议会权力的增大、欧盟不断向申请国发送鼓励的信号等因素，使欧洲的制宪像雪球一样从山顶上滚了下来。欧盟制宪的急转变化，也通过统一货币和欧洲法院体现出来。这或者可以理解为欧盟还是一个年轻的政治体系，不过，它在 2005 年的制宪中表现出的脆弱易变多少让人感到吃惊。对此，最普遍的结论是，欧盟还是一个实验中的联盟。[①] 而一般认为，这一实验“一直像一台润滑的机器一样运转。让它改变方向已经很难，它的成员国已经在十年的时间里成倍增长。同样，也没有人否认欧盟在促进合作方面的努力和在主权之外的集体行为中的能力。尤其是这个集体曾经在数年前持续了几代人的战争。更加令人侧目的是，欧盟或者将成为一个模式，被世界上其他地区与组织所效仿”。[②]

欧盟研究中一个不能回避的问题是权力的广泛分配。在成员国、机构

---

① Laffan. B, O'Donell and Smith. M, *Europ's Experimental Union: Rethinking International*, London and New York: Routeledge, 2000.

② Farrell, M., "From EU Model to External Policy? Promoting Regional Integration in the Rest of the World", in S. Meunier and K. Mcnamara (eds.), *Making History: European and Institutional Change at fifty*, Oxford: Oxford University Press, 2007, p. 299 - 316.

与利益组织之间，主要表现为共享权力与寻求共同目标。同时，利益一致与折中在其间可能会表现为巨大的利益。欧盟付出巨大努力是为了达到在已经被分割的利益间达成一致，再做出新的利益分配。当它获得通过的时候，欧盟的协议会被描绘成各种积极有利因素的叠加——它比以往的政策能够为更多的公民带来更大的利益。诚然，每个政策都会带来失落者与胜利者。但是，布鲁塞尔体系需要欧洲公民对它的支持，它必然要被描绘成一个英雄，而避免带来明显的失落者，这对于布鲁塞尔来说是有难度的。

至于欧盟是如何运作的，肯定不仅仅是通过条约。机构和成员国的正式权力以及正式的决策规则，并非不重要，但是它们并不能形成一个整体，这是由于非正式规则对于结果来说也是至关重要的。我们所能观察到的欧盟真正运作的重要因素并不完全是写在纸上的规则，它可能是建立在时间基础上的经验累积，并且大多数是通过组织机构来实现与完成的。这些规则已经在欧盟的政策制定中发挥了重要的作用，并为欧盟内部所认可。与之相关的内容，我们将在后面的章节中做阐述。

第二章　欧洲一体化的理论与实践模式

在20世纪90年代中期以前，在一体化理论中，一体化首先被看作是一个过程，新功能主义和政府间主义都强调一体化是一个过程而甚于一个政治体系。然而，90年代末以来，人们关注的问题似乎成了一体化的结果——一体化将产生一个什么样的欧盟，为此，如何理解一体化理论受到了更广泛的关注。而如何将一体化理论与欧洲一体化的实践模式相互结合成为欧洲一体化研究的重要命题。

第一节　欧洲一体化的理论

在这一部分中，我们需要厘清的问题包括：什么是欧洲一体化理论？为什么欧洲一体化需要理论？欧洲一体化包括哪些理论？我们将在下面的内容中阐述。

一　为什么欧洲一体化需要理论

要理解一体化理论，首先要清晰两个概念，一个是一体化，一个是理论。对于一体化的概念，新功能主义一体化理论的代表人物哈斯提出这样的概念：一体化就是在一个区域内，政治行为者将各种不同的国家行为体的愿望、期待和政治行为向一个新的中心转移，新的中心建立超过已有国家行为体的政治体制和司法权的过程。① 这是一个宽泛的概念，它包含了社会进程（忠诚的转移）和政治进程（谈判和决定新的在成员国之上的政治体制至少是直接参与部分地区事务）。其次并非每个理论家的理论都有全面的定义，哈斯的概念分析了社会因素的一体化：新功能主义对行为者的核心促进作用进行了功能限定。而政府间主义者则从不同的角度对一体化理论进行了定义，它否定了政治进程的定义。但是新功能主义的观点至今仍然受到较大的关注。

关于什么是理论，这里应该结合一体化理论来谈。狭义地讲，理论是具有普遍意义的，具有跨历史的有效性的和法律标准的，它是能够通过一系列假定来论证的结论。而在一体化理论中，“理论”一词应该是有宽泛的定义的。因为我们不是用这个理论来作抽象的推理，而是用来理解一个特殊的政策领域——欧盟。要使这一目标更加明晰，这一理论就应该包括这些不同的对象：解释结果、行为，制定政策的原理，解释其他理论对其的批评，扩张政策，探索规范引导，等等。因此，我们可以看到各种不同的欧洲一体化理论，它们是为这些不同的目标而进行的理论和意义分析。

区别于对理论的狭义理解，人们在探讨欧洲一体化理论的时候，用的基本都是宽泛的理论概念。当用于解释欧洲一体化的进程与结果时，人们往往用“欧洲一体化”的理论概念；当人们理解一体化道路的时候，则用“理论方法”——而这些，都可以被看作是广义的理论。因为它们都不单指一体化这一特殊政治的发展，而是希望能够对欧洲一体化及其治理有所贡献。

为什么要研究一体化理论？一般来说，研究一体化理论的主要目的在于更好地理解欧盟的运作。因为人们最迫切需要了解的是欧洲一体化制度是如何确立的，以及如何通过组织来完成制度运行，实现条约规定的制度角色与功能，达到政治行为体对制度运作的制约，等等。带着这样的期许，理论的价值似乎已经不那么明显了。相反，经验事实仿佛更能为人们理解一体化提供更有效的信息。那么，为什么研究者仍然认为研究欧洲一体化理论是非常必要的呢？

在笔者看来，它至少有三个原因：

---

① Antje Wiener and Thomas Diez, *European Intergration Theory*, Oxford: Oxford University Press, 2004, p. 2.

第一，理论能够帮助我们从概念术语上理解一体化的进程与结果。这不仅能帮助我们更好地理解一系列制度，而且能够对制度行为与未来发展做出规范的评估。

第二，从制度的建立、角色与功能的角度来说，民主改革和政治合法性是较为焦点的问题。这一方面需要关于欧盟体制方面的比较翔实的知识；另一方面，又需要对一些具有挑战性的问题有深入的理解。如，政治合法性建立的基础是什么？什么样的民主形式更适合超国家政治？当已有的一些政治理论不能适应欧盟政治发展的路径的时候，就需要有更进一步的理论来加以解释。

第三，值得注意的是，制度如何运作不可能用单纯的经验知识来完全解决，并且，已有的案例也不会全部有效和有意义。既然经验事实代表的观点往往都是建立在一些特殊的事例基础之上的，那么，在此基础上对欧盟的发展和一体化进程结果的预测都只能是设想，其准确性和可信性也必然是值得怀疑的。一体化理论可以帮助我们去解释和分析这些问题以及设想。也就是说，经验事实提供的往往是对现有事物的表面的分析与设想，而忽视了存在于事物表面之下的政治争论。这样，分析一体化就不仅仅是一个技术问题，而是包含对一体化和欧盟概念问题的特殊理解。这使研究一体化理论具备了突出的意义。

二　欧洲一体化理论的研究阶段

对于欧洲一体化理论，从 20 世纪 60 年代开始，一直是欧洲问题研究的理论家们热衷于讨论的问题。我们按时间和研究主题来划分，欧洲一体化理论的研究大体上可以分为三个阶段，如表 2—1。

表 2—1　　欧洲一体化理论的研究阶段

阶段	时间	主题
解释欧洲一体化	1960—1980 年	如何理解一体化的成就 为什么发生了欧洲一体化
分析欧盟治理	1980—1990 年	欧盟是什么样的政治体系 欧洲一体化的政治进程应该如何描述
欧盟的建设问题	1990 年至今	欧洲一体化的社会和政治进程 如何界定欧洲一体化和欧盟治理及其主要目标

第一个阶段一般认为是从《罗马条约》签订到20世纪80年代。这是欧洲一体化理论的奠基时期。尽管现实主义者试图将欧洲一体化与他们的世界观结合起来，将一体化界定为成员国间的权力游戏，但是一体化在初期的成功已经挑战了当时的国家版图体系，这一国家版图体系是按现实主义者的意愿确立的。因此，这一时期的一体化理论也挑战了二战后现实主义在国际关系领域的统治地位。它的主要内容是如何解释欧洲一体化的成就及欧洲一体化发生的原因。其代表性的理论是新功能主义。现实主义与新功能主义无疑都是关于欧洲未来发展的理性主义的代表，他们为欧洲发展设计了不同的蓝图。

第二个阶段是一体化理论向经验研究和政治理论领域拓展的时期，是在20世纪80年代到90年代的10年。其主要内容是如何阐释欧盟政治进程与政治体系，欧洲一体化理论进入一个深入研究时期，在研究中引入了比较政治与政治分析的研究方法，开始对治理理论进行研究。

第三个阶段是一体化理论返回到国际关系领域的时期，时间从20世纪90年代至今。20世纪80年代至90年代，国际关系研究中突出的特点是各种批判和建构理论及方法抬头，而且，这些理论也在社会研究的其他领域开花结果。比如，社会建构主义者为国际关系领域国家间相互依存提供了理念、规则、制度、认同的相关性论据。这些理论帮助我们更好地理解国际政治的理论建构。后结构主义分析了国际关系理论的核心概念，而理论批评家们不仅发展了现代国际体系的批判理论，而且拓展了我们观察世界的路径。

这些发展恰好与1991年的《马斯特里赫特条约》和1996年的《阿姆斯特丹条约》在时间上接近。这说明在欧盟扩大和制度完善的巨大压力下，一体化理论也面临着在深度和广度上拓展的问题。不同于前两个阶段的是，第三个阶段的一体化理论试图论证超国家机构的建立，或者在超国家、国家与次国家间寻找介质。

三　欧洲一体化的主要理论

关于欧洲一体化的理论，到目前为止，以联邦主义、功能主义和新功能主义三种观点影响最大，后来的新结构主义也有较多的受众。按联邦主义的观点，欧盟是建立在政治一体化基础上的超国家，是根植在统一基础之上的命运共同体；按功能主义和新功能主义的观点，政治及其他一体化的进程只是经济一体化的延续，其功能也只是经济一体化影响的继续，或者说是由经济一体化的“外溢”效应引起的。按照新结构主义的观点，欧盟是建立在文化的多样性、统一性或多样性统一基础之上的。联邦主义、功能主义、新功能主义和新结构主义的理论，是透过政治的、经济的和文化的不同视角对欧洲联合所做的分析、阐释与表达。由于在后文中我们对欧洲一体化的认同建构有较为详细的分析，在这里就不做详细的分析了。

（一）联邦主义与欧洲一体化

联邦主义既是一种观念又是一种制度。作为观念形态的联邦主义主张建立统一的国家，强调一定程度的权力集中，实际上是一种特殊形态的民族主义，其目的是建立统一的民族国家。作为国家政治组织形式的联邦主义制度是指政治上介于中央集权和松散的邦联之间的一种制度。在联邦制度下，将原先的在内政、外交上自主的各部分融合在统一的联邦国家中。

与其他一体化的政治理论不同，联邦主义认为最终目标比实现目标的手段更为重要。联邦主义的最终目标是建立一个联邦国家。作为一种国际一体化理论，它希望用一个全球联邦代替松散的联合国，但现实情况只能始于并限定为建立区域性联邦。麦凯（R. W. G. Mackay）在欧洲一体化背景下给出了联邦主义的定义：联邦主义是一种分配政府权力的方法，使中央和地方政府在一个有限范围内既是独立又是相互合作的。检验这项原则是否实施的方法是看中央和地方的权威是否相互独立。一般认为，这一原则运用得最好的国家是美国、澳大利亚、加拿大和印度。恩尼斯特·维斯蒂里希（Ernest Wistrich）在一个关于欧洲联邦的建议中提出了不同于麦凯的联邦主义的定义：联邦主义的实质是权力的非集中化，以便在离公民更近的较低政府水平上得到满足。这个定义把联邦主义限定在两个层次上来组织国家权力，强调联邦多层分权的可能性。因此，维斯蒂里希提出了一个多层次而不是两层化联邦的可能性。重新定义联邦制的原则对欧洲联盟在当代的发展有着重要意义，因为从联邦分权原则演绎出的“权力分散”原则，是《马斯特里赫特条约》的核心。权力分散不是侵犯或者对联邦主义理论的修正，而是承认联邦原则内在逻辑的政治实践。雷金纳德·哈里森（Reginald Harrison）指出了这种联系，认为真正的联邦主义是权力在多层次不同的经济、社会、文化利益之间的极端分散和再分配。因此，联邦主义理论在欧洲一体化的实践中发展起来。但欧洲联盟的这种权力分散的形式不能称为典型的联邦，因为权力将以各种形式分散到联盟内的不同层次上。

一体化理论在联邦主义时期主要是用来描述和解释独立国家间的统一。联邦主义者不仅将欧洲一体化看成一个过程，更视之为欧洲统一的实现途径。联邦主义的重要代表人物之一斯皮内利（Altiero Spinelli），是意大利抵抗运动的领导者，欧盟委员会成员，在其一生中，起草和参与了重要的欧洲一体化条约，包括1941年的《文托泰内宣言》（*Ventotene Manifesto*），1944年的《日内瓦声明》（*Geneva Document*）和1984年的《欧洲联盟草约》（*the Draft Treaty of European Union*）。他的观点是欧洲即将建成一个由独立国家构成的，以共同民主、法律制度为基础的共同体。这一共同体是以欧盟委员会为基础建立的一个新的民主法制政体。斯皮内利相信只有联邦主义才能成功地统一欧洲，功能主义的渐进方式永远不能给欧洲人民带来强有力的制度。对他来说，欧洲联盟几乎是一个无所不包的命题。他认为，由于各国对欧洲统一的态度不尽相同，如果缺乏超国家权威，各国在相互合作过程中所享有的否决权将大大降低合作的效率，一体化也将因此难以实现。基于这一考虑，斯皮内利主张先建立欧洲民主政治机构，将各国的行政、立法和司法机关的某些权力，让渡给超国家的欧洲机构；这些机构运作的法律基础来自具有欧洲人民民意基础的议会，而不是各国政府，各国政府对其无权干涉。在他看来，在欧洲一体化过程中，欧洲联邦主义的倾向是否明显，将取决于超国家组织功能的强弱，或欧洲议会民意基础雄厚与否和功能的大小。从战后欧洲国家一体化的过程来看，以联邦主义来实现欧洲统一遇到的阻力非常大。在历经40多年的努力之后，1992年2月7日签署的《马斯特里赫特条约》中没有使用“联邦”一词，而采用的是“联盟”。

斯皮内利的思想在联邦主义中具有代表性，因为他将一个积极的一体化运动转化到政治程序上来。这也是为什么他的联合欧洲战略的思想一直以来被认为是世界一体化的第一步，这一贡献可能比其对联邦主义的贡献还要大。同时，他反对采用强制方式的欧洲统一，认为欧洲统一是在欧洲民主的历史传统背景下进行的，只有在民主的方式下才能实现欧洲统一，并且欧洲统一只有在民主国家政府的自由决定下才能完成。

作为第二次世界大战的直接结果，欧洲面临的是或者统一或者陨落的改变。[①]

欧洲一体化是一个包含了巨大发展领域和制度体系的概念。一体化进程的核心通常被认为是从“舒曼计划”开始，到《罗马条约》，到“统一欧洲行动”，到《马斯特里赫特条约》，再到欧盟成立。这一过程被认为是联邦主义的理念持续作用的过程。随着欧洲防务和政治共同体建设设想的失败，联邦主义关于形成一个超国家“共同体”组织的设想也显得不切实际了。联邦主义者主张通过建立一个具有“超国家”性质的联邦，“自上而下”将欧洲国家统一起来。这一联邦国家一方面应拥有足够的政治权力与强制力，以满足成员国集体防卫、内部安全和经济发展的需要；另一方面，也允许各成员国之间存在差别，保持各自特点，并在某些政策领域行使自治。就一体化进程的次序而言，联邦主义者认为政治一体化应先行，理由是政治一体化可促进经济一体化，而经济一体化却不一定能促成政治一体化。在联邦主义者看来，建立一个超国家的中央机构对一体化建设至关重要。

早在“舒曼计划”执行的时候，联邦主义在欧洲就处于最盛行的时期。麦克马洪（A. W. Macmahon）的著作《联邦主义：本质与现象》（*Federalism*：*Mature and Emergent*）1955 年出版，被认为是这一理论在那个时代最好的作品。之后大量的美国学者，用美国的联邦主义经验来解释欧洲一体化。其中威廉·迪博尔德（William Diebold）是著名代表。那么，应该怎样看待联邦主义在欧洲一体化中的地位？我们知道，联邦体系是单一的结构系统深入合作的结果，但是，当若干个联邦体系组成一个巨大的联盟，这个新的联邦体系在深度和广度上定会发生变化。[②] 19 世纪发明的邦联概念就是为与联邦相区别成为一个更加弱化的联盟，在今天却被广泛使用。所以，笔者更愿意将欧盟形成后所盛行的理论之一——邦联主义作为联邦主义的一种延续。

---

① Brebt F. Nelsen and Alexander C-G. Stubb，*the European Union*：*Readings on the Theory and Practice of European Integration*，Lynne Rienner Publishers，Inc，1994，pp. 69 – 70.

② *The Europe Union*：*Reading on the Theory and Practice of European Integration*，Brent F. Nelsen and Alexander Stubb（eds.），UK：Palgrave Macmillan，2003，p. 203.

（二）功能主义与欧洲一体化

当代政治一体化理论家的思想在很大程度上得益于“功能主义”概念。[①] 功能主义者与联邦主义者的根本区别在于对实现一体化途径的主张不同。与联邦主义“自上而下”完成一体化的主张正好相反，功能主义者视一体化为一个过程，认为只有从各成员国的共同利益出发，通过不断加强相互间的合作，一体化才有可能“自下而上”逐步完成，公众对一体化的态度也会日趋积极。

米特兰尼可被看作是功能主义的创始人。早在 1943 年，即二战结束前两年他就出版了《一个可运作的和平体系》一书，提出了不仅统一欧洲，而且统一整个世界的和平方案。米特兰尼认为，避免国家间战争、达到和平通常有三种途径：第一种是形成“国家联合”，例如第一次世界大战后的国际联盟和二战后的联合国；第二种是建立地区性的“联邦体系”；第三种即是经由功能合作途径来建立和平。[②] 他认为，第一种途径兼顾了国家主权与各国之间的合作，使各会员国可以保留自己国家的政策，但其目标并非向一体化方向发展；第二种以联邦体系作为解决方案，使世界分成几个不同的竞争实体，但它并不能消除民族主义；而第三种功能性的合作既可避免所建立的国际性机构过于松散，又可以在共同生活的某些领域建立较广泛且稳定的权威。[③] 因此他主张建立一个独立的国际性功能机构，初期由少数国家组成，而后其他国家可自由加入，加入者也可退出。每个国家都可以选择自己需要加入的功能性组织，在加入或退出过程中，不允许有任何政治性的安排。[④]

功能主义的一个重要观点是合作会自动扩张。所谓“合作自动扩张”指的是某一部门的功能合作会有助于其他部门的合作，亦即一个部门的合作是另一部门合作的结果，同时也是第三个部门合作的动因。比如，当几个国家建立了共同市场后，就会产生一种内在压力与要求，推动它们在价格、投资、运输、保险、税收、工资、社会保障、银行以及货币政策等方

① 詹姆斯·多尔蒂、小罗伯特·普法尔茨格拉夫：《争论中的国际关系理论》，邵文光译，世界知识出版社 1987 年版，第 445 页。

② David Mitrany, *The Functional Theory of Politics*, London: London School of Economic and Political Science, 1975, p. 124.

③ Ibid..

④ C. A. Cosgrove and K. J. Twitchetted, *The New International Actors: The UN and the EEC*, London: MacMillan, 1970, p. 73.

面进行合作。最后这些功能部门的合作将会形成一种功能性的互相依赖网络，并逐渐渗透到政治部门。从根本上说，“经济统一”即使不使政治协议显得多余，也将为政治协议打下基础。[①] 而当人民觉得可以从功能性的机构中得到他们从民族国家所不能得到的利益时，他们就会将原来对祖国的忠诚转变为对功能性组织的效忠。[②] 因此，开展功能性合作有利于一体化的完成。功能主义理论对莫内、舒曼等欧共体创始人产生了十分重要的影响，50 年代初期“欧洲煤钢联营”的建立就是按照这种方式进行的。

（三）新功能主义与欧洲一体化

新功能主义是国际政治的“多边主义”理论。其理论的代表人物是恩斯特·哈斯（Ernst Haas）（第一个研究煤钢共同体问题的学者）和利昂·林德伯格（Leon Lindberg）（研究欧盟委员会的早期学者），该理论产生于 20 世纪 50—60 年代。这一理论的优势很大程度上在于它试图去解释在当时的西欧一体化进程中，如何将理论与现实相呼应。这一理论也由于其强烈的预见性而被追捧。这是当时欧美学者共同期待的一种解决问题的理论方式——预见和推理未来。

相较其他的“主义”理论，它不以单一国家角度去探索国际问题，也不会设想单一国家在国际舞台上发挥作用的因素。在概念上，它更强调全球相互依赖的因素。[③]

对于新功能主义者来说，国家行为是政治决策者被各种压力影响的结果。这些主要的压力来源于社会利益集团和政府机器内部的官僚主义。由此，如果分析者可以准确地判断各方压力的来源和走向，就可以对政策结果做出预测。由于利益集团和官僚机构的行为不仅仅限制在内部的政治领域，新功能主义期待不同国家间利益集团的跨界合作（国家间合作）和国家部门之间的联合合作（政府间合作），因此这一概念后来也被称为“国家间主义”和“政府间主义”。[④] 它强调国家、地区间合作的“外溢”

① 詹姆斯·多尔蒂、小罗伯·特·普法尔茨格拉夫：《争论中的国际关系理论》，邵文光译，世界知识出版社 1987 年版，第 447 页。

② A. J. R. Groom and Paul Taylor（eds.），*Functionlism*：*Theory and Practice in International Relations*，NewYork：Crane，Russak. co.，1975，p. 4.

③ E. B. Hass，*The Uniting of Europe*：*Political*，*Social and Economic Force*，*1950 - 1957*，Standford：Stanford University Press，2nd edn，1968.

④ Stephen George（ed.），*Politics and Policy in the European Community*，Oxford：Oxford University Press，1991，p. 21.

效应。在理论上，它注重的是预见性的因素。

新功能主义强调“国家间主义”和“政府间主义”，得到了非政府主义者的支持。对于新功能主义来说，最重要的非政府主义支持者来自于欧盟委员会。欧盟委员会试图利用其独特的地位来处理欧盟内部的多元主义和国家间合作，进而推动欧洲一体化，消解成员国政府对它的抵抗。

新功能主义的理论核心是“外溢”。当然，“外溢”只是对这一概念的笼统提法。事实上，新功能主义的“外溢”效用包括两个方面，一个是“功能外溢”，一个是“政治外溢”。① 根据功能外溢的观点，如果国家间要实现经济一体化，那么其技术上的压力就会推动其在其他方面实现一体化。因为现代工业经济是由相互联系、相互连接的部分组成的，其中任何部分与环节都不可能独立存在。区域内一个领域的一体化只有在其他部分同时一体化的背景下才能完成。以欧盟委员会为例，最初是在煤、钢两个能源领域合作，进而导致后来只有实现除此之外的石油和核能等能源领域的进一步合作，才能保证全区域内工业生产的需要。同理，一旦在区域内 6 个国家间消除关税壁垒，就不可能在一个区域内仅仅建立这 6 个国家的共同市场，因而可以预见区域内统一大市场的形成。由此可以看出，按照新功能主义的观点，欧盟范围内的共同市场、共同经济政策、共同农业政策等是自然而然的过程与结果。

在功能外溢之外，政治外溢是新功能主义的另一个概念。这一概念在某种程度上比功能外溢更能解释欧洲一体化进程力量。政治外溢包括对其成员国施加政治压力以推动一体化的深化。一旦区域实现了经济一体化，地区内的利益集团就会将其影响力扩大到区域以外以寻求利益最大化。因此，煤钢共同体的创立导致了各成员国煤钢工业领导人的变化，至少是一部分政治游说从成员国政府转向了最高委员会。相关的贸易联系和消费群体也会随之发生变化。一旦这些利益集团将他们的聚焦点，从成员国水平发展到地区水平，他们将很快使其所在的领域在地区范围内受益，进而有更大的意愿和更多的能力去试图消除阻碍他们的壁垒。由于在本领域决策权力的扩大，对于他们来说，最大的壁垒会产生在其他领域。由此，带来了一体化范围的不断扩大。与此同时，他们会形成一种反对成员国政府从

① Stephen George (ed.), *Politics and Policy in the European Community*, Oxford: Oxford University Press, 1991, p. 21.

一体化中撤出的力量。这种力量会消解使一体化向相反方向发展的力量。另外，政府也会迫于其他利益集团的压力，通过深化一体化而促使自己所在的利益集团在与其他利益集团的竞争中获利。

在新功能主义的倡导下，欧盟委员会似乎没有悬念地确定了一体化力量在欧洲的不可阻挡，甚至认为欧盟委员会将成为未来欧洲的超国家政府。但是 1965 年的戴高乐危机和 1973 年的英国劳动力问题危机，使新功能主义理论的这一畅想被社会现实戏剧化地终结了。专家们有这样的评论："或者是时代环境导致了一个仓促的结论，学术分析在这一过程中几乎在方方面面都出了问题。"① 在经历了 1965 年戴高乐政府之后的欧盟委员会危机之后，哈斯和林德伯格（Haas and Lindberg）做出了新的论断，认为其中重要的一点就是领导人在一体化中的角色问题；另一点是低估了国家主义的力量。新功能主义在之后的一些年中受到了知名理论家如斯图亚特·霍兰（Stuart Holand）等的批评。

1984 年之后的欧盟委员会，在雅克·德洛尔（Jacques Delors）的领导下，似乎给新功能主义带来新的曙光，但是要让这一理论再去一一论证功能外溢、政治外溢和欧盟委员会的领导权等问题难度已经很大了。毋庸置疑，新功能主义的理论在使欧盟从煤钢共同体向经济委员会的转变过程中发挥了重要的作用，因为它证明了"欧洲统一市场不仅是可能的，而且是平衡了各方利益的，它也论证了单一方面的一体化会走向歧途和出现扭曲"。② 虽然哈斯和林德伯格没能证明国家主义与新功能主义在哪些方面是相悖的，但是也没有任何人可以证明戴高乐的国家主义中不带有政治功能主义的因素。

发展到现在，关于新功能主义对欧洲一体化的解释中所存在的问题，我们大致可以得出这样的结论：第一，功能外溢压力的理论表面上似乎是有效的，但是试图用它来深层次解释欧盟委员会的发展过程并不可行。第二，政治功能外溢的概念存在一定的问题。它不足以解释成员国的政治发展脉络和相关的政治身份与角色。第三，在新功能主义视角下的一些经济设想，比如经济增长是发达资本主义经济的基本条件，而利益增长、关税

---

① W. Yondorf, Monnet and Action Committee: "The Formative Years of European Communities", *International Orgnization*, Vol. 41, 1965, pp. 885 - 913.

② N. Nugent, *The Government and Politics of European Community*, London: Macmillan, 1989.

同盟等问题，需要在欧盟委员会及各成员国的要求之间得到平衡。第四，哈斯和新功能主义的批评者都意识到，对欧盟委员会发展的理解不应该仅仅置于欧洲，而是应该置于国际大背景、大环境之下。

新功能主义由于其理论与欧洲一体化的现实缺乏一致性而逐渐不再被欧洲一体化的研究者所热捧，但它并没有被取代。20 世纪 70 年代后期，美国学者试图用新功能主义来解释现实世界中的相互依存问题，而使新功能主义从欧洲一体化的应用研究转向国家间体制的应用研究。

从经济领域扩张到政治领域的"功能外溢"并没有伴随着一体化程度的加深而继续深化。欧盟在经济和政治上的发展也并未呈现出均衡的状态。究其原因，一般认为，新功能主义仍然沿用了传统国际关系理论中理性主义认识论的视角，将行为体孤立于社会生活之外，把社会性的互动物化为单纯的利益交换。这样分析的直接后果便是使理论不能恰当地处理行为体与自身所处的结构间的关系。其后的一些建构主义理论与观点则尝试跳出理性主义对行为体和结构的分析框架，重新审视行为体和结构的作用与关系，这对欧洲一体化理论的发展是有积极意义的。

三　欧洲一体化的研究向何处去

当我们思考欧洲一体化研究向何处去的时候，我们首先应该考虑欧洲一体化从何处来。我们看到的是，过去的一些年里，欧盟一直在准备、协商和修订新的条约。原因在于，当欧盟机构内部对改革目标达成一致，但是对改革的细节意见并不一致的时候，就会努力在后来的政府间会议（Intergovernment Committee，IGC）中达成一致，这似乎已经成为欧盟运作的基本路线。同时，欧盟的政策输出领域在不断地扩大，如其成员国的扩大一样。一系列改革中，《尼斯条约》标志着欧盟制度改革的愿景以及为欧盟扩大做出的准备。其成功在于，它的本质是友善的，且改革是有限度的。但问题在于，之后的一系列改革要想充分发生作用可能需要很多年。而我们看到的是，在 1985 年以后的 20 年，欧盟先后 6 次修订了它的基本条约。没有任何一个西方国家在 20 年里如此频繁地修改宪法，还包括上百个的修正案。相比之下，美国宪法在过去的 200 年只修订了不到 30 个修正案。因为欧盟及其成员的政策输出太多且变化太大，研究、讨论欧盟的制度发展几乎成为一个难题。那么，我们应该如何开展研究呢？可以说，就目前来讲，欧洲一体化的研究主要有两个任务：

（一）讨论欧洲的未来

讨论欧洲的未来一直是欧洲研究者面临的重要任务。自 1950 年始，制度改革、扩大、政策出台、财政和对外政策等，一直被列入欧洲的主要议事日程。而到今天，欧洲在这些方面面临的挑战几乎仍然没有改变。更有甚者，这些问题的变化在过去的 50 年中仿佛在短期内不断增大。但是，从长期的角度来看，欧盟实际上已经经历了一个激进的变革，它从一个弱小的、只在有限的领域发挥作用的制度俱乐部，货币分立的、无共同的对外政策的联盟，发展到已经有 28 国的巨大权力机构、繁多的政策、拥有统一货币和在世界政治上作为一个核心政治角色之一的力量，这个转变是毋庸置疑的。

21 世纪的第一个 10 年是欧洲一体化进入新的议事日程的 10 年。安全成为了欧洲一体化的基石。但是这一议程明显转到了经济改革、气候变化和能源问题上来。一方面，经济改革的议程出现了抵制单一化的趋势，因为现在欧盟 28 国与以往相比经济更为多元；另一方面，欧盟经济在 2000 年后的第一个 10 年也被注入了新的生命力，如在重要的更为复杂的政策领域、公共服务领域的自由化等。欧盟正在试图成为全球气候变化的领导者，通过强制手段到 2020 年减排 20%，鼓励世界上其他地区也追随自己的做法。虽然目前联盟还远远没有达到实现共同的能源政策的目标，但是，因其积极倡导，至少让欧洲公民了解到了能源安全与环境保护的关系。

在法国和荷兰否决了欧盟宪法条约之后，欧盟的制度建设步入了冬天。2007 年由德国理事会主席重启这一议题，2009 年，欧盟 28 国对一个“瘦身”的改革条约《里斯本条约》达成一致。条约在本质上没有发生激进的变化，但是所有具有宪法象征意义的参照系都已经提及了。欧盟最热烈的支持者悲叹他们错过了为欧盟确立宪法的最好时机。在债务危机越演越烈之时，甚至有一些欧盟的乐观主义者认为，欧盟已经准备好了，可以应对各种压力，包括经济、能源和环境问题，对土耳其的谈判、欧盟的金融体系问题、欧盟的对外关系（对俄罗斯、中国、印度），欧盟已经将对外政策问题纳入新的议事日程。而这些，关系到欧洲的未来。

（二）研究欧盟如何发挥作用

我们不是去预言，今后什么特质、因素、问题决定欧盟的作用及走向。我们要讨论的是欧盟在未来的时间里，会诉诸什么样的方式来体现欧盟应该发挥的作用，并不断激发其潜在的能量。其间，主要有以下这三种模式，但这样一些方式绝不是互相排斥的：第一种，政府间模式；第二种，联邦模式；第三种，功能主义模式。

作为政府间模式的结果，2007 年的政府间会议是它重要的体现形式。原有的虚弱的三角机构，委员会、理事会和欧洲议会重新回到了全体一致的决策上来——又会有很多决定被带到现行的机构运作之外。在政府间组织所达成的一致中，多数表决制（QMV）扩大到了 30 个新的政策领域，支柱结构被瓦解了。欧盟被赋予了一个合法的身份，且所有的现有机构的责任都得到了加强。所有的成员国都必须承认这样的现实：如果欧盟希望在国际舞台上作为一个重要的角色出现，严格的政府间主义不会是一种选择。政府间主义是在尼斯谈判中产生的，它必然随着经验和效率的需要而在扩大的欧盟中催生出一种新的权力共享方式。

同时，我们也看到了一个联邦模式的欧洲在 2007 年后出现了。表现为它在形式和本质上被新的宪法条约所采纳。关键问题是，从象征的术语来看，它有了宪法所规定的象征，如欧盟标志性的旗帜、徽章，总统和外交部长。但是要成为真正的欧洲联邦，至少应该有强烈的理念，这就意味着在宪法制定之上需要拥有由委员会选举出的政府和两院制的议会。那样，欧盟的结构才会更加透明与民主。权力共享在大多数联邦体系中被作为辅助规则来看待，与之相伴随的则是使政府与公民之间的关系尽可能地近一些。

为此，仅仅将成员国政府和他们的公众不情愿地保留在圆桌上以保证参与联邦的数量，这是欧盟的联邦模式面临的难题。法国与荷兰对宪法条约的否决就证明了这一点。很多联邦的标志——如，建立在直接税收基础上的中心财政预算，或者将宪法修订案的权力给予组成国家的立法机构或者立法者（作为与他们的政府的对立而存在）——对于欧盟来说都是不可想象的。也可以说，并没有统一的政治运动或者平民运动来推动欧盟作为一个联邦的存在。

另一种观点也认为，欧盟的历史发展体现出，它可以在一个不是联邦的基础上发展联邦主义。如果没有联邦主义因素的存在，欧元和欧洲中央银行就将什么也不是。因此，我们发现了另一个明显的矛盾，就是联邦欧洲的设计理念，它既是反对欧洲统一论者的噩梦，也是乌托邦式的梦想，又是在某些政策领域的现实，但是，距离它所想要达到的一个欧洲合众国还有很远的路。在某种程度上，2007 年条约改革后达成的政治一致，作为对宪法条约的改变，也被认为是对联邦欧洲的一个倒退。

最后，功能主义模式将在未来的欧洲与政府间模式、联邦模式相结合。它在本质上是新的欧盟条约所表达的意见。与政府间主义或者联邦主义相比，功能主义模式一方面青睐于欧洲一体化的共同体方法，同时也惯于怀疑激进的改革与变化。它包括了大量的一体化的功能路径，它是实践性的或者是实用性的，而不是装饰性的和象征性的。它接受了欧盟还不能在政策领域运行的一些规则，如儿童保护和大多数形式的税收；它承认共同体方法的决策模式是不适合于一些政策领域，也不利于欧洲合作的，如在防御和边界问题上，不适合使这些权力在欧盟的机构间分享，至少在初期不适合。功能主义模式甚至接受“核心欧洲”思想在一些政策领域的应用，如《申根条约》和欧元区，因为这是由一些欧盟国家打造的合作协议，另外一些国家并不支持其设想。功能主义模式的价值在于，为了自己的目的而实现权力的共享。它因此得以将实际的合作扩大到所有欧盟成员国，在加强已有的三角机构的基础之上，委员会、议会、理事会——通过法院在其内部调解争论。

对于这一模式来说，是有一个基本的设想支撑的，就是欧盟是为了欧洲公民获得更多更广泛的福利。功能主义的模式代表了 20 世纪 50 年代最早的欧洲一体化开始时期的路径。它也因为在欧盟的历史上发挥过作用而继续存在：绝大部分人会认为它是在不断改进的，一些人仍然认为它是不可替代的，而只有一小部分人认为它已经没有价值。

但是，欧洲一体化的现实远比这些模式要复杂得多。法国的欧盟政策就是一个明显的例子。在一些关于联邦的议题中，如在欧元问题上，法国利用了联邦主义的工具。同时，法国又在一些问题上支持政府间主义以中止一体化进程，如 1954 年，阻碍欧洲防御共同体；1966 年，拒绝向多数表决制过渡；2005 年，反对欧盟宪法等。而在外交与安全政策方面，法国倡导一体化方法，以此来强调欧洲的亲密性而不仅仅是一个功能主义的全球角色。

事实上，欧盟一直是这三种模式并存的联盟，它远非一个普通的国际组织，但是又不是一个国家，它可能会一直以一种多层体系而存在：超国家、国家与地区合作。它以一种独一无二的且独创的方式来组织国家间的合作，而这些国家的政府又被真正地视为一个政治联盟的成员。欧盟也试图在只保留一个实验性体系的理念驱动下，一直在改变。我们看到，它在许多范围内进行改革，并试验一些理念，这是在一个巨大的多元体系之中，寻求一致性和如何达成一致的实验。在这样的多元体系中，欧盟如何能有效发挥作用以及应该如何运作可能一直是一个难解的问题。

第二节　欧洲一体化的实践模式

欧洲一体化实质上是区域整合、共同治理的一种社会发展模式。它以和平、稳定、社会经济均衡发展为目标，在多元一体、主权共享原则下，遵循共同法规和共同机制，实行国家和区域两个层面相互协调、双向互动的区域共治。[①] 区域共治几乎彻底改变了欧洲的地缘政治和经济面貌，以及欧洲的国际关系和社会发展，它的理论和实践创新、历史进步意义与现实示范作用都是值得研究的重要命题。这也是本书写作的立足点。欧洲一体化的实践模式主要从两个方面来分析：第一是实践路径，主要包括政策制定与制度设计、欧盟治理两个方面；第二是实践方式，主要包括经济一体化、政治一体化、文化一体化三个方面。伴随欧洲一体化 60 年的实践，欧洲一体化无论在实践路径、实践方式还是实践基础方面都在不断地发生变化，变得越来越充实，也越来越复杂。

一　欧洲一体化的实践路径

回顾和展望欧洲一体化的发展历程，站在历史发展的高度来认识，无论是纵向比较还是横向比较，区域一体化的体制、机制都已超越了现有国家体制和国际组织体制的通常治理方式，彻底改变了旧的欧洲，使当代欧洲进入了一个创建泛欧一体化的崭新时代。区域一体化实质上是区域整合、共同治理，需要整个区域范畴的统筹规划，制定远近目标，构建相应的政治体制、运行机制与政策措施，调整、变革国家和社会的关系，实行区域共治。欧洲一体化无疑在人类社会发展史上创建了一种新颖独特的社会发展模式，它使欧洲在国家权力结构、社会经济结构、国际关系，以及

---

① 伍贻康：《一种社会发展的新模式的实践探索——欧洲一体化新论》，《世界经济研究》2004 年第 6 期，第 24 页。

整个社会生活的各个方面改变了原有面貌，为欧洲社会发展的升级换代奠定了基础并迈出大步，在经济全球化加速发展的当今世界，开创了一个区域经济一体化的政治共同治理的范例。欧洲联盟作为最成功和高度一体化的区域性组织，发展到今天，已经创建了一套独特的体系运作模式。这种模式从治理的角度，重构了权力配置和政策制定的制度创新。①

（一）欧洲一体化的实践路径一：政策制定与制度设计

欧盟的政策制定与制度设计，直接关系到欧盟的合法性问题，因此，也是欧盟在运作过程中的关键步骤。在过去的60多年里，欧盟一直在竭尽全力地完善其政策制定与制度设计的程序。从总体上看，欧盟的政策制定与制度设计呈现以下趋势。

首先，从制度设计方面看，超国家机构影响力在增强；其次，从决策过程来看，代表国家利益的高峰会议和部长理事会以集体方式向超国家机构展现政策偏好，并企图控制次国家及跨国家行为体与超国家机构的互动；再次，从解决问题（problem-solving）的能力看，超国家机制在第一及第三支柱等公共政策上更具有效率，所以有关内部市场、对外贸易、内政及司法等大量议题逐次转移至超国家层次解决。从以上这些方面来说，成员国的一些权限出现了向欧盟的超国家机构的过渡。

但是，从权力转移的角度来看，成员国政府除将权力上移至欧盟机构，还会将其权力下放至其境内的区域和地方政府，甚至允许非政府的利益集团组成的跨国组织等公民社会参与政策的拟定和执行。近年游说组织和利益集团的参与作用问题也引发了欧盟内部的大讨论，它涉及欧盟的民主参与性和合法性。欧洲一体化进程一直在面对着两个方向，一个是“欧洲化”；另一个是“地方化”，且这两个过程是同时进行的。这也说明区域或地方政府这一层级在欧盟多层治理中地位的重要性。以欧盟的共同区域政策（common regional policy）为例，从它制定和执行的流程中可以看到，成员国境内的区域和地方政府均有不同程度的参与。

我们看到，在政策制定与制度设计过程中，欧盟更像一个政策共同体。在这个政策共同体中，欧洲议会基本失去了立法功能，仅获得发表意见的有限机会。而欧洲议会所发表的意见对于协议框架最终文本的选择并

① 徐静：《欧洲联盟多层级治理体系及主要论点》，《世界经济与政治论坛》2008年第5期，第84页。

不具有实质意义。因此，欧洲议会并不是那么热切地欢迎《马斯特里赫特条约》之后的社会政策程序。也有人认为："政策共同体所选择的利益代表并非代表广泛的公众利益。欧洲工业同盟与雇主联合会、欧洲公有企业中心与欧洲工会联盟这三个组织垄断了行业间的社会对话，它们只代表其成员的特殊利益。"① 并且，仅由一些工会与雇主组织制定的欧盟法律，排除了由人民选举产生的议会，并且不允许理事会对文本进行任何修改，这种立法的合法性及民主性也值得怀疑。发展到现在，欧盟政策共同体的局限性已经是欧洲一体化发展进程中难以逾越的障碍。因为保障公民在共同意愿形成过程中的参与、反思、辩论与审议权利是一体化深化的前提条件与发展动力。而欧盟成员国对国家主权的让渡与转让所保持的高度警惕不仅在制度上限制了欧洲议会代表性的扩大，而且在程序与实践上也难以保证欧洲公民的积极参与。这是欧洲一体化在政策制定与制度设计上一直面临的较为尖锐的问题。

（二）欧洲一体化的实践路径二：欧盟治理

欧洲一体化在很大程度上是为了克服外部压力而展开的一个治理过程。欧盟治理是一种多层次治理，其治理主体涉及超国家行为体、国家和次国家行为体，其组织架构既有网络化的趋向又有国家的某些特征。多层治理体现为以下两个主要特点：第一，独特的治理结构。主要表现为：权威的来源多样化，即不再局限于政府；权力运作的向度呈现上下互动的特征；治理结构突破了特定的民族国家的领土界限，显示出超国家的色彩；治理的权威基础体现为一种认同与共识，而非完全的强制性统治。第二，多层性。多层性反映在以下几个方面：一是参与影响治理结构的角色呈多层性，即超国家、国家和次国家决策构成欧盟治理中的三大主要行为体，跨国家的利益集团、政党组织等的公民参与性也日益对欧盟的决策过程产生影响。二是治理结构的多层性，主要体现在政策功能过程的阶段性上，即政策的制定和执行两大主要政策过程。三是行为体间的非等级性，也就是说超国家机构对成员国和次国家的政府没有隶属关系。

从现代性和全球化的视角看，哈贝马斯认为国际政治已进入由国家到后国家状态（postnational constellation）的历史性转变。在此背景下将最

① Warleigh, A., "Europeaning Society: Civil Society, NGOs as Agents of Political Socialisation, *Journal of Common Market Studies*, Vol. 39 (4): 619, 2001.

后决定权局部转移到超国家和次国家层级，这是欧盟政府现代化进程不可避免的过程。[①] 这样，国家成为了工具而非目的，多层次治理也非目的而是一体化深入发展和实践的结果。欧盟成了我们增进了解 21 世纪政治本质的“实验室”。[②] 多层级治理学者就是以多元角度审视国家，认为欧盟多层级治理所反映的，其实是后现代复杂流动、经常变化的国际政治形态。[③]

欧盟治理不仅由欧盟政体的新生特质所决定，同时对国家和欧洲层级上的体制形成产生了重大影响。欧盟治理和欧盟体制相互构建的过程可能影响到成员国体制的发展。在某种程度上，欧盟治理也可能会威胁到既有国家制度的治理能力和民主质量。可以采纳一种系统的方法来评定欧盟治理何时、为何发展成为成员国政治的“绊脚石”，也或是国家间一体化的“跳板”。欧盟治理能够开拓跨越国家边境的政治空间，但在国家间层级上，欧盟治理还没有造成任何明显的使其权力分解的效果。

治理研究的主要缺陷在于它不能充分重视系统的影响。从欧盟的视角来看，能够称为“善治”的治理可能在国家层级上产生使国家权力分解的效果，还可能威胁国家的治理能力和民主质量。因此，对于欧盟治理的关键评价应考虑到欧洲治理过程中的系统构建。归结为一个问题，即成员国政府开辟一片跨国空间是由于其本身追求社会经济和政治利益，而这在一定程度上使成员国丧失了调和其公民竞争欲望的能力。因为国家拥有协调一致的功能体系，能够在既有的领土边界内形成一个社会共享、政治参与和文化认同的联合体。所以到目前为止，只有国家能够成功实现公民之间的团结一致以及对国家的忠诚。如果欧盟治理有助于摆脱国家经济、政治和社会影响的束缚，那么我们需要一个理论框架和分析工具来评价治理如何在国家层级和欧洲层级上影响一体化。[④] 而这在目前还无法实现。

《里斯本条约》试图对从“统治”（government）到“治理”（governance）这一转变过程施加影响，所依托的核心概念是“统治—治理”

---

① The “Combiner les Instruments BolmqIles ell Vue d'uIle Gestion Dynamique des Diversites Nationals”, http：//www. jeanmonnetprngram. Org/paped0I/010801. html.

② Jachtenfuchs, “The Governance Approach to European Integration”, *Journal of Common Market Studies*, Vol. 34 (3): 260, 2001.

③ Rosamand, *Theories of European Union*, London: Palgrave, 2000.

④ ［德］贝阿特·科勒—科赫：《欧洲治理与体制一体化》，《南开学报》（哲学社会科学版）2008 年第 1 期，第 3 页。

(governmance)。我们通过分析条约的内容和研究欧盟决策程序的演进，认为，与其说《里斯本条约》促成了欧盟从“统治”到“治理”的变化，倒不如说，它反映了二者互动的动态过程。

这种互动也印证了某些欧洲一体化进程研究文献关于其治理的动态特征的论述，它引导我们通过总结去拷问欧洲一体化进程的政治属性。对欧洲一体化政治属性的发问有着重要的意义，因为它的回答可以用来评估欧洲一体化进程中“统治”和“治理”的互动带来的新平衡。

二　欧洲一体化的实践方式

欧洲一体化的实践，是由经济一体化开始，逐渐向政治、文化的一体化铺开的方式来展开的。发展到今天，欧洲一体化的实践方式已经形成了一个整体，它们互相影响、互相作用、互相牵制，决定着一体化的未来走向。

（一）实践方式之一：经济一体化

作为区域经济一体化的典范，欧洲经济一体化进程已走过了60年。经历了最初的欧洲国家为促进煤炭和钢铁产业的发展而提出成立的欧洲煤钢共同体到欧洲经济与货币联盟。虽然这期间有过很多的曲折和坎坷，但经济一体化的进程总的趋势仍是在曲折中前行的，并发展成为世界第一大经济体。在注意到欧洲经济一体化取得巨大成就的同时，我们也看到，欧洲经济一体化还远未圆满，其存在的诸多问题和隐患也通过近期的欧洲债务危机得以更清晰的显现。

尽管在欧洲经济一体化发展的不同阶段，一体化或者迅速发展，或者停滞不前，或者硕果累累，或者成就难觅，但是欧洲一体化一直还在前行，这也成了欧洲一体化进程的独特之处。单从经济角度来看，欧洲经济一体化大致呈现出以下特点：

第一，经济一体化过程的渐进性。在欧洲经济一体化进程中，无论是合作的范围、领域，还是组织协调机构的建立、运行机制的完善以及一体化程度的发展本身，都体现了一个渐进性的发展历程。而且从20世纪50年代初期6国煤钢领域一体化发展到现在28国走向经济和货币联盟，每前进一步都是欧盟成员国反复协商、谨慎考虑的结果。在发展的每一个阶段，也都给了成员国一定的准备和过渡时间，充分体现渐进性。

第二，经济一体化过程的协调性和妥协性。欧盟是各国联合起来组成的一体化集团，由于各国国情不同，在一体化的过程中难免会产生纷争与矛盾，甚至是激烈的争执，但欧盟各国最终都能认识到一体化集团是他们发展最快、最好的经济组织形式，成员国为了实现共同利益通过互相协商和互相配合，通过实施一系列卓有成效的原则来消除矛盾。在经济一体化中，这些原则包括：民主平等原则，共同受益原则，核心欧洲原则及灵活性原则。

第三，组织运作机制的超国家性和均衡性。为保证经济一体化顺利进行，欧盟设立了具有一定的超国家性质的组织协调机制。在这些机构的设置和权力的分配上不但强调每个成员国参与，而且强调各机构在其管辖范围内超越各成员国政府的权力，以及各机构既相互独立又相互联系从而凸显出欧盟独特的组织运作机制。

第四，经济一体化进程的外部敏感性。这主要是指欧洲经济一体化的进程深受世界外部环境的影响。一定时期的国际形势对经济一体化的发展步伐影响较大，欧洲经济一体化体现出明显的对外部环境的敏感性依赖。比如，20 世纪 70 年代的世界性经济危机不仅使各成员国经济发展缓慢，也导致一体化步伐受到严重影响，更为严重的是欧共体在 20 世纪 70 年代就提出的 10 年内分阶段实现经济与货币联盟的计划也因此受阻。2008 年的世界性金融危机，也自然而然地击中了欧盟脆弱的部位。

另外，在欧洲一体化进程中，主权让渡一直扮演着重要的角色。在一体化进程中，各成员国将其经济主权让渡给带有超国家性质的欧盟机构是推动其区域经济一体化进程的关键手段之一。特别是在 2010 年欧洲主权债务危机爆发后，以“财政契约”签署为代表，成员国将财政主权进一步让渡给欧盟成为欧盟能否挺过此次危机的核心要素。似乎只有这样才能使欧洲经济一体化保持发展动力，解决存在的困难。正所谓“欧洲人最先建立国家的主权原则已经成为现代国际关系的准则。但欧洲人在一体化进程中又在亲手打破自身所制定的主权界限，同时给予其新的定义”。[①]

在《里斯本条约》中，欧盟理事会已成为欧盟超国家体系的一部分。尽管其政府间组织的身份对于欧盟层级权利分配带来了更大的挑战，但其权利向超国家组织过渡的事实将有利于统一宏观经济政策的形成。欧洲经

① ［德］贝娅特·科勒－科赫等：《欧洲一体化与欧盟治理》，顾俊礼等译，中国社会科学出版社 2004 年版。

济一体化目前处于继20世纪70年代世界性石油危机之后最困难的时期，一些学者也为此看衰欧元乃至整个欧洲经济一体化进程。但我们也注意到，目前的主权债务危机使欧盟各成员国在统一“经济政府”问题上有了更加清醒的认识，并在试图寻求发展。

（二）实践方式之二：政治一体化

20世纪60年代后，对于欧盟来说，从发展经济合作的角度着眼，实现和加强成员国之间的政治合作显得非常必要。在当时的形势下，成员国出于对政治合作重要性的共同认识，把政治合作视为经济一体化的一种必然的政治选择。具有利益休戚与共意识的欧共体成员国，在取得经济一体化的巨大成就之后，日益感到其发展十分需要新的政治刺激，必须走上政治合作的道路。

欧洲政治合作机制的建立，是20世纪70年代欧洲一体化发展的最重要内容之一，标志着欧洲政治一体化进入正式启动阶段，成为日后欧洲共同外交与安全政策的真正起点。但在共同体成员国看来，政治合作是一个需要不断付出努力的不可逆转的长期过程。它作为共同体成员国的一种长期战略，旨在应对各种严峻的政治与经济挑战，为更紧密的全面欧洲一体化创造条件。而在这一战略中，建立欧洲联盟是很重要的一个组成部分。

欧洲政治合作机制建立后不久，成员国就希望利用这一工具解决长期困扰它们的建立独立防务的问题。因此，在欧洲政治合作进程刚刚步入80年代时，实现安全合作事实上成为了欧洲政治合作中的一个重要议题。而且，伴随安全问题纳入政治合作范围，共同体成员国间的双边和多边安全合作都较战后任何一个时期更为频繁和密切，这使欧洲安全合作有了实质性的新进展。

欧洲政治一体化在其长期发展过程中体现出如下特点：

第一，它深受国际形势发展变化的影响，成为欧共体成员国的一种深思熟虑的战略选择；第二，它沿着一条独特道路向前发展，是一种成员国政府间的合作机制；第三，其发展是一个建立在成员国之间一系列协议基础上的渐进过程；第四，它始终以成员国外交合作为基点，并已开始涉足安全领域。①

① 罗志刚：《欧洲政治合作的特点及评价》，《武汉大学学报》（哲学社会科学版）2007年3月第60卷第2期，第177页。

作为《欧洲宪法条约》的简化版，《里斯本条约》在欧洲一体化进程中发挥着巨大的、不可替代的作用，有力地推动了一体化进程。《里斯本条约》对欧洲政治一体化产生的作用，大致表现为以下几个方面：

第一，进行结构性调整，为政治一体化提供制度支持。欧盟三个支柱的结构异常复杂，一般人难以理解。在对外关系上，欧盟的代表也经常让人无所适从；在法人资格上，欧共体具有法人资格，而对欧盟的法人资格却存在不同解读。《里斯本条约》改变了欧盟这种结构，它统一用欧盟作为欧洲一体化组织的名称，欧盟与欧共体合而为一。《欧洲共同体条约》也更名为《欧洲联盟条约》，欧盟全面继续并替代欧共体，具有法人资格，使其能够作为一个实体签署各类国际协议，进一步确立了欧盟的国际地位。

第二，改革内部机制，促进内部民主与效率。欧盟本轮改革的内部目标是加强欧盟内部的民主与效率，提高欧盟的透明性，以增强欧盟的民主合法性与决策效率。随着欧盟范围的扩大及职能的增加，效率一直是欧盟寻求解决的一个重要问题。在这方面，《里斯本条约》做出了一些努力。如条约规定多数表决制为欧盟决策的普通程序，并界定了理事会的双重多数表决制，这使得多数表决更容易操作。另外，在多数表决事项中，条约增加了30多个新的领域，从理论上说，它将有助于欧盟理事会更加高效率地决策。

第三，在民主方面，《里斯本条约》的一些机制将有助于提高欧盟的民主合法性，缓解各方面对欧盟民主赤字的批评。如欧洲议会和成员国议会对共同体的决策将有更多的参与和监督权，首次规定百万以上的欧盟公民可以直接请求委员会提出动议，多数表决制中考虑到了人口的因素等。

第四，加强协调与一致，谋求一个声音对外。在对外关系上，欧盟一直渴望能够用一个声音说话，加强欧盟整体的外交力量。《里斯本条约》的一系列新规定都是谋求加强欧盟作为一个整体力量在国际舞台上发挥作用。

由上可见，发展到今天，欧盟在政治一体化方向上已经越来越明晰，它所需要努力的，是在未来不断地完善。

（三）实践方式之三：文化一体化

相对于欧洲经济一体化和内部市场的建设，文化领域的合作与统一步伐较慢，在欧共体成立相当长的时期内文化仍为成员国主权内的事项。随着全球化的迈进和地区一体化的深入，文化在对内巩固欧盟一体化成果，加强欧洲身份认同，对外树立文化形象上，具有很重要的作用，并且对经济的辅助作用也日益增强。20 世纪 80 年代后，欧洲文化一体化的实践以文化政策的实施为主要形式，呈现出如下特点：

第一，欧洲文化一体化的地位经历了从边缘到中心的过程。

早期的欧共体文化活动是经济政策的附属品，各国财政支持程度较低。《罗马条约》仅第 36 条提及文化，从内容上看也仅仅涉及成员国间珍贵文物的流动，没有形成保护民族文化的特定理念和行动规划。1977 年，第一份《欧共体文化行动公报》首次对文化部门进行界定，1982 年，发布了第二份题为《强化欧共体文化行动公报》，规定了文化产品的自由流动、改进文化工作者的生活工作条件和保护文化遗产等。上述公报只是注意到文化的重要性和发展欧盟文化事业的必要性，并不构成欧盟文化政策的核心法律文件。1992 年，《马斯特里赫特条约》首次纳入文化事项，为欧盟开展文化行动提供了正式法律依据，其中第 3 条、92 条和 128 条都涉及文化内容。《阿姆斯特丹条约》强调“共同体应在根据本条约其他条款采取的行动中将文化方面的问题考虑进去”。《里斯本条约》基本延续了“马约”的规定，只是在措辞方面稍有不同。

第二，欧洲文化一体化在对外关系中的地位逐渐加强。

2007 年，《全球化背景下欧盟文化议程》高度肯定了文化的作用并指出知识产权保护的重要性，文件强调“文化部门在社会、经济和政治中扮演了重要角色，文化是欧洲一体化进程中最基本的部分”。为应对全球化，欧盟委员会制定了新的文化议程（2007 年），将文化多样性和知识产权对话、增强创造性和文化在国际关系中的作用作为重点发展目标。2008 年，欧盟理事会和成员国政府代表经讨论发布了《在欧盟成员国间和对外关系中促进文化多样性和知识产权对话》的决定，明确了文化在对外关系中的三个政策目标：一是将文化政策融入欧盟对外关系政策、项目以及与第三世界和国际组织的关系之中；二是促进全球批准和执行《保护和促进文化表现形式多样性公约》；三是联盟应考虑文化因素，特别是要尊重并促进文化多样性。

第三，欧洲文化一体化始终充斥着保守派和自由派之间的斗争。

在欧洲，文化一体化的保守派和自由派代表分别为英国和法国，二者的分歧主要体现在对视听文化产品贸易是否应该予以干涉，以及干涉的程度问题上。英国与欧盟其他成员国相比在世界视听产品贸易中占有很大比例，这受益于英语在世界范围内适用的普遍性。英国一直奉行文化自由的政策，认为排除政府干预、完全开放市场才能提高文化产业的竞争力。而法国为了保护和发展法语文化，抵制英语文化的强势输出，主张文化政策应尊重和体现多样性，特别是保护边缘群体少数者文化。法国相比其他欧盟成员国提供给视听文化产业的补贴要高很多，其中对于法国电影业影响最大的是 1989 年以来的“朗格计划”（Plan tang）。[①]

正由于欧盟文化政策的实质内容很大程度上是由两个体系构成：一个是对特定文化机构和文化项目进行直接拨款资助的体系；另一个是向各分支项目实施补贴的体系，因此，作为其文化一体化主要表现形式的文化政策也表现出较大的局限性。

首先，从政策覆盖范围来看，欧盟文化政策迄今仍被批评过于分散，缺乏对欧洲范围内全体公民的影响。由于欧盟委员会认为文化概念过于宽泛导致无法突出工作重点，因此其投资多数用于如下项目：资助建筑和考古遗产的保护研究项目；支持档案研究；选择文化首都和文化月；培训文化顾问和其他文化从业者（尤其是翻译和文物修补人员）；支持戏剧和音乐发展；设立欧洲文学和翻译奖项；支持翻译，尤其是少数民族语言的翻译工作，建立欧洲翻译学院网络；资助欧洲青年乐团和巴洛克乐团；资助青年艺术家的展览；提高青年人的阅读水平；增强图书馆之间的合作等项目。《共同体条约》第 151 条精神，成为了专门的文化合作资助与规划的手段。[②]

其次，从政策效力来看，欧盟对文化政策的态度在很长一段时间内一直模棱两可，体现了欧盟机构在政策制定中对于最终文化目标的困惑和对于民族与超民族政体之间认同达成微妙平衡的艰难。欧盟文化职能的创立条款——《共同体条约》的第 151 条中并没有提到文化政策的字眼，只涉及共同体应帮助繁荣成员国文化。因此，共同体的文化职责只具有对成员国的辅助功能，用以加强和补充成员国在文化领域的职能。[③]

再次，从政策本质来看，欧盟的文化活动在很大程度上是服务于成员

---

① *Emmanuel Cocq & Patrick Memsserlin*, *The French Audivisual Policy*: *Impact and Compatibility with Trade Negotiations*, HWWWA—Report 233, 2003, p. 12.

② *Treaty on European Union*. Official Journal C191, 29 July, 1992, p. 23.

③ Ibid. .

国利益的，这主要体现在欧盟法律对文化多样性的坚持和强化。从全球文化的角度考虑，欧盟应积极鼓励保持文化多样性；反过来讲，欧盟似乎也必须在其文化活动中尊重文化的多样性。《阿姆斯特丹条约》在文化章节中唯一的修改之处就是尊重和提高文化多样性。多样性主要明确体现在民族和地区层面，因此文化多样性成为成员国关心的主要问题，对多样性的强调表现了欧盟文化政策同时服务和受制于成员国利益的一个隐性特征。①

以上关于欧洲一体化的实践路径、实践方式是本书研究的重点内容，在后面的章节中有具体详述。

① 宿琴：《现实发展与想象建构——欧盟文化政策解析》，《太平洋学报》2012 年第 2 期，第 45 页。

第三章　欧盟的政策制定与制度设计

迄今为止，欧盟无论是在地区事务，还是在全球事务中，都发挥着举足轻重的作用。欧盟之所以能够将28个主权国家联合在一起作为一个政治实体出现在国际社会中，除了欧盟成员国本身具有较强的凝聚力之外，相当重要的一点是，其具有足够支撑其运作的合法性，这首先得益于欧盟有效的政策制定与制度设计。本章将沿着欧盟政策制定与发展、欧盟政策制定的模式与过程、欧盟政策制定与合法性关系的思路来探讨欧盟的政策制定问题。

第一节　欧盟政策制定的发展

欧盟政策制定的发展有它特定的过程，它涉及布鲁塞尔的角色、功能与任务，从过程来看，欧盟政策制定发展经历了三个阶段。

一　布鲁塞尔的角色、任务与功能

欧盟总部布鲁塞尔的角色、任务与功能与其他成员国的官僚机构有着明显的不同。一般认为，它主要有三大功能：政策功能、管理功能和支持功能。①

1. 政策功能

• 政策原则的制定。

---

① Anne Stevens and Handley Stevens, *Brussels Bureaucrats? The Administration of the European Union*, Londen: Palgrave, 2001, p. 136.

- 立法准备。
- 政策谈判。
- 政策的提出与阐释。

2. 管理功能

- 资源管理。
- 监管、督察与强制施行。
- 执行行为。
- 审计与金融管制。

3. 支持功能

- 研究。
- 秘书处职责。
- 语言职责。
- 内部事务管理与支持。

从上面的功能分类可以看出，有的机构必须同时具备多种政策与管理功能，而有的部门却只能执行其功能中的某一部分。欧盟机构因其政策制定和决策过程的复杂性决定了机构间合作的重要性，机构间的合作又决定了欧盟运作的效率。

二　欧盟政策制定发展的三个阶段

由于欧盟的政策制定直接关系到欧盟的合法性问题，因此，也是欧盟在运作过程中的关键步骤。如果说欧盟为什么或者如何确定方向是较为抽象的问题，那么欧盟的政策制定环节就决定着欧盟的设想在实施过程中的成败。

20 世纪 80 年代以来，欧盟经历了巨大的变化。欧盟的政策制定也随着一体化的深化与扩大而不断发展，主要经历了三个阶段：

第一阶段，以明确统一市场和《马斯特里赫特条约》的签订为特征的初始阶段。统一欧盟行动标志着欧洲一体化步伐的改变，它包括两个基本的要素：共同市场和多数表决权。另外它增强了欧洲议会的影响力且建立了与欧盟相联结的欧盟政治合作（European Political Co-operation）机构。80 年代，这个统一市场行动取得了空前的成功，激起了欧洲乐观主义者对欧洲一体化进程的进一步推动——《马斯特里赫特条约》的签订。

第二个阶段，是 20 世纪 80 年代末 90 年代初对《马斯特里赫特条约》持怀疑主义态度为特征的发展阶段。成员国经济的下滑，以致接下来几年的经济停滞使《马斯特里赫特条约》的执行受到质疑。《马斯特里赫特条约》执行中的两个突出的成就是欧洲货币联盟（European Monetary Union，EMU）和共同外交和安全政策（Common Foreign and Security Policy，CFSP）的建立。①

第三个阶段，是20世纪90年代后被注入新动力的阶段。1997年的欧洲货币联盟、共同外交，以及安全政策与《马斯特里赫特条约》的目标是一致的，并且取得了成功。但是，《阿姆斯特丹条约》在解决欧盟政策制度方面并未取得大的进展，尤其在关系到欧盟未来的扩大问题上，这包括欧盟委员会的构成、欧盟主席的角色定位和产生方式以及欧盟理事会的投票分配与投票规则。② 这使欧盟扩大和欧盟未来构架受到巨大的挑战。柏林墙倒塌后欧盟面临的基本问题是是否可能深化和扩大成员国的权力基础。自1981年希腊加入欧盟后，1986年西班牙和葡萄牙入盟，1995年奥地利、芬兰、瑞典也加入了欧盟。这些新成员的加入正值欧盟不断变化与充满活力的时代，为欧盟政策制定和调整带来了新的生机。

从这三个阶段的发展可以看出，欧盟的政策制定及调整是围绕《马斯特里赫特条约》和欧盟扩大来展开的。《马斯特里赫特条约》是由欧洲的乐观主义政治家和工业领导人共同促成。并且，联合的观念被大多数投票者接受了。但《马斯特里赫特条约》在1991年12月条约生效后，令政治领导人惊讶的是，公众中存在着大量的经验主义者和怀疑主义者。欧洲议会缺乏在成员国层面的讨论，导致在成员国层面存在大量的变数。这个问题直接体现为丹麦在1992年6月提出反对《马斯特里赫特条约》的议程，当然，在后来的一些时候，丹麦又有所保留地接受了该条约。

在政策执行过程中，欧盟与欧盟委员会的传统合作得到了深化和拓展。拓展体现在欧盟委员会加入到一些新领域的政策制定中来，而深化则体现在增加现有的权力领域以及与成员国政府间的竞争。这些变化也影响到了欧盟委员会核心权力与任务的分配。其中一个最重要的因素是条约中增加了部长理事会多数投票权的超国家权威。同时，欧洲议会在政策制定上的角色定位也得到了一定的加强。

---

① Perterson, J. and Sjursen, H. (eds.), *A Common Foreign Policy for Europe*? London: Routledge, 1988.

② Laurent, P-H. and Maresceau, M., *The State of the European Union: Deeping and Widening*, London: Rienner, Vol. 4. No. 67 – 86, 1998.

第二节　欧盟政策制定与制度设计的模式

欧盟的政策制定与制度设计是一个宏大的工程，决策过程也是如此。在欧盟运作过程中，从政策制定到决策都已经形成了较为固定的模式。

一　欧盟政策制定的三个模式

欧盟在《马斯特里赫特条约》后建立了所谓的三大支柱结构，并延伸到各个新的政策制定领域。第一个支柱是建立在传统的欧共体（EEC）经济合作基础之上的超国家体制。这是建立在政府间的决策制定机构。在这些机构中，有一些对于政策执行是非常重要的。如：经济与货币联盟（EMU），它被包含在第一支柱之下，但却具有很高的自主程度。它建立了强大的超国家因素的和新的欧盟委员会（EC）机构，一个共同的欧洲中央银行。这事实上削弱了欧盟委员会和成员国在这些事务上的影响力。第二个支柱是共同安全与外交事务委员会（CFSP），现在被列在正式的欧盟结构中的第二“极”。该委员会不仅仅要在成员国一致的基础上做出决定，而且，在准备做出决定时具有很强的主导性。这有利于欧盟在外交与安全事务方面发出相同的声音，但也使欧盟与主要成员国之间在外交与安全问题方面面临很多棘手的问题。第三个支柱是在政策执行和内部事务领域的合作。它建立在第三个支柱之下，并与第个二支柱具有相同的制度基础。这一政策被认为是内部自由市场充分运行的必然结果。再者，它也是为实现其政策目标而建立的一个虚弱的制度结构。

这三个强大的政策机构遭到了一些成员国的反对，如丹麦。而英国对其中两个政策机构明显不满，因为英国一直对建立一个超国家的欧盟抱怀疑主义的态度，尤其是对欧洲货币联盟组织，提出了明显的反对。以至于英国在《马斯特里赫特条约》的谈判中，没有加入欧洲货币联盟和社会共同体。

大体上说，一般认为欧盟的决策方式为三个主要的模式：共同体方法、政府间主义方法和新的开放式协调方法（Open Method of Coordination，OMC）。成员国权力伴随制度的转变在这三种模式中也发生着变化。

第一，共同体方法使超国家主义方式得到了最广泛的应用。一般认为它应用于一体化早期，如内部市场、共同农业政策（CAP）和竞争政策的制定。它的核心特征是：（1）欧盟制度与决策的核心是欧盟委员会、欧盟理事会、欧洲法院和欧洲议会，传统上讲，欧洲议会不参与到共同农业政策之中；（2）欧盟委员会在最初就已明确了其角色的重要性，无论在政策的制定还是在政策的执行之中；（3）欧洲法院在关于欧盟主权与成员国主权的问题上有决策权。

传统的共同体方法近年来似乎失去了一些吸引力，它在欧盟的一些新的政策领域如货币政策中没有能够得到采纳。

第二，政府间方法在金融政策领域被接受，成员国在金融政策方面实现了很好的合作，但是各国仍珍视自己的主权。这一方法最主要特征是：（1）欧盟理事会的核心角色被限定在政策的制定上；（2）部长理事会的主要角色在于政策管理；（3）欧盟委员会的角色被边缘化；（4）拒绝欧洲议会与欧洲法院。政府间方法受到挑战的一个案例是“稳定与增长协定”的修订，这一方法的危机则在于大的成员国的最大利益会成为代表欧盟整体的利益，而小成员国的利益可能会受到侵害。

第三，开放式协调方法（OMC）指的是欧盟成员国间合作的不断拓展，它被用于政策领域，主要是欧盟拥有较少的或者非正式的权力领域，如劳动政策或福利政策改革等，决策主要依靠成员间的网络合作来进行。开放式协调方法的特征包括：（1）欧盟在制度运行上主要作用于成员国合作的方法探索与方法比较领域；（2）欧盟委员会取得角色突破，集中于关注一些特殊问题及解决渠道，鼓励国家和非国家行为体的合作来解决问题；（3）专业的跨国网络扮演政策制定中的核心角色。开放式协调方法不体现为政策的直接“硬”法律，而是体现为一些软的政策法律，如标准、命名以及政策学习等。因为开放协调方法不包括任何强制性的执行手段。例如，这一方法的最高层次的代表是《里斯本协定》，它于2000年在欧盟理事会的里斯本会议上被提出。会议提出，通过刺激成员国创造就业的政策，欧盟的战略目标是在2010年使欧盟成为“世界上最具竞争力和以知识经济为基础的经济区”。尽管此举推动了欧盟的经济，但是显然这一目标由于各种原因未能如期实现。

二　欧盟政策制定模式的图示

我们选取和制作了两个图示以帮助理解欧盟政策制定的模式与过程，包括全球背景下的欧盟政策制定模式和复杂的欧盟政策制定过程如图3—

1、图 3—2，以期能够更准确地理解欧盟政策的制定模式与过程。

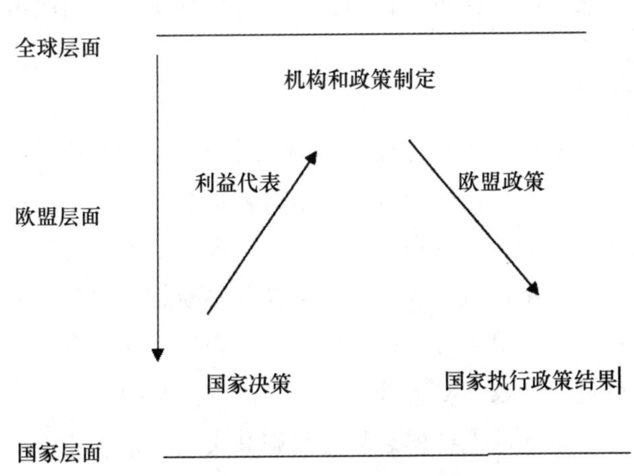

图 3—1　全球背景下欧盟的政策制定模式①

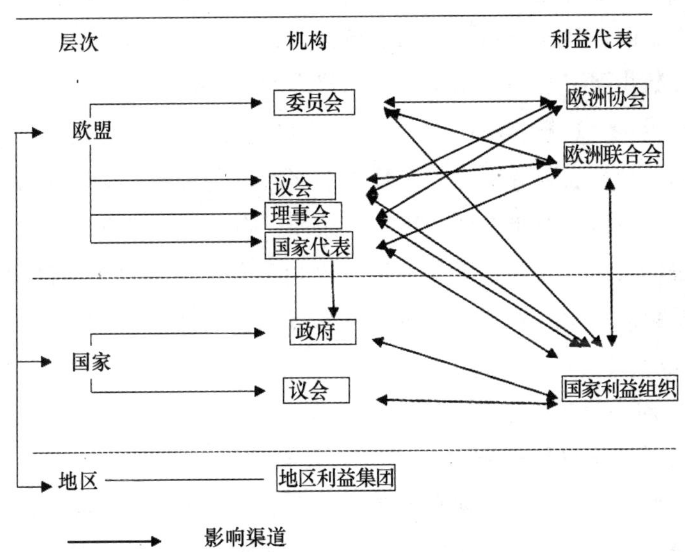

图 3—2　复杂的欧盟政策制定过程②

① John Peterson and Elizabeth Bomberg, *Decision-Making in the European Union*, London: Palgrave, 1999, p. 166.

② Ibid. .

三 欧盟的决策程序

欧盟的决策程序主要包括咨询程序、合作程序、共同决策程序和同意程序。

1. 咨询程序

咨询程序下的立法过程主要有以下几个步骤：立法创制，准备文本，听取欧洲议会、经济与社会理事会和地区委员会的意见。这曾是欧洲经济共同体条约的通行程序，现在仍适用于统一大市场的重要领域，在扩展欧共体的职权时也启用了这一程序。甚至在一些新的条约规定之中，欧洲议会的作用也被限制在提供咨询的角色上。按程序，欧盟理事会在听取欧洲议会的建议后进行决策，欧盟理事会并非一定要采纳欧洲议会的建议，但是理事会必须听取欧洲议会的意见，否则其决定就是无效的。

2. 合作程序

依据1986年签署的《单一欧洲法令》，合作程序被引入欧共体的立法决策机制。在那些与单一市场计划有关、欧盟理事会将以特定多数通过的立法中，欧洲法院被赋予了二次审读权，其目的既是为了限制理事会中的有效多数投票，也是为了扩大欧洲议会在欧共体决策中的参与。欧盟理事会会产生一个在第一轮咨询后由多数投票决定的结果。然后，它把这一结果通知欧洲议会，并附之一个理事会之所以接受这一结果理由的声明和一个委员会对这一结果看法的声明。因而，在这一程序下，欧盟理事会有接受立法的最后决定权，除非欧洲议会拒绝了欧盟理事会的结果。这样，欧盟理事会的决定也就不能获得一致同意，因而使得欧洲议会阻断了立法程序。

3. 共同决策程序

由《马斯特里赫特条约》创建的共同决策程序可以看作是三个阶段的程序。如果欧洲议会和理事会在第一或第二阶段不能达成一致，立法提案只有进入第三阶段。该程序也被视为是这样一种程序，即力促议会、理事会和委员会间进行深入和广泛的讨价还价的程序。这种讨价还价在进入共同决策程序之前就已经得到运用和发展。《阿姆斯特丹条约》将欧洲议会与欧盟理事会的共同决策程序扩大到大多数政策领域，扩大了欧洲议会在任命委员会主席过程中的权力，也进一步扩大了欧盟理事会特定多数表决的范围。在共同决策程序下，《阿姆斯特丹条约》已经成为立法过程的核心部分。这是一个复杂的多级程序，它着眼于显示欧盟理事会和欧洲议会间的意见一致，欧洲议会和理事会一样也可以使立法议案搁浅。具体程序见图3—3。

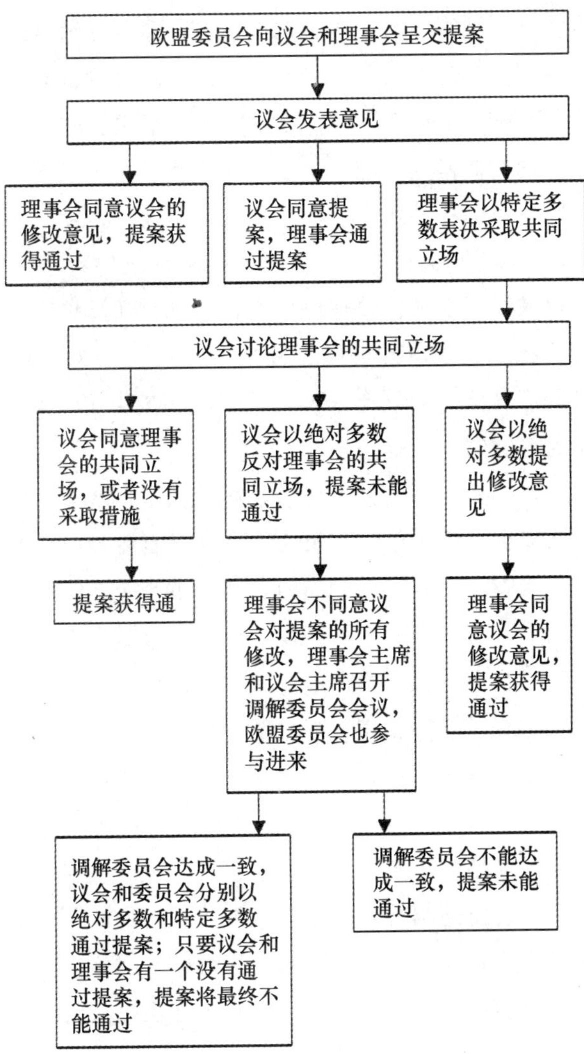

图3—3　欧盟共同决策程序①

① Michelle Cini (ed.), *European Union Politics*, New York: Oxford University Press, 2003, p. 6.

4. 同意程序

首先由《单一欧洲法令》确立，这是一种形式较为简单的程序。在这种程序下，适用该程序的立法提案须由理事会和议会两个机构通过。通常理事会需要全体一致同意，而议会在某些情况下以多数票表决结果即可，但在某些情况下则需要绝大多数的同意。同意程序通常用于一些特殊类型的决策，如某些国际协议、欧盟扩大、结构基金的框架等，不适用于一般的立法。《阿姆斯特丹条约》生效以来，对于成员国因严重持续违反基本人权而给予的制裁措施，也适用该程序。在同意程序下，欧洲议会可以通过拒绝欧盟理事会的共同立场而阻断立法，而取得欧洲议会的同意则是这一准备阶段很重要的环节。对《阿姆斯特丹条约》进行修改后的前几年，欧盟不仅减少了需要一致通过的决策领域，而且扩大了共同决策程序的使用范围。在条约中增加的赋予欧盟（欧共体）的职权中，仍然采用了一致通过程序，但欧洲议会却没有或者很少有共同发挥作用的权力，因此就产生了纷繁复杂的情况。

事实上，对规定进行修改并不说明议会起到了什么样的作用。对欧洲议会参与方式所做的研究表明，大量决策是在没有欧洲议会的参与下出台的，因为这些决策基本上是行政规定（税率、价格等）。但是，涉及立法性提案，欧洲议会的参与率就有所提高，但是从数量上看主要是采用简单咨询程序的方法。从总体上，我们可以断定欧洲议会的作用加强了，欧洲议会和以前相比加强了立法工作，减少了一般性表态和质询，并且修改了议事规则，达成了提高程序效率的机构协议。共同决策程序完全不会导致使决策久拖不决的后果，这一点人们不再担心。相反，在共同决策程序中，决策的时间明显地缩短了，而且理事会要承担比欧洲议会更多的拖延决策的责任，这样，就连调解程序通常也能顺利进行。共同决策程序也有其缺点，就是其工作是在没有公众参与下进行的，因此损害了程序的合法性。并且，在调解程序中，仅做数量分析并不能说明欧盟理事会和欧洲议会的行为方式已经发生了怎样的变化。

四　欧盟的政策制定与合法性

欧盟作为一个由现代民族国家通过条约形式联合起来的政治实体，要维持其运作及其在国际社会的影响力，就必须保障其本身的合法性。若是没有合法性的保障，那么欧盟本身的民主、程序、政策将成为无本之源，甚至欧盟的存在也将会受到严重威胁。笔者将欧盟的合法性来源大致分为法理型合法性、选举型合法性、程序型合法性和政策型合法性等，并对其进行分析，进而剖析欧盟现阶段的合法性困境。

从法理型合法性来看，欧盟法是欧盟存在和发展的基础，因此，法理型合法性应当是欧盟合法性的首要基础。所谓欧盟法，是指以建立欧盟、规制欧盟各国的国际条约为核心而建立起来的，包括欧盟自己为实施条约而制定的各项条例、指令、决定和判例以及欧盟各国的相关国内法，旨在调整欧盟各国对内和对外关系的国际法和国内法规范的总称，是一个将国际条约的内容逐渐发展成为国内法规范的法律体系。欧盟日常运作的基础是建立在欧盟法的规范和引导的基础上的。欧盟法调整着各大共同体与成员国之间的法律关系。具体而言，在内部同意的大市场的框架下，欧盟法调整着共同体机构个体、个体与国家、成员国之间、共同体与第三国（或国际组织）之间的法律关系。此外它还调整着欧盟框架下，各成员国之间在外交与防务领域，以及刑事案件与司法方面的合作型法律关系。而且欧盟的法理型合法性是其他合法性的重要基础，如果不从法律上对欧盟的目标、价值、程序、机构等做出明确的规定，那么，庞大的欧盟就不可能运作起来。但是就目前的情况而言，随着欧盟内部和外部合法性问题的不断涌现，如欧盟机构的复杂化、利益群体的多样化等，欧盟的法律仍在进行着修改。而且，为了进一步推进欧洲的一体化，制定一部欧盟宪法成为了关键点。由此而言，为了顺应时代的发展和推动欧洲一体化程度的加深，欧盟在法理上的合法性将会不断演变。但总体来说，欧盟在合法性方面的诉求主要包括三个方面：选举合法性（包含程序合法性与政策合法性）、对内合法性、对外合法性。

就选举合法性而言，虽然欧洲议会与成员国议会有些相似，但是其真实的政治功能与民族国家的议会相去甚远。欧洲议会长期在欧共体和欧盟各机构中处于弱势的地位，其政治作用发挥有限。因此，即使欧洲议会实现了直选，也无法自然增进欧盟的合法性。议会甚至无法有效地扩大自己的知名度，欧洲公民对这一代表机构了解不够，甚至有些人不屑于了解它，使这个机构很难加强政治动员能力。欧洲议会选民的参选热情不高，参选率低的局面在 2004 年欧洲议会选举中继续表现出来，参选率不断下降，是历届欧洲议会选举中参选率最低的一届，只有 45.97% 的选民参加。欧洲公民参选热情不高说明欧盟选举不受大家重视。虽然在西方国家中，参选率低是近二十年来的一个普遍现象，但是与成员国国内选举相比，欧洲议会选举参选率明显低于成员国选举。

与选举合法性紧密相关的是程序合法性。程序合法性强调政治统治的实行必须按照法定的程序进行。欧盟的程序以欧盟法为基础，并且也具有良好的法理基础。但是，当其他合法性基础不完备或者发展缓慢时，程序合法性基础就会受到削弱。政策合法性是指统治者在政策的倡议、决策、执行和效果评估的整个政策操作过程中吸纳公民社会参与，通过集体协商，沟通协调，尽量使政策能代表最大多数人的利益，以此获得合法性。政策合法性和上文提到的程序合法性一样，当其他合法性发展迟缓时，欧盟在制度方面的优越性就使其通过制度输出提升竞争力成为可能。

就对内合法性而言，欧盟的多层治理发挥了重要的作用，主要体现在：

首先，欧盟的多层治理增加了公民参与欧盟事务的渠道与机会，有利于增强公众对欧盟的认同和忠诚。欧洲认同现在已不再是欧洲一体化的被动结果，而是欧盟政治秩序和发展的保证，即欧盟经验合法性的基础。人们对共同体的认同产生于交往和联系的实践活动，欧盟多层治理模式为欧洲公民社会的沟通与交流提供了更多的计划。在互动实践中，欧洲民众的共同利益观念和共同体意识逐渐得到发展和增强。欧盟民众没有共同的历史和文化，民众对欧盟的认同来自一体化实践中培养起来的共同体意识和共同利益观念，这也形成了欧盟合法性的大众心理。

其次，多层治理实现了间接民主和直接民主的结合，欧洲次国家行为体直接参与欧盟事务补充了代议民主的不足，增强了超国家机构的合法性。民主一方面可以理解为人民的权力；另一方面可以看作是为了达成政治决定而形成的制度安排。如果按民主的本意，就是只有普通民众拥有最大的参与权才能成为民主。但是政治效率本质上要求采用间接民主形式来提高政治效率。代议民主是一种精英民主，其运转的前提是公民的有限参与，导致的结果是公众对政治的疏离和冷漠。多层治理使次国家政府和欧洲公民社会直接参与欧盟事务，可以弥补间接民主的不足。欧洲公民可以近距离地监督欧盟决策，在欧盟政策制定中反映他们的要求。一方面，利益群体通过在布鲁塞尔的活动获得自身发展的相关信息；另一方面，超国家机构也可以获得来自公民社会的合法性支持以削弱来自成员国的压力。

最后，多层治理追求的目标是“善治”。善治的目的就在于它是政府与公民社会对公共生活的合作管理，是政治国家与公民社会的一种新颖关系，是两者的最佳状态。[①] 善治的目的还可以弥补国家管理公共事务能力的不足。多层治理是成员国国内治理模式的扩大，试图寻求提高成员国政府和欧盟超国家机构的管理效率。

就对外合法性而言，欧盟的多层治理是欧盟制度优势的一种。如果这种治理模式不断得到发展且走向成熟，并在欧盟内部取得有效成果，那么多层治理将会成为一种优化的机制选择，成为欧盟对外制度输出的重要部分。这也是欧盟走知识经济路线的重要突破。同时欧盟如果在对外立场上，能够通过内部的多层治理达成内部的立场协调，达到凝聚欧盟内部力量的目的，那么欧盟在国际事务中处理问题的能力将会得到提升，使整个欧盟更加具有竞争力。

欧盟的这种多层治理模式使欧盟在决策机制中的权力分配更加平衡，决策更加民主，欧盟“体制内”的机构互动更加积极，“体制外”利益集团和公民社会的参与也得到有效保障。作为一种普遍认为是有效的政策和多方参与的方式，欧盟的多层治理无疑增强了欧盟的合法性，也增强了欧盟对外的竞争力。

五　欧盟的决策能力分析

综前所述，我们可以通过欧盟政策制定来分析欧盟的决策。就目前来讲，欧盟的决策主要面临以下三个问题：

第一，是否需要所有成员国都承认条约的规定？

第二，条约应在多大程度和以什么样的速度执行？

第三，统一欧洲在共同政策执行之后的下一步要做的是什么？

近二十年来，欧盟政策执行过程中面临的一个重要问题就是欧盟的扩大，尤其是中东欧国家和地中海国家的加入。因为欧盟的目标不仅是地理范围的扩大，它需要更加深入的合作。这首先需要提高经济一体化的水平，随之而来的，是政治一体化程度的加强。同时，也对欧盟的政策制定与执行提出了更高的要求。也可以说，欧盟的东扩改变着欧盟的决策。

① 俞可平：《治理与善治》，社会科学文献出版社 2003 年版，第 8 页。

在欧盟的扩大过程中，我们试图理解欧盟面临的挑战，关心欧盟的前途与欧盟面临的问题。但最重要的是，我们需要思考目前的欧盟必须使用什么样的理论或者模式来做出不同层次的决策。其中，有两个问题需要特别关注：第一，不同的行为体或影响因素会导致不同的欧盟决策；第二，欧盟在政策分类上存在巨大的差异，如共同农业政策（CAP）与共同外交与安全政策（CFSP）在决策过程中就存在很大差异。

欧盟的决策是一个复杂的过程和问题，难以用单一的理论来解释，就是在同一个欧盟决策框架下可能需要用不同的理论来进行阐释。大致来讲，至少有两个思路可以用来理解欧盟决策。一个思路认为欧盟的发展推动其成为超越自身的另一种力量，即一体化的结果推动欧盟走向全球，使欧盟作为欧洲的整体力量象征来对应北美和亚洲。第二个思路是欧洲一体化的内部逻辑经常是建立在路径依赖的概念基础之上的。这种观点设想欧盟必然是富于弹性的，因为它必须在国家实践与政策抉择之间拿出可以调和的方案。但是“使其决策‘再国家化’对于欧盟政策来说已经是不可能的：它就像努力去改变已经做好的炖菜或一块蛋糕一样——以制成品开始，以最初的原料结束”。①

可以想见，这两种方法结合起来使欧盟必然陷入竞争之中，欧洲之外的竞争和与成员国的竞争。而正是这种竞争的结果推动一体化作为一个历史进程不断发展。其主要路径则是通过欧盟的政治决策，推动欧盟的政治一体化进程。其根本的规则在于欧盟的政策制定框架之间相互限制和相互决定。欧洲一体化进程在20世纪80年代以后出现了频繁的机构变化，同时，对于大部分机构来说，欧盟的政策制定又产生了相关性和持续性的结果，这说明机构的变化是逐步的和有衔接的。

这些观点看起来有些似是而非，但是它说明决定欧洲一体化的路径与欧盟政策的路径是不同的。不同层次的治理在欧盟内部是非常复杂的，不同的决策制定，不同的关注动机，主导了不同层次的治理。围绕着各层次的欧盟决策，联盟内部的机构合作及其一致性成为了核心问题。机构间的讨价还价是不可避免的，不管这些讨价还价是正式的还是非正式的，欧盟都已经将这些决策社会化了——将国家问题在超国家层面解决。这也鼓励

---

① Caporaso. J.,“Regional Integration Theory: Understanding Our Past and Anticipating Our Future”, *Journal of Eurapean Public Policy* Vol. 5, No. 1, pp. 12 - 16.

了新的代理机构的不断出现，就像一个积极的叠加游戏一样。

并且，欧盟制定政策的能力往往会被低估，因为它需要有多次的投票，且必须按照一致原则通过。然而，我们看到，欧盟的基本政策又都能够获得成员国及其公民的通过，这说明其效率与合理性的存在。试想如果欧盟经常在政策制定方面陷入僵局，那它就不可能再是一个积极和高效的政治行为体了。

如果欧盟对其政治代理机构或行为体给予了极大的关注，那我们如何来看待这些机构或者行为体？利益与战略决定了这些行为体的身份，当他们确定自己与其他行为体的关系时，必须考虑到，自己与其他行为体在未来可能会成为其盟友，也可能因特定的战略而站在相反的立场。在某种意义上，我们没有看到有其他体系的政府和行为体像欧盟在决策中这样具有多重身份：国家和超国家，政治与非政治，局部的和体制的，等等。更有甚者，这些行为体在不同时间被不同的理性推动着，尤其在一个体系中，在不同的政策事件上，这些规则如此不同且变化非常迅速。

并且，欧盟在决策制定上往往规则模糊甚至左右摇摆。这些规则，像其他议题一样都是可以商讨的。“是人在控制着一体化进程，而不是一体化进程控制人。”[①] 这说明了欧盟的决策是以行为体为中心，经常是政治行为体决定事务的结果并且控制着事务的发展过程。

以行为体为中心就会使人们联想到欧盟行为体具有的理性，或者激励他们行为的价值出发点，这就使其行为体本质超越了政治机构或政治成员。他们也期望能够经常在欧盟层面上去讨论事务的进程。国家政府与超国家政府概念的严格区别在于国家政府的政策相对于超国家政府来说不可持续。一方面，国家领导人可以声明其在超国家理念的基础上支持欧盟决策，或者支持欧盟加强其构架，这些都是建立在捍卫国家利益的目标基础之上。如，密特朗在 20 世纪 80 年代早期法国经济危机时对欧盟强力支持，但在 90 年代，因德国统一会对法国造成威胁的预期而反对欧盟，可以看出其对欧盟所持的不同立场是站在国家利益之上的。另一方面，如果欧盟官方在决策方面放弃对成员国的引导，那么欧盟机构在成员国间就失去了讨价还价的功能，将不复有权威性。

欧盟是一个与众不同的政体，它宽广的政策范畴决定了合作的艰难

---

① Rosntal, G., *The Men Behind the Decision*, Farnborough: D. C. Heath, 1975, p. 14.

性。平等、宽容的决策过程是欧盟一直追求的目标，但一直也难以实现，欧盟决策的复杂程度一直在加剧。原因是什么呢？很重要的原因在于：欧盟的大部分程序都是那么复杂，因为它们都是过去版本的修订版的修订版。很少有最佳方案出现，经常是在旧程序的基础上另加一个新的程序，这些旧有的程序，更容易受到尊重。在获得通过的时候已经让大家付出了太多的心血。

当召开政府间会议时，经常会有改变欧盟机构的提议，但是基本结构不太可能改变。大多数的欧盟政策都已经进入执行阶段，“路径依赖”比超国家体系更有说服力，政策改变的威慑力要大于机构改变的威慑。原有的讨价还价所得出的结果都是经过认证的，都是折中与平衡了国家利益的。当大多数成员国不同意改变政策时，现有的欧盟机构与欧盟政策都是不能被轻易改变的。

那是不是说欧盟的决策是不能被改变的？也不尽然。容易改变的方式被称为“历史决策”（Making History）。它的方法是推动高层干涉以改变欧盟个别政策的执行。换句话说，政策改变是通过改变政策的实施方法来实现的，而不是改变政策本身。这一点在欧盟预算方面表现得最为突出。从传统来看，欧盟的金融体系已经发生了重大的改变。20 世纪 80 年代，英国首相撒切尔夫人成功地开启了“政策窗”，以减少英国与欧盟之间预算收支的不平衡。当时的联邦德国与欧盟之间也存在着同样的收支不平衡状况，但是德国的政治精英认为，为欧盟的福利、繁荣与和平做出贡献是值得的。这种状态在 1998 年施罗德击败科尔在选举中获胜后发生了改变。之后，他向欧盟委员会提交了《欧盟财政》（Financing in the European Union）报告，详细说明了每个欧盟成员应该承担的预算收支。报告阐明，现在所处的时代与撒切尔夫人时期已经不同了。此时的德国，其 GNP 占欧盟的 26%，承担欧盟 28.2% 的预算；希腊，GNP 占欧盟的 1.5%，承担欧盟 1.6% 的预算；法国，GNP 占欧盟的 17.2%，承担欧盟 17.5% 的预算；英国，GNP 占欧盟的 16.1%，承担欧盟 11.9% 的预算；意大利，GNP 占欧盟的 14.2%，承担欧盟 11.5% 的预算。报告提出，欧盟新的“政策窗”应该向共同农业政策（CAP）开启，建议 CAP 的四分之一预算应该被“再国家化”，即由所在国政府直接补贴农民，这对于德国和荷兰来说，可以削减很大一部分的欧盟预算，有利于本国农民。并且，预算改革不仅仅是从 CAP 开始，其他方面的预算改革也将进行。这一建议在

1999年柏林峰会上被欧盟折中地采纳。这说明，欧盟的政策制定也不完全走“路径依赖”的路子，当意识到形势紧迫时，欧盟及其代理机构会选择新的路径。

下面我们来讨论欧盟政策和制度的范围与能力问题。严格地说，有三个欧盟委员会，即1951年《巴黎条约》签订时的煤钢共同体，1957年《罗马条约》签订时的欧洲原子能委员会和欧洲经济委员会。这三个委员会有相同的成员，创立者为法国、联邦德国、意大利和比利时、荷兰、卢森堡。1965年成员国达成三个委员会统一的决定，并于1967年执行，至此，三个委员会被统称为“欧盟委员会”。虽然从法律上讲，它们依然是独立的机构，但是正式的英文法律名称是欧盟委员会。

同时，欧盟是一个单一的多边治理体系，与国家不同，即便是最分散的、联邦式的国家，如英国、德国和瑞士也有一个政府和一个对立面，但是欧盟没有。正是因为如此，它经常缺少一个领导者，这不单单指在对外政策中。欧盟也缺乏一个机构，或成员国，或集团来决定其政治方向。相反，不停地讨价还价换来的是不断地进行着“准宪法”的变化，使这些“准宪法”看起来更像是一个个现实中的协议。以单一的政府开展多层次的治理，其必然带来的结果就是要讨论欧盟机构与成员国如何进行权力分配。这是多元复合因素（包括地区的因素、国家的因素和超国家的因素，公共的因素与私人的因素）中的权力分散，使欧盟只有努力增加成员中受益者的数量才能够使欧盟保证自己成为唯一。

在布鲁塞尔，理事会的正式投票可以在任何需要的时间进行。这种理念的最终目标就是达成一致，经过长期的谈判与多种多样的折中最终达成各方都能够有所收益的方案。这些规则与上述所说的各个国家有多少投票权、宪法规定的绝大多数原则、哪里有多数申请哪里没有多数申请并没有太大的关系。在2004年和2007年欧盟扩大过程中，新成员国对这些规则掌握得更快，例如，他们能够借用他们在理事会的力量获得集团的更大支持而取得在行政方面的更大的自由——并不是通过少数成员国的压力，而是就其利益开展建设性的讨论，并进行投票。

我们提到了欧盟政策与制度的范围，从政策输出概念和国家组成上看，欧盟成长的速度远远超过了它能够组织完成事务的能力。欧盟一直在扩大它的成员国且尽力推动与成员国关系的发展。事实上，欧盟已经隐蔽地发展成为一种全球范围的权力。较为特殊的是，它没有最终的目标。欧盟发展了新的任务与新的成员，但是没有依据其相应能力或工具或资源的增长来设计它相应责任。如此，也带来一些问题。比如，欧盟机构权力的有限性已经亮起了红灯，欧盟委员会，坐落在一个欧洲的中等城市，能否平衡和管理不断扩大而又野心勃勃的联盟？或者，巴罗佐领导欧盟取得的成绩是部分接受了让·莫内关于欧洲政策需要解决实际问题的观点，这与《里斯本条约》后将政治一体化作为欧洲的政治目标又是相反的。欧盟委员会在其适用范围与能力之间也面临一个鸿沟，那就是欧洲议会是否能够代表5亿人口的意愿？28个或者更多的部长是否就能够在欧盟理事会的圆桌会议上开展更有效的谈判？至关重要的是，欧盟的政治与地理范围在扩大，这一点是否已经得到欧洲市民的明确支持。欧盟政策与制度出现的范围与能力之间的鸿沟已成为关系欧洲未来的问题。当然，我们也可以设想欧盟可以持续地承担更多的责任并容纳更多的成员国，并在政策与制度上保持它在现代历史上最成功的国际合作经验。

六　结论

由上可以看出，欧盟的政策制定与制度设计已经在许多方面取得了成功，但是它的未来很难确定。我们得出的结论如下：

第一，对欧盟的研究以及对欧盟的理解，不应该是静态的；第二，欧盟治理是一个在成员国与机构间的权力分享的过程，它需要在不同的治理层面上寻求一致性。对于一个拥有众多利益相关方的体系，它需要用一些非正式的方法来达成一致，对于这一点欧盟在条约与官方文件中是保持沉默的；第三，在欧盟政策的范围与能力之间存在鸿沟，即在其努力去实现与能够实现什么之间还是有很大的距离的。

第四章　欧洲经济一体化的模式与实践

以经济一体化为发端，欧洲开始了超国家共同体的尝试，催生了欧洲人的“欧洲梦”。它“代表着人类发展的新梦想，强调的是政治上的共同意识，文化上的多样性，生活质量上的精致，发展的可持续性以及全球合作的多边主义”。[①] 欧洲一体化也可以看作是一个以经济一体化为开端，逐步延伸到政治一体化、文化一体化的实践过程。本章我们讨论欧洲经济一体化的模式与实践。

第一节　欧洲经济一体化模式分析

欧洲一体化理论研究是以经济一体化为基础展开的，它经历了联邦主义、功能主义和新功能主义的理论发展过程，前文已有述及，在此不再讨论。笔者试图从欧洲经济一体化模式选择的角度来讨论欧洲经济一体化的路径，以期对欧洲经济一体化的发展线索进一步明晰，并在此基础上探索欧元区国家主权债务危机的原因。

一　欧洲经济一体化模式的理论

20 世纪 90 年代，分析欧洲模式的论文和专著时有问世。米歇尔·阿尔贝尔在 1991 年发表的著作《资本主义反对资本主义》[②] 中提出，欧洲

---

① 欧阳实：《全球化背景下如何实现“中国梦”》，《光明日报》2013 年 3 月 21 日第 8 版。

② Michael Albert，*Capitalism Contre Capitalism*，London：Whurr，1993.

模式和美国模式分属于两大不同的资本主义经济发展流派，即莱茵资本主义经济模式和盎格鲁－撒克逊资本主义经济模式。欧洲模式体现了莱茵资本主义模式的本质，秉承了德国弗莱堡学派的基本主张。其核心内容是，在主张市场竞争的同时，强调竞争秩序和社会责任，主张高税收高福利。而以美国为主推行的盎格鲁－撒克逊资本主义经济模式，则主张实行完全的自由市场经济，强调市场竞争，不主张国家过多干预企业和个人的经济活动。

以“弗莱堡法律和经济学派”秩序自由主义为理论依据的社会市场经济模式对欧洲经济一体化影响巨大。秩序自由主义构成了战后欧洲大陆（主要是德国）创立社会市场经济的理论基础，为后来的欧洲经济一体化模式定下了主基调。20 世纪 30 年代，德国弗莱堡大学的经济学家瓦尔特·欧肯和法理学家弗兰茨·伯姆创立了弗莱堡学派或称秩序自由主义学派。该学派提供了一个将法学与经济学相结合的理论框架，学派的奠基者共同关注的问题是为自由经济和社会提供宪法基础。他们在 1937 年共同主编出版的系列丛书《经济秩序》第一卷的题为《我们的任务》的文章中强调，其原则是“处理所有实际的政治—法律和政治—经济问题，必须以经济宪法的观念为基础来寻找答案”。[①] 其理论是以市场秩序和宪法秩序为前提，定义并阐述了受宪法选择制约的机构的结构，市场秩序是以规则为基础的秩序，认为不可能想象会有一种没有任何规则和机构制度的市场。市场是以秩序作为核心概念，通过博弈规则与经济宪法的概念相关联，并在其之上建立起经济制度。

秩序自由主义强调社会政策对于更有效率的市场经济的重要性，希望通过构造和发展一种可接受的经济制度来实现社会目标，尤其是通过有效竞争带来收入和财富的增加，以及更为公平的分配。这些社会政策包括：累进税制、社会转移支付、最低工资、对中小企业的补贴、住房补贴、经济周期稳定政策等。其代表人物阿尔马克认为，社会市场经济是“一个协调的公式，将公正、自由和经济增长带入合理的均衡之中”。[②]

统一市场、经济货币联盟，以及协调的欧盟经济政策结构是欧洲经济

① The Freiburg School, Walter Eucken & Ordoliberalism, Viktor J. Vanberg, 04/11, Freiburg Discussion Papers on *Constitutional Economics*, Walter Eucken Institute.

② Alfred Muller-Armack and Ludwig Erhard, Social Market Liberalism, Nils Goldschmidt, 04/12, Freiburg Discussion Papers on *Constitutional Economics*, Walter Eucken Institute.

模式的基础。欧盟的经济模式是欧洲内部若干子模式结合的产物。德国弗莱堡学派的秩序自由主义原则对欧洲经济一体化产生了较大的影响。

秩序自由主义者的大多数原则和信条都是超越其所处时代的。他们强调需要基于正义指导的规则建立竞争秩序和在法律规则下建立政府自由秩序，规划出一种在国家和经济体制中授权于公民的减少专制权力的社会。这些原则现在仍然有效，并得到欧洲乃至世界许多国家的认同。基于这些原则建立的德国社会市场经济其辉煌时期是 20 世纪 50 年代和 60 年代，创造了举世公认的德国经济奇迹。但是此后，越来越多的福利国家的社团主义因素慢慢地渗透德国模式之中，德国的经济社会体制已经有些背离了社会市场经济的正统概念，成为社会市场经济和福利国家市场经济的混合体。这是欧洲经济一体化的基础模式。①

二　欧洲经济一体化模式的研究趋势

欧洲一体化模式的主要研究者来自欧盟的官方内部。1986 年由欧共体执委会副主席科克菲尔德勋爵发起，对这个世界上最大贸易集团内部的非关税壁垒进行研究。为此，欧共体在经济暨财政事务总署（Directorate-General for Economic and Financial），专门成立了由意大利经济学家切克尼奇（Paolo Ceechini）任主席的“非欧洲代价”项目委员会（Committee of the“Costs of Non-Europe”Project）。在接下来的近十年时间里，欧洲有关经济一体化理论和学术研究成果均出自该委员会。他们前后共发表了 13 个基础报告。这些报告的集大成者，也是最具影响力的当推《1992 经济学》。② 在该报告中，研究者依据一般均衡分析，将微观信息注入宏观动态模型，创建了“混合模拟（Hybrid Simulation）模型”，又称为切克奇尼模型。在前期研究的基础上，1988 年委员会向公众发布了简本《1992 年欧洲的挑战》，史称《切克奇尼报告》（*Cecchini Report*）。报告对 20 世纪 90 年代欧共体内部市场进行了剖析，研究了没有形成统一市场的代价（Cost of Non-Europe），并展望了 1992 年计划可能带来的预期收益，对单

① 王鹤：《欧洲经济模式评析——从效率与公平的视角》，《欧洲研究》2007 年第 4 期，第 2 页。

② Emerson M., Aujesn M., Catinat M., Goybet P. and Jacquemin A., *The Economics of 1992. The E. C. Commission's Asessment of the Economic Effects of Completing the Internal Market*, Oxford: Oxford Oxford University Press, 1988.

一欧洲市场带来的收益是充分肯定的。

1992 年单一市场建成之后，共同体内外的研究视野逐渐拓宽。在继续内外影响研究的基础上，开始由宏观向微观转移，研究方法由过去的理论研究为主，转向理论研究与实证研究相结合。20 世纪 90 年代初，一些学者开始从不同角度研究单一市场对欧共体及其成员国的影响：例如，预测单一市场对英国而言是弊大于利；① 研究欧共体内部市场建成后对欧洲自由贸易联盟国家的影响；② 认为切克奇尼报告没有考虑到社会成本问题，于是以汽车的氮氧化合物（NOx）排放为例，研究了欧洲共同市场对环境的影响，提出在共同体范围内制定共同标准的必要性；③ 预测单一市场的实现可能会使欧洲的工业更加向相对发达的工业中心地区集中，从而导致国家与地区之间收入分配和生活水平差距的扩大。④

与此同时，其他一些学者开始研究欧洲经济一体化模式的外部影响，尤其是对发展中国家的影响。这是由于此时发展中国家从原先对欧共体早期关税同盟"不关心"转而到对单一市场越来越重视，且 1992 年单一市场建成之后，共同体内外的研究视野也逐渐拓宽。在继续内外影响研究的基础上，开始由宏观向微观转移；研究方法开始由过去的理论研究为主，转向理论研究与实证研究相结合。

在欧洲经济一体化模式的研究中，学者们使用历史制度主义方法论证欧洲政治经济已经有一段时间，尤其是从欧洲资本主义的发展变化去钻研在全球市场中国家政治经济的进展问题。⑤ 这些历史制度主义的分析研究能够帮助我们发问和回答与欧洲经济危机相联系的问题：为什么欧洲持续的改革没有给经济发展获得更大的动力？对欧洲来说，是否存在最理想的社会经济模式？如果有，这个超国家的权威体为什么没有制定一系列战略

---

① Burkitt, Brian, Mark Baimbridge "Britain, the European Community and the Single Market of 1992: Reappraisal", *Public Money & Management*, 1990, Winter, pp. 57 – 61.

② Abrams, Richard K., et al., *The impact of the European Community's Internal Market on the EFTAF*, Occasional Paper, No. 74. Washington, D. C.: International Monetary Fund, 1990.

③ Dietz, Frank, Jan van der Straaten, Menno van der Velde, "The European Common Market and the Environment: the Case of the Emission of NOx by Motor car", *Review of Political Economy*. 1991, Vol. 3 (1): 62 – 78.

④ Krngman, Paul, "Increasing Returns and Economic Geography", Journal of Political Economy, Vol. 99 (3), 1991, pp. 483 – 499.

⑤ Hall and Soskice, *Varieties of Capitalism: The Institutional Foundation of Camparative Advantage*, NewYork: Oxford University Press, 2001.

来增加职能以改变经济决策与执行的方式？在研究方法上，比较政治经济学的介入对欧洲经济一体化这一领域的研究具有重要意义。国际政治，像其他社会现象一样，只有当新的理论实践被推出的时候才能对旧的理论和实践作定论。欧洲一体化的理论和实践也是如此。在实践上经历了从煤钢共同体到欧洲经济共同体再到欧盟的发展过程，在理论上，经历了联邦主义、功能主义和制度主义的过程。从 20 世纪 90 年代末期，经济学与政治学的工具与理论结合起来了，如何用经济学的手段来理解政治现象受到重视，比较政治经济学家们开始探寻政治现象的经济原因，探索政治对经济的影响，经济对政体的影响。这一趋势同样发展到了欧洲经济一体化的研究领域。研究领域的拓展也使规范化模型、博弈理论和经济方法从其固有的经济领域移植到政治学的研究领域中来。[①] 由此，最终人们发现，比较政治经济使诸如贸易保护、货币政策等问题不再有明确的政治与经济界限。

可见，发展到现在，欧洲经济一体化模式的研究已经渐渐地从宏观走向微观，从经济研究走向经济与政治的结合。

三　欧洲经济一体化模式的政策选择

20 世纪 70 年代以来，欧盟的国内生产总值 10 年平均增长率持续下降，几乎是每 10 年下降 0.5 个百分点：1971—1980 年为 3.0%，1981—1990 年为 2.4%，1991—2000 年为 2.1%。而美国自 20 世纪 70 年代以来增长率基本上一直保持在 3.2%，从而使得欧美的增长率差距在 20 世纪 90 年代达到最大。由于国际金融危机的影响，2001—2010 年的平均增长率美国和欧盟分别下降为 1.6% 和 1.2%。[②]

以新自由主义为特征的美国模式在经济增长方面具有优势。为此，一些研究者指出，欧洲经济增长的低迷与作为欧洲经济模式特征的稳定的货币政策、严格的财政纪律、高额的福利成本等紧密相关。[③]

必须承认，欧洲经济模式与其经济政策理念和目标是密切相关的。

在战后 50 多年的经济一体化进程中，欧盟逐渐形成了以社会市场经济为基本特征的经济社会模式。社会市场经济的根本特征在于将经济效率

---

① Margaret Ievi, "The Economic Turn in Comparative Politics", *Comparative Political Studies*, Vol. 33 N. 6/7, August/September 2000, p. 835.

② 数据来源：http://epp.eurostat.ec.europa.eu/portal/page/portal/statistics/search_database.

③ 王鹤：《欧盟经济政策目标的历史性分析》，《欧洲研究》2012 年第 4 期，第 1 页。

与社会公正相结合，这是欧盟内部居于主导地位的价值理念。欧盟经济模式所追求的目标也明确地反映了这种兼顾效率与公平的特征。

20 世纪 80 年代中期，在欧共体南扩（成员国之间的经济水平差异增加）和《完成欧洲内部市场白皮书》（通过四大自由流通形成统一市场）的一体化进程的大背景下，欧共体委员会委托一组专家为欧共体如何以一种均衡的方式发展提供研究报告，其结果是 1987 年发表的著名巴多亚·斯基奥巴报告：《效率、稳定和公平：欧共体经济制度的发展战略》,[①] 这是欧共体官方文件中最早明确提出经济发展的三个政策目标，为欧共体多层治理的经济制度提供综合了发展模式。报告提出："需要对公共政策的三种功能确立协调战略：即配置功能（深化市场一体化）、稳定功能（欧洲货币体系和宏观经济政策协调）和分配功能（结构基金、共同体财政）",[②] 也就是通过深化市场一体化实现资源优化配置，提高经济效益，加快经济增长，通过货币一体化和经济政策协调实现宏观经济稳定（低通货膨胀率），通过共同体财政政策调节分配实现社会公平。其中，欧洲共同体关于经济增长的理念成为欧洲经济模式的核心特征。

欧洲共同体主流经济理念在随后的一体化进程中逐渐转化为法律的认定。在 1992 年签订的《欧洲联盟条约》中，欧洲共同体条约第 2 款被修订为："共同体的任务是：通过建立共同市场和经济货币联盟，以及实施第 3 条和第 3A 条所提及的共同政策或活动，促进整个共同体内经济活动的协调平衡发展，促进经济体可持续和非通货膨胀性的增长，达成高程度的经济成效趋同，实现高水平的就业和社会保护，促进生活水平和生活质量的不断提高，以及成员国之间经济社会的凝聚和团结。"[③] 这一表明欧洲共同体的经济政策目标是：稳定（经济活动的协调和平衡发展）、增长（可持续和非通货膨胀性的增长）和凝聚力（经济社会的凝聚和团结），这三个目标构成了欧盟经济社会模式的基础。

在欧盟三重经济政策目标中，稳定居于核心地位。对于经济政策目标而言，增长肯定是欧洲经济社会模式的基本要素，但在欧盟体系内部，它

① Padoa-Schioppa et al., *Efficiency*, *Stability and Equity*: *A Strategy for the Evolution of the Economic System of the European Community* (*better known as the* "*Padoa-Schioppa Report*"), Oxford: Oxford University Press, 1987.

② European Commission, *Report from an Independent Group of Experts*, IP/87/159, 23/04/1987.

③ "*Treaty on European Union*", Title Ⅱ, Article G.

更是维持昂贵的欧洲社会模式（以福利国家为代表的社会保障体系）的工具。因此，欧盟并不信奉那种以达到最高可能的经济增长为单一目标而不考虑其对分配和环境影响的经济发展模式，欧盟所追求的是一种持续和均衡的增长。具体而言，就是通过关税同盟、统一市场、财政结构、经济货币联盟、“里斯本议程”（形成相关联的经济政策结构）的一体化措施，欧盟形成了统一经济体，在其中使得增长、稳定和凝聚可以同时推进，并且相互加强。

第二节　欧洲经济一体化的实践

1950 年 5 月 9 日，法国外交部部长罗贝尔·舒曼在事先同美国国务卿艾奇逊商谈后，发表了一个西欧煤钢联营计划，这就是“舒曼计划”。该计划主张以法国和联邦德国煤钢工业为基础，把西欧各国的煤钢工业部门联合起来，由一个超国家的高级机构共同管理“联营”。美国出于加强对西欧的控制以抗衡苏联的目的，一贯鼓吹西欧“一体化运动”，主张“政治统一”、“军事统一”和“经济统一”，因而也赞同“舒曼计划”，根据该计划，法国、联邦德国、意大利、荷兰、比利时和卢森堡六国的政府代表在巴黎进行了近一年的磋商，于 1951 年 4 月 18 日签订了《欧洲煤钢联营条约》。1952 年 7 月 25 日，条约正式生效。自此，开始了欧洲经济一体化由关税同盟到单一大市场、到经济与货币联盟、再到向着完全经济一体化迈进的实践历程。如图 4—1：

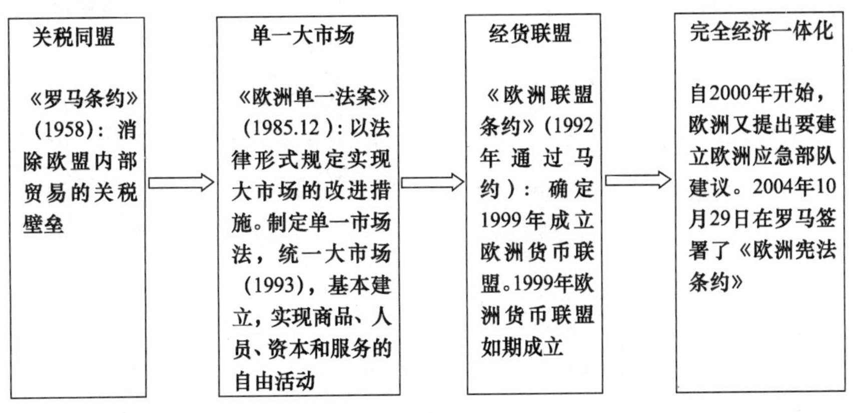

图 4—1　欧洲经济一体化进程

一 关税同盟

关税同盟（Customs Union）是指两个或两个以上国家缔结协定，建立统一的关境，在统一关境内缔约国相互间减让或取消关税，对从关境以外的国家或地区进口的商品则实行共同的关税税率和外贸政策。当今世界的关税同盟从欧洲经济一体化开始，是作为其重要的组织形式出现的。欧洲经济共同体是建立在关税同盟之上的。关税同盟促进了共同体经济的发展，也推动了欧洲的经济一体化和政治一体化，直至欧盟的建立。

第二次世界大战使欧洲经济受到严重破坏。1951 年，法国、意大利、联邦德国、荷兰、比利时和卢森堡六国签订了关于建立欧洲煤钢联营的协定，规定 6 国的煤、铁、钢生产和销售都由统一的机构直接掌管，不受任何一国政府的约束。1957 年 3 月 25 日，6 国外长在罗马签订了《欧洲经济共同体条约》和《欧洲原子能共同体条约》。后来人们把这两个条约统称为《罗马条约》，同年 7 月 19 日到 12 月 4 日，6 国议会先后批准了《罗马条约》，条约于 1958 年 1 月 1 日生效，该条约的生效标志着欧洲经济共同体正式成立，条约要求将欧洲煤钢联营的原则推广到所有经济部门和一切经济领域，并达成协议，要求在欧洲实现经济一体化、政治一体化，建立欧洲联盟。《欧洲经济共同体条约》同时规定：欧洲经济共同体须建立在关税同盟之上。

关税同盟的主要内容是：对内在成员国之间分阶段削减关税以及具有同等作用的任何税种，达到共同体内部的商品自由流通；对外通过逐步拉平各成员国的关税率，筑起统一的关税壁垒，以抵制共同体以外的商品输入。

关税同盟的建立，促进了共同体国家的对外贸易，特别是成员国相互之间的贸易。从 1958 年到 1970 年，6 国出口增长 2.77 倍，其他西欧国家仅增长 1.64 倍，美国仅增长 1.39 倍；成员国之间进出口贸易年平均增长率达到 16.5%。6 国间关税的消除，使 6 国的垄断资本不能再用关税作为武器来保护国内市场。为了提高竞争能力，它们必须加速资本积累，增加投资，采用先进装备和高新技术，提高劳动生产率和产品质量，降低成本。共同体成立后的 10 年间，6 国生产总值年增长率平均为 5.5%，高于同期美国的 4.3% 和英国的 3%。关税同盟的建立加强了成员国在市场竞争中抗衡外国的力量。内部关税的消除和对外统一关税的建立，大大地打击了共同体以外的竞争对手，特别是占有很大贸易份额的美国。据统计，从 1960 年到 1969 年，来自美国的进口总额，在共同体 6 国的进口总额中的比重由 14% 降为 9.6% 。

共同体实行共同的农业政策，农业政策的主要内容也与关税同盟相关。六国逐步取消相互间农产品的关税，实行统一的农产品价格，以实现六国间农产品的自由流通；同时，建立共同的农产品进口关税壁垒，以排挤集团以外的农产品；此外，还建立共同的农业基金，用于补贴出口，调节价格和农业结构。实行共同农业政策的结果是扩大了生产规模，提高了劳动生产率，增加了农业生产。从 1960 年到 1970 年，六国农业生产年平均增长为 1.7%—2.8% 。而美国仅为 1.2% 。1967 年 7 月，六国实现了将欧洲经济共同体、欧洲煤钢联营、欧洲原子能联营统一为欧洲共同体，建立了部长理事会、欧盟委员会、欧洲议会和欧洲共同体法院。1969 年 12 月，六国首脑在海牙召开会议，决定把建立一个完整的经济和货币同盟作为六国合作的重要目标，最后建立一种欧洲货币。共同体经济的发展，促使英国、丹麦、爱尔兰、希腊、葡萄牙、西班牙、奥地利、瑞典和芬兰等国先后申请加入；到 1977 年 7 月，一个以共同体为中心的包括冰岛和列支敦士登在内的拥有 3 亿人口的西欧自由贸易区正式形成。各国完全取消了彼此之间的工业品关税，在农产品贸易上，区内也实行某些优惠，对西欧自由贸易区以外的国家，则继续保持关税壁垒。西欧 17 国贸易区的外贸总额，占世界贸易总额的 40% ，相当于美国的 3 倍、苏联的 12 倍。

关税同盟的建立，对成员国的经济发展和西欧经济区域的形成及一体化，具有很大的促进作用。

第一，它促进了共同体贸易的发展。欧洲共同体的对外贸易可以分为两大部分。一部分是共同体成员国之间的贸易，另一部分是共同体成员国同其他国家的贸易。关税同盟建立后，关税同盟的区域性和排他性使得共同体对内对外贸易有所区别，对第三国实行保护贸易政，使成员国的产品与第三国相比较，更具有竞争优势。1958 年，成员国之间的贸易在共同体对外贸易总额中的比重是 30% ，到 1972 年已经提高到 51.7% ，反映出成员国对共同市场的主导作用在加深。从 1958 年到 1970 年，六国对外出口贸易增长 77 倍，其他国家仅增长 1.64 倍，美国仅增长 1.39 倍。作为整体，关税同盟提升了欧洲共同体在世界经济中的竞争力。

第二，加速了资本的集中与垄断。共同体内部贸易的发展，反过来影响生产领域。关税同盟使共同体内部形成了广大的商品市场，各国企业结束了本国关税的保护，直接面对其他国家企业的激烈竞争，同时也为一国商品进入其他国家市场减少了障碍。因此，为了提高企业竞争力，获得更高利润，各国必须加速资本积累、集中与垄断。各国国内企业的联合规模越来越大，跨国公司也迅速发展，甚至出现了欧洲共同体范围内的跨国公司，到1965年，法、比、意、卢四国的冶金贫困地区共同组成了“马里蒂姆钢铁公司”，荷兰和联邦德国的冶金公司组建了统一的冶金集团，等等。

第三，促进成员国之间的生产分工和生产专业化的发展。

由于关税同盟取消了各国的关税保护，各成员国对其他成员国关闭了关税的保护屏障而要面对其他成员国的激烈竞争。各国企业为了在市场中占有更多的份额，充分利用本国和世界的最有利资源、劳动力和技术，进行专业化生产，逐渐形成各自具有竞争优势的产品。随着资本主义国家生产的专业化在广度和深度上的迅速发展，成员国之间的经济联系更为紧密，为欧洲一体化向纵深发展创造了条件。

关税同盟的建立，初步实现了西欧的关税一体化，大大加强了成员国在贸易、生产和货币金融领域的相互依赖，从而为欧洲经济一体化的进一步发展奠定了较为坚实的基础，为欧洲单一市场的形成铺平了道路。

二 单一大市场

1953年2月到1954年8月，煤钢“联营”六国先后建立了煤、钢、铁砂、废铁、合金钢和特种钢的共同市场。“联营”的最高权力机构负责协调成员国的煤钢生产、投资、价格、原料分配和内部的有效竞争。欧洲煤钢联营促进了成员国冶金工业的发展，它的建立为50年代后期成立“欧洲共同市场”奠定了基础。

在1955年6月召开的意大利墨西拿会议上，法国、联邦德国、意大利、比利时、荷兰及卢森堡六国外长决定成立欧洲经济共同体和原子能共同体。会后，成立了由比利时外长斯帕克为首的新工作组，负责草拟条约的基础文件。有关方面对该条约草案经过9个月的讨论达成相互妥协，于1957年3月在罗马正式签字通过。

随着关贸总协定对关税的大幅降低，国际范围内以非关税壁垒措施为贸易保护手段的新贸易保护主义猖獗，加上70年代的经济危机，使得共同市场“从未真正变成现实”,[①] 甚至被戏称为“非共同市场”(Uncommon Market)。1985 年 6 月 14 日，欧盟经济委员会向欧盟委员会递交了一份白皮书，预计将有 300 余种商品、劳务、资本在欧盟国家范围内自由流动。这一过程将通过两个阶段来完成，第二个阶段的最后截止日期是 1992 年 12 月 31 日。第一个阶段是 1986 年欧共体各成员国政府首脑签署了《单一欧洲法案》。《单一欧洲法案》明确提出了要在 1992 年 12 月 31 日前建成内部市场，该“内部市场应包括一个没有内部边界的区域，在此区域内。商品、人员、服务和资本的自由流通应予以保证”。这就是著名的欧洲 1992 计划 (EC-92)。普遍认为，欧洲 1992 计划对共同体内部的影响是正面和积极的。1992 年成为了欧洲经济一体化的一个重要界线。

谈到欧洲的单一大市场，还有两个事件需要给予关注，就是欧盟东扩后的“法尔计划”和联系国协定。

1989 年下半年，中东欧国家相继发生政局剧变。欧共体委员会对此做出了迅速反应，积极发展同中东欧国家的经贸关系。6 月中旬，在巴黎召开的西方七国峰会上最初提出准备通过国际经济援助支持中东欧国家的经济转轨进程。9 月 29 日欧共体委员会提出“法尔计划”，即“波、匈经济重建援助计划”(Poland and Hungary: Aid For Economic Reconstruction, 简称 PHARE)。向波兰和匈牙利提供经济援助。1990 年 1 月“法尔计划”正式启动，这个计划后来覆盖到所有申请加入欧盟的中东欧国家。在 1990—1993 年间，欧共体总共为中东欧国家注入了 33 亿欧洲计算单位的资金。

20 世纪 90 年代以后，随着中东欧国家经济转轨的全面展开及东西欧关系的恢复和发展，欧共体于 1991 年同波兰、匈牙利签订了联系国协定，即“欧洲协定”(Europe Agreements)。这个协定明确了双方关系的法制框架，它是一个包括经济、政治和社会多方面内容的综合性文件，取代了过去东西欧之间单纯的贸易协定，目的就是促进中东欧国家政治转轨和向市场经济过渡。这个协定还明确了具体实施的制度机制，设立了三个机构，即联系国理事会、联系国委员会和联系国议会委员会。

到了 1993 年，单一欧洲大市场基本建立，实现了商品、人员、服务

---

① EU Commission, *A Single Market and Tomorrow's Europe. A Progress Report from the European Commission*, Luxemburg Office for Offical Publications of the European Communities, 1996, p. 77.

和资本的自由流动，这对于欧洲经济一体化来说具有关键的意义。

三　欧洲经济与货币联盟

虽然欧洲联盟的初级组织形式在二战后已出现，但欧洲经济货币联盟的发展经历了三个主要的历史阶段。

1957 年由 6 个国家签订的《罗马条约》最早形成了目前欧洲经济共同体的基础。1989 年 4 月以德洛尔为首的欧盟委员会提出的《欧洲共同体经济和货币联盟的报告》（简称《德洛尔报告》）获得批准，形成了欧洲货币联盟的初步安排；《德洛尔报告》强调欧盟须具备三个条件，第一，所有成员国的货币自由兑换；第二，资本市场完全自由化和金融市场一体化；第三，固定汇率。

1991 年欧共体 12 国在荷兰的马斯特里赫特召开首脑会，通过《政治联盟条约》规定实行共同的外交、防务、社会政策；通过《经济与货币联盟条约》确定，最迟于 1999 年 1 月 1 日前，在“欧洲经济与货币联盟”内实现统一货币、统一中央银行、统一货币政策。上述两个条约统称《马斯特里赫特条约》。该条约的签订是欧洲货币经济一体化的新里程碑。根据《马斯特里赫特条约》所制定的时间表，欧洲经济与货币联盟的形成共分为三个阶段，前两个阶段属于过渡阶段，目的在于促进欧洲同盟国之间经济、货币和财政政策的合作、协调和趋同；最后一个阶段才真正标志着货币同盟的开始。

欧洲经济与货币联盟（European Economic and Monetary Union，EMU）自成立以来，持续推动着欧盟的货币一体化进程。货币一体化是欧盟走向最终统一的标志性里程碑，但对于那些本着经济或政治利益而急于获得欧盟成员资格的东欧各国来讲，欧洲经济与货币联盟提高了他们加入欧盟的门槛。同时，欧元正式流通也意味着欧洲经济一体化程度的深化，它对欧盟的整体经济环境都具有一定的裨益，但这种利益也是有成本的。对于欧洲经济与货币联盟的影响，可以从宏观与微观两个方面来分析。

从宏观经济来说，欧洲经济与货币联盟的支持者认为，统一的货币将带来更趋稳定的汇率、较低的交易成本、较高的价格透明度，从而减少信息成本并激发欧盟内部企业降低生产成本，这些都有利于提升欧盟企业在国际市场上的竞争能力；随着企业成本的降低，欧盟内部消费者的经济福利也会增加。而且，按照德国中央银行模式构建的独立的欧洲中央银行（ECB）也预期能够保证较低的通货膨胀率，降低真实市场利率从而激励投入、产出的增加和就业率的提高。马斯特里赫特标准（The Maastricht Convergence Criteria，MCC）可以在一定程度上保证欧元区的经济稳定性，而稳定和增长协定（The Stability and Growth Pact，SGP）也可以保证欧洲经济与货币联盟加入国保持经济发展的协调性。而欧洲经济与货币联盟的反对者认为，统一的货币会导致各成员国对自主性调节经济工具的丧失，从而引发欧元区经济的不稳定。由于无法对各国具有差别化特征的产业结构、就业和产出进行客观的测度，"真实收敛性标准"不具有现实性，反而容易引起不对称性的外部冲击。同样，面对多样化的各国经济，欧洲中央银行力图用单一的政策工具——普通利率来稳定欧元区的经济将被证明是无效的。货币政策影响欧盟成员国的差别性效应根源是各国经济发展的不平衡性和经济结构的不对称性，直接原因是各个成员国具有不同的产权结构和多样的利率结构。

从微观经济来说，欧洲经济与货币联盟的影响主要体现在对欧盟内部的企业及其外部竞争者所产生的直接或间接性影响效力上。这包括：

第一，欧盟企业的竞争能力。一是欧元的正式流通直接减少了欧盟成员间进行交易所需的货币兑换，从而可以降低交易成本；二是单一的货币（欧元）可以消除跨国交易时所面临的汇率不确定性，因此有利于微观主体进行有效决策。企业也不必通过套期保值处理汇率风险了，可以节约相关的手续费；三是统一的货币减少了汇率的风险溢价，导致真实利率降低，从而可以节省投资成本。

第二，单一性市场的完善。低信息成本、高价格透明度及汇兑风险的消除都有利于欧盟单一化内部市场的完善，尽管现在欧洲经济与货币联盟仅仅局限于欧盟 15 国中的 12 个，但毫无疑问的是"一价定律"将会逐步扩展到全欧盟，从而提升整个欧盟的市场交易量及竞争激烈度。单一性市场无疑为各国的多样化产品提供了一个充分展示自己的舞台，各种产品在价格、质量、品牌及服务上的竞争日趋激烈，企业的市场竞争战略由价格差别化转向品牌差别化。此外，将不同产品的不同货币标价转化为统一的欧元标价也会引起产品的价格结构、生产质量或数量发生出人意料的变化。金融产业部门是受货币一体化进程影响最深的部门。单一的货币有利于推进欧盟资本市场的一体化进程，有利于强化金融机构之间的市场竞争，并引起金融兼并的活跃和投资理性的增加。当然金融机构竞争压力下的低金融服务费用在有利于企业融资的同时也将以增加金融服务部门内的失业率为代价。对于那些能够持续推进自身金融创新的金融机构，在争夺欧元区市场份额的竞争中会为自己多争得一些契机和胜算。

第三，强化内部劳动关系。强化内部的劳动关系对于欧洲经济与货币联盟推进宏观经济的稳定增长，提高微观企业的业绩都很有裨益。由于政府缺乏调节本国企业适应国际竞争的替代性工具，各成员国政府只能依赖工资政策，而将本国总体实际工资的增长与本国企业的国际竞争力水平挂钩。为了提高欧盟内部劳动力的流动性，需要建构统一的劳动力市场，但现实条件决定了这种统一的劳动力市场只能局限于特定的劳动力群体，比如具有特殊技术或管理技巧的群体、具有高流动性的劳动力群体、更年轻的劳动力群体等。此外，货币统一将增加各地区各部门间差别化工资的透明度，但日益增长的平均主义思想会增加劳动力市场的刚性，这种思想无视劳动生产率的差异却要求工资公平。这将引起工资水平的收敛性（趋同性）压力，由于各成员国在劳动效率和工资水平上具有相当的不平衡性，这种工资水平的地区平均性倾向极有可能会使那些低收入的成员国（如爱尔兰、西班牙和葡萄牙等国）产生通货膨胀的压力，造成失业率的提高。

第四，增加了统一货币的过渡性成本。引入一种货币替代其他多种货币是有成本的。这种货币过渡成本（transition cost）包括：（1）消费者对新货币价值体系需要进行适当的心理调整，这种心理调整的成本是潜在的而又不可忽视的；（2）会计和账户体系的重建成本，既需要对计算机系统重新调整，还需要开立新的欧元银行账户；（3）价格标签重制成本，从2002年1月1日到2002年7月1日需要标出本国货币和欧元两种面值的价格，2002年7月1日以后全部商品价格标签都需要换成欧元标价。

第五，加强了货币的外部影响。欧盟的货币一体化进程不仅仅对欧洲企业具有影响，那些投资于欧盟的跨国公司也必须与欧盟的企业一样承受欧洲经济与货币联盟带来的各种收益、成本和风险；对于那些与欧盟企业保持互补性关系的非欧盟企业，欧洲经济与货币联盟给其带来的效应更多的是直接性的正向效应；而对于那些与欧盟企业产生竞争的非欧盟企业来讲，由于欧洲经济与货币联盟引起欧盟内部企业竞争力的提升（具体原因如上文分析），未来对市场的争夺将日趋激烈。此外，欧洲经济与货币联盟对外商直接投资（FDI）（存量和流量）也有一定的影响，这样，由于EMU一方面能够推进欧盟单一化市场的建立及提升市场的活力（宏观经济的稳定和微观经济的高效），另一方面也可以强化欧盟内部的劳动联系（通过增加劳动力的流动性及统一性劳动力市场的建构），外加相对稳定的汇率，这些都有利于对欧外商直接投资的流入。

四 向完全经济一体化迈进

关税同盟、单一大市场、经济与货币联盟的发展，使欧洲认识到这样的现实：只有实现全欧洲货币一体化，创立单一的欧洲货币，才能解决成员国之间生产四大要素（商品、资本、劳务、人员）的自由流动，才能推动经济一体化的发展。同时，为了抵挡美元对欧共体各国货币的冲击，避免或减轻国际货币制度动荡的影响，欧洲统一货币伴随欧洲一体化的发展而出现了。新世纪伊始，按照《马斯特里赫特条约》的约定，欧元正式成为在实际经济活动中使用的多数欧盟国家的统一货币。目前，欧元已经成为世界上除美元之外最重要的国际性货币。

自1999年1月1日起在奥地利、比利时、法国、德国、芬兰、荷兰、卢森堡、爱尔兰、意大利、葡萄牙和西班牙11个国家（以下称为“欧元区内国家”）开始正式使用，并于2002年1月1日取代上述11国的货币。希腊于2000年加入欧元区，成为欧元区第12个成员国。斯洛文尼亚于2007年1月1日加入欧元区，成为第13个成员国。塞浦路斯于2008年1月1日零时与马耳他一起加入了欧元区。斯洛伐克于2008年达到标准并在2009年1月1日加入欧元区。从而使欧元区成员国增至16个。2011年1月1日，爱沙尼亚成为欧元区第17个成员国，其总人口已经超过4亿人。

到2002年1月1日，欧元已经成为合法付款方式，同尚存的各成员国货币一并流通；2002年7月1日起，欧元区各国货币全部退出流通领域，欧元成为欧盟内部唯一的合法货币。在这种背景下，欧元不仅成为欧盟内部成员国间进行相互结算和支付的手段，而且成为与美元和日元并立的世界三大国际货币之一。欧元作为欧盟的统一货币，代表着一个具有4亿人口的单一性市场和占世界经济总量1/5规模的真实经济，欧元的正式流通对欧盟经济及整个世界经济产生了深远影响，这种影响涉及各国（欧盟内部各国、欧盟与世界其他国家）间各种资源的配置和效率、各国间经济政策的博弈和协调，以及各国间经济福利的分配和结构等。

图4—2为欧元区最初的欧洲货币组成：各国货币从1989年9月至1999年12月所占的比重（其中英国、丹麦未加入欧元区）。

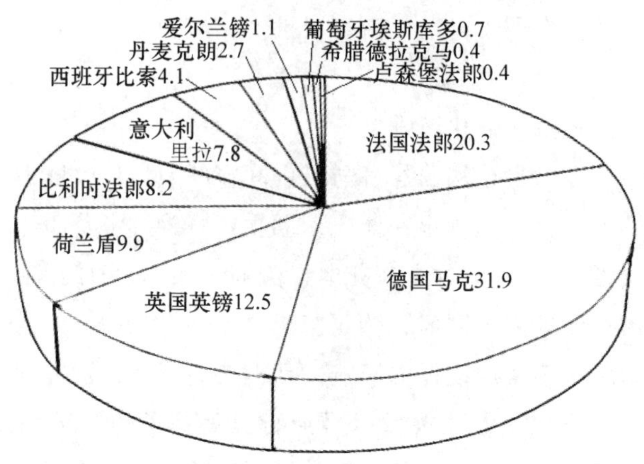

图4—2　1989年9月至1999年12月欧元区各国货币所占比重（%）

来源：IMF2000年资料。

欧元的产生是“二战”后西欧国家逐步实行经济一体化的结果，其直接动机和好处是：第一，消除了西欧多数国家之间的货币兑换成本和贸易结算成本，大大便利了相关各国之间的贸易往来；第二，减少了经济活动中因汇率问题所引起的不确定性和不稳定性，消除了西欧多国之间外汇兑换的风险损失；第三，欧元区各国之间贸易条件的差异和不平等因此而得到一定程度上的消除；第四，克服了欧元区原有的共同性“准货币”——“埃居”的局限性；第五，解决了欧洲众多国家之间汇率机制不同的弊端；第六，有利于稳定物价；第七，欧元成为重要的国际货币，加强了欧洲对外的金融能力。总之，欧元的出现在很大程度上增强了欧洲作为一个整体对外进行经济竞争的力量，促进了欧元区国家经济贸易的发展，为长远的欧盟国家可能出现的政治一体化提供了条件。

欧盟国家间采用统一货币欧元的好处显而易见，但其存在的问题和先天缺陷也不可忽视。近年来，特别是2008年美国发生的金融危机扩散产生的冲击，欧元区各国在经济上逐渐显现出统一货币（欧元）所带来的矛盾和困境。这种矛盾和困境，既来自货币本身给经济带来的固有矛盾，也来自于欧元区货币的统一与各国经济发展水平不一致，以及与财政状况不一致之间的矛盾。这些矛盾的关键在于，欧元区各国在经济发展水平不一致的条件下，经济与财政的国家主权与货币的超国家主权之间产生了矛盾。事实上，这也是不能实现欧盟范围内全面货币一体化的原因，暗示了欧洲实现完全经济一体化目标面临的主要阻碍。下面，以英镑与欧元区的关系为例。

是否加入欧元区一直是英国关于欧洲问题辩论的核心。疑欧派认为统一货币将破坏英国现存的竞争能力，而且必然导致欧盟向联邦式一体化的迈进，是对英国主权的直接威胁。而亲欧派则认为统一货币是统一市场发展的必然结果，如果英国独立于统一货币之外，将错失对英国至关重要的统一市场的经济利益。鉴于国内公众舆论对欧元的怀疑态度，工党政府也只是强调保持加入欧元区选择的开放态度，并承诺通过公民公决来作出决策。

无可厚非，英国加入欧元区有利于欧洲一体化的发展和欧元区实力的增强，欧元区国家对英国的加入也都表示欢迎，而英国迟迟徘徊在欧元区门外的做法可能让外界感到失望。

实际上，英国已基本满足了《马斯特里赫特条约》规定的所有条件。尽管英国是欧元区的一个“局外”国，但在许多方面已经比有些“局内”国更接近欧元区的核心经济标准。例如，自 1999 年秋以来英国的物价涨幅一直低于欧元区的平均水平；2001 年公共债务占国内生产总值的比例在欧元区内可排在最低的第三位。英国拒绝加入欧元区，主要阻力来自经济方面的五个考虑：

1. 一致性考虑：英国能否与欧元区的单一利率“舒适共存”？

2. 灵活性考虑：如果问题发生，是否有足够灵活性来解决？

3. 投资考虑：是否为决心长期投资英国的企业创造更好的条件？

4. 伦敦城考虑：采用单一货币将怎样影响伦敦城的金融服务？

5. 稳定、增长和就业考虑：加入欧元区是否有助于经济增长、稳定，是否能长期拉动就业？

另外，对国家主权的极度重视阻碍了英国加入欧元区进程。英国不同于法国，它的货币是强势货币；也不同于德国，它一直拥有自己的主权。它既无须像法国一样依靠牺牲主权来保证政治安全，也不需要像德国一样依靠牺牲经济主权来获得更高的政治地位。因此，作为一个什么也不缺，并且拥有国际金融中心，拥有强势货币——英镑的国家去加入欧元区，并付出货币主权的代价，英国一直在斟酌。另外，由民众心理、历史传统和政治架构派生出的“英镑情结”也在英国加入欧元区问题上成为一个重要因素。作为英国的货币单位，英镑从近代资本主义文明兴起以来就一直充当着国际贸易的主要结算手段，充分显示了“大英帝国”雄厚的国家实力和崇高的国际威望，与英国的兴衰命运休戚相关。英国加入欧元区必须放弃英镑，统一使用欧元，这触及了英国长期以来形成的“英镑情结”。在为数不少的英国人看来，英镑代表着英国的主权，英镑坚挺的货币支付能力更是英国国家实力和国际威望的象征。因此，战后英国领导人一度曾经固执地，甚至感情用事地坚决维持英镑有一个固定汇率的国际交易和储备作用，有时竟不惜危害国民经济的增长。

这些因素，加上2008年后金融危机的打击，我们看到的结果是，英镑与欧元区从若即若离到渐行渐远。

欧洲一体化的深入发展，还体现在欧盟逐步建立和完善了一系列共同政策，其中主要的有关税同盟、共同农业政策、共同渔业政策、共同地区政策、共同社会政策、共同货币政策、共同外交和安全政策、保护消费者政策以及共同外贸政策等，体现了欧洲一体化进程中在经济领域、政治领域以及安全和防务领域已经实现联合的欧洲格局。欧盟于1968年7月1日取消了各成员国之间的所有关税，建立了统一的海关税则，初步建成了关税同盟，对来自区外的第三国产品实行共同的关税政策，以促进区域内贸易和经济的发展。共同农业政策是欧盟内实施的第一项共同政策。其基本目标是提高农业的劳动生产率，确保农业人员的“公平”收入，稳定农产品市场，保持农产品合理的销售价格以及确保农产品的供应。其主要内容是对内建立共同农业基金，统一农产品市场和价格，对农产品出口予以补贴；对外则设置随市场供求变化而调整的差价税、配额等贸易壁垒，使欧盟农业免遭外部廉价农产品的竞争。地区政策的目标是“促进欧盟整体的协调发展”、“加强其经济和社会统合”以及“降低不同地区之间的发展差异、消除最不发达地区或岛屿及农村地区的落后状况”。欧盟社会政策和地区政策两者是相辅相成的，二者的目的均是促进欧盟经济社会的协调发展。欧盟的经济合作模式可以归纳为“共同稳定、同步发展的区域化模式”和“可持续发展模式”，将生态与环境保护视为经济长期增长的前提，使“可持续”成为一个经济与社会协调发展的综合性目标。这在全球化不断发展的当今世界，无疑具有十分重要的借鉴意义，也使欧洲一体化成为世界各国和地区争相仿效的国家间合作的新模式。

图 4—3 为欧盟在全球经济中的地位：

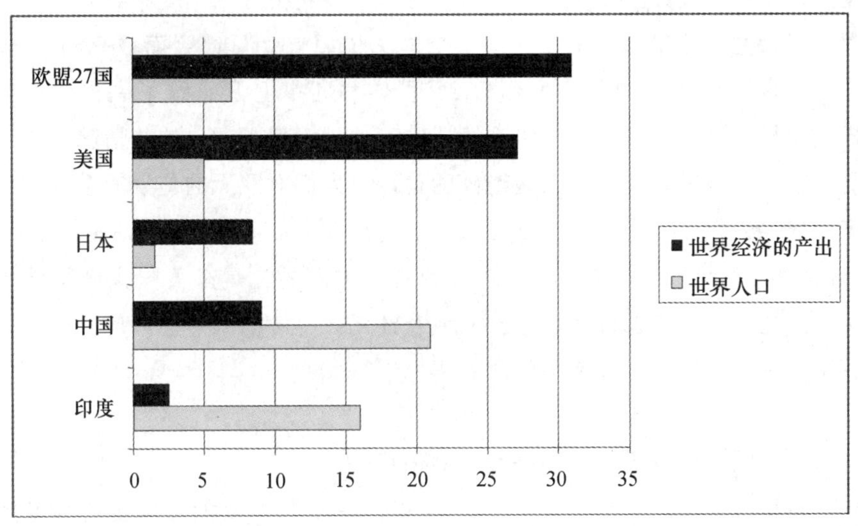

图 4—3 联盟在全球经济中的地位（所占百分比）

资料来源：世界银行，http：//www. worldbank. org（2010 年 6 月）。

欧盟向完全经济一体化迈进是自货币联盟之后一直坚持的目标，包括在欧盟遇到各种危机和艰难的时刻。这种目标也会被评价为过于理想主义，但它至今俨然已经成为地区一体化的标杆。

第三节 欧元区国家主权债务危机与欧洲经济一体化

1999 年欧元正式产生时，人们在欢呼，仿佛看到一个统一的欧洲将首先在经济上完全结为一体，为欧洲各国未来的经济繁荣奠定基础。其后一段时间，似乎也在证明作为区域经济一体化重要体现的欧元，是经济和货币区域一体化的成功典范。

然而，统一的欧元在经济发展程度各不相同的欧洲各个国家产生了不同的作用和影响。特别是2008年美国爆发的金融危机极大地影响到欧元区各个国家，导致了世界性的金融和经济危机。此后，欧洲中央银行对付危机和通货膨胀的货币政策与希腊、爱尔兰、西班牙、葡萄牙、意大利等国的财政状况陆续发生了难以协调的矛盾。“欧猪五国”（葡萄牙、爱尔兰、意大利、希腊和西班牙，这5个国家依照首字母组合而被称为“PIIGS”，即“欧猪五国”）的经济状况不佳和利率上升导致了主权债务危机，主权信用和银行信用评级连续下跌，欧元汇率下调。这些情况严重影响了欧元币值的稳定和欧元区经济的稳定。人们对欧元的前景似乎也产生了动摇。人们不得不思考，欧元区目前这种情况的出现，到底是偶然因素造成的，还是欧元本身存在的固有矛盾所引发的？是有关国家的特殊情况，还是有一定普遍性的问题？欧元及欧元区经济前景将会如何？这些问题引发了世界对欧洲经济一体化的再思考。

一 欧元区国家主权债务危机的现状

从现有的资料来看，2012年上半年，在欧洲主权债务危机持续发酵的冲击下，欧盟经济继续处于不景气的状态之中：经济增长陷于停顿。失业率长期居高不下，工商投资和消费需求低迷不振，市场对经济前景的信心进一步受挫。保增长成为欧盟各国的紧迫目标。

欧盟统计局公布的统计数据显示，2012年第一季度，欧元区和欧盟的国内生产总值增长为零，欧元区的国内生产总值同比增长为零，欧盟的国内生产总值同比仅增长0.1%。分析人士认为，如果不是欧盟最大经济体德国保持一定的经济增长速度，欧元区经济在2012年第一季度必然会出现负增长。尽管如此，欧元区经济似乎仍难以摆脱三年内两次陷入衰退的命运。德国经济研究所、法国国家统计及经济研究局和意大利统计局2012年7月发表的预测报告称：欧元区经济在2012年第二季度和第三季度将分别出现0.2%和0.1%的负增长。国际货币基金组织2012年发表的报告指出：欧元区经济2012年出现0.3%的负增长，约到2013年才能恢复增长，但增长率只有0.7%。持续3年的欧债危机迫使欧盟成员国“节衣缩食”，而紧缩政策措施不仅使部分成员国经济陷入严重衰退，还导致这些国家的失业状况不断恶化，从而形成财政紧缩、经济低迷、失业状况恶化、工商信心受挫、财政收入锐减、社会保障支出猛增、财政赤字难减的恶性循环。可以说，欧洲不仅面临着债务危机，而且面临着增长危机。

2009 年末由希腊开始的主权债务危机，对欧元的稳定乃至欧洲货币联盟的生存都带来了严重的影响，鉴于此，欧盟、国际货币基金组织（IMF）以及各债务危机国纷纷采取措施，努力化解债务危机。

鉴于本国债务状况，希腊政府向欧盟和国际货币基金组织申请援助。经过协商，欧盟和国际货币基金组织于 2010 年 5 月 2 日同意提供总额达 1100 亿欧元的贷款救助，帮助希腊政府 2010 年至 2011 年还债。同时，为了防止主权债务危机蔓延，维护欧元区的稳定，欧盟成员国于 2010 年 5 月 10 日达成了一项总额 7500 亿欧元的欧洲金融稳定机制（EFSF），以帮助可能陷于债务危机的欧元区成员国，其中，国际货币基金组织提供 2500 亿欧元，欧盟委员会出资 600 亿欧元，其余的 4400 亿欧元由欧元区成员国提供。2011 年 7 月，欧盟经过讨论，决定向希腊提供 1090 亿欧元的资金对希腊实施第二次救助，供希腊偿还 2012 年至 2014 年的到期债务。

同样，当爱尔兰、葡萄牙出现主权债务危机向欧盟和国际货币基金组织申请援助时，为了防止债务危机的进一步恶化，欧盟和国际货币基金组织分别于 2010 年 11 月决定向爱尔兰提供 850 亿欧元的救助资金，于 2011 年 4 月同意今后 3 年向葡萄牙提供 780 亿欧元的贷款援助。

而各债务危机国，为了获得欧盟和国际货币基金组织的援助，作为交换条件，也普遍承诺实行更严格的财政紧缩政策，削减财政支出，同时进行税制改革，增加税收。另外，希腊政府还推出了 500 亿欧元的私有化改革计划，通过国有资产的私有化筹集资金，偿还到期债务。

上述这些措施能否取得成功，取决于各债务国财政调整的成功以及由此导致的市场信心，但估计很难取得成功并持续下去。因为，经济衰退时实行更严厉的财政紧缩政策，必然影响经济的复苏，增加社会的失业率。而削减社会福利，增加税收，必然增加民众负担，引发社会矛盾，从欧洲债务国接二连三的罢工、游行就能感受到实施财政调整的困难。从实际效果看，债务国并没有实现其财政目标，市场对债务国也没有恢复信心。比如，2011 年 6 月，标准普尔和穆迪分别再一次大幅度下调了希腊的信用评级，在 2011 年 7 月，惠誉也将希腊长期外币和本币债券发行方的信用评级从 B + 下调至 CCC，比投资级评级低了整整八等。这些评级机构下调希腊的信用等级就是市场对希腊没有信心的表现。

因此，虽说上述措施能缓解债务危机，但只是暂时平息了市场的恐慌情绪，为债务危机国争取了必要的时间来改善财政状况，维护债务的可持续性，这些措施能不能帮助债务危机国走出债务危机，还是未知数。从目前情况看，前景也不乐观，最后很可能是通过债务重组、新债换旧债等方式解决这次欧债危机。

二　欧元区国家主权债务危机爆发的根源及性质

欧洲主权债务危机直接的导火索是希腊此前一直隐瞒的政府赤字和债务状况在2009年底被揭露了出来，引发了市场的不信任，导致希腊以及债务负担较重的南欧国家主权债券价格在市场上大幅度下跌。

主权债务危机之所以会爆发的主要原因是希腊以及南欧的一些国家长期以来经济增长的基础比较薄弱、财政政策缺乏约束、福利开支超前而税收能力又相对比较脆弱，这就导致了这些国家的财政赤字在欧盟中一直位列前茅。当预期在一些因素的诱发下发生逆转并形成市场冲击时，这些国家的资产价格就必然下跌。毫无疑问，欧洲主权债务危机直接暴露了这些欧元区国家长期以来寅吃卯粮所导致的财政状况将难以为继，这些国家在金融市场的融资成本必然要提高，其融资能力必然受到限制。从这个意义上讲，欧洲国家不仅需要紧缩财政开支，更需要改革福利制度和提振创新的经济动力。

美国次贷危机引发的全球金融危机和经济衰退对欧洲主权债务危机的爆发也有重要的影响。当经济危机来临时，各国为了避免经济的深度下滑，都启动了大规模的刺激经济计划，这些计划的核心就是增加政府的财政支出来扩大投资和消费。但是不同的国家在实行刺激计划时面临的财政状况千差万别，产生的效果和对财政稳健性产生的影响也大不相同。希腊等国的财政本来就捉襟见肘，继续扩大财政支出就难免力不从心。但是为了证明能救民众于衰退的泥潭，各国政治家无不做出各种许诺。以希腊为例，希腊前总理帕潘德里欧在2009年10月竞选时许诺增加30亿欧元财政开支刺激经济。但是，希腊经济当时需要的是将已经脱缰的财政赤字之马勒住。德国舆论当时就评论希腊民众选择的不是帕潘德里欧的改革计划，而是刺激经济的许诺。正是全球刺激经济的这个大潮让这些国家的财政赤字问题被掩盖，债务问题被忽视。

主权债务危机暴露了欧洲经济一体化内在机制上的缺陷，这也是为什么主权债务危机爆发后引起了欧盟内部对如何改革财政政策和经济一体化运行机制等问题进行大讨论的主要原因。

第一，欧元区和欧盟没有相应的邦联或联邦政府，无政治上的一体化制度保障。在市场上流通的欧元债券是各国政府的债券，而不是一个统一的美国联邦政府的债券市场。[①] 欧盟各个成员国的主权债务有不同的级别，各国发行的国债在信誉、流动性、风险等各个方面根本无法与美国的国债竞争。这本身就是欧元作为国际储备货币的缺陷。欧洲债务危机的爆发，虽然只使得希腊一些国家主权信用级别被降低，但是欧元区国家事实上存在一荣俱荣、一损俱损的关联度，"欧猪"国家债券级别降低后，连累了整个欧洲债券市场，进而导致了欧元汇率的大幅度下降。现代经济是信用经济，如果失去了市场信誉，经济就无法正常运行。当加利福尼亚州政府破产后，市场并不会认为美国联邦政府会跟着受到重创，加州债务要么重组，要么接受联邦政府救济，整个美元的信誉不会因此崩溃。而希腊政府如果破产，其发行的欧元债务只能接受重组，希腊可能会退出欧元区来暂时免受财政纪律约束，以便通过通货膨胀来缓解危机。而这对于欧元区和欧元而言就是灾难，市场的不信任情绪会因此而蔓延。正是有这样的担忧，媒体上关于严重债务国退出欧元区并导致欧元区垮台的议论使得欧元区国家的债务危机与欧元的地位产生了联系。

第二，欧元在运行机制上存在着结构性的缺陷，使得欧洲国家债务无法通过发行欧元来缓解。美国的财政赤字增加可以通过美联储扩张性的货币政策来缓解，宽松的货币供应可以保证美国政府的债务成本不会随着债务负担的增加而上升。最严酷的时候，如在美国金融危机高潮时期，美联储就直接购买美国的国债，直接向美国政府注资。美联储最后贷款人的地位可以保证美国联邦政府不缺美元（当然，滥用这种地位会导致通货膨胀），这也就是美国的主权债务评级始终是 AAA 级的原因。而欧元区国家则不一样，欧洲中央银行不是一个国家的，某个成员国发生了债务负担增加的情况，不能通过增发货币来缓解，因为单个成员国已经不再拥有货币发行权。而且制度规定，欧洲中央银行也不能直接借钱给成员国政府，成员国政府只有通过在金融市场上不断发债来筹措资金。一旦市场的风险

① 徐明棋：《欧元区国家主权债务危机、欧元及欧盟经济》，《世界经济研究》2010 年第 9 期，第 20 页。

预期改变，该国筹资的成本就要大幅度上升。而这对于需要借钱的国家政府而言是雪上加霜，这正是希腊、葡萄牙和西班牙面临的情况。因此，欧洲中央银行对各国政府而言，不是最后的贷款人，不能保证它们获得充足的欧元资金。

第三，欧元区成员国缺乏严格的财政约束机制，无法保证欧元区各国按规则行事。虽然《稳定增长公约》规定了财政纪律，限制了成员国年度财政赤字和公共债务的规模，也规定了超出限额将受到罚款的惩罚。但是由谁监管，谁来罚款，都不明确。那些有着扩张性财政政策历史的成员国为了合规就造假，通过金融衍生品来掩盖财政赤字和债务负担。全球金融危机发生后，欧元区所有成员国都无法严格遵守《稳定增长公约》规定的财政纪律，在客观上为一些成员国财政赤字的失控提供了借口，惩罚只能不了了之。本来在这样的情况下，欧元的发行者欧洲中央银行应该根据情况扩张货币供应，不仅仅是降低利率，更重要的是在市场上购买成员国的国债，直接提供更多的流动性。但是因为欧洲中央银行的货币政策目标单一，只负责欧元区内的币值稳定，是世上少有的单一目标制中央银行，对成员国的经济增长和财政困境无任何责任施以援手，除非欧盟理事会做出一致的决定。这就使得一些国家融资成本和债务负担不断攀升，最终引发了危机。而且最关键的是，当成员国发生债务危机之后，不存在一个类似于美国联邦政府的机构来提供财政援助，欧盟的财政转移支付功能极其有限，因而也就使得对成员国的救助姗姗来迟，在客观上引发了市场对于欧元区能否渡过难关的疑虑。因此，已经有学者认为，仅仅从加强欧元区财政纪律约束这个层面来努力，可能并不能从根本上解决问题。

第四，欧元的国际货币地位本来就不断受美元挤压，主权债务危机给了市场炒作者打压欧元资产的机会。欧元是仅次于美元的第二大国际货币，欧元区在理论上也可通过发行欧元来弥补财政赤字。但是这有一个前提，那就是美元和欧元的国际货币地位是牢固坚实的。现实是，由于路径依赖以及美国政治、经济、军事等综合实力仍居世界第一，美元的国际货币地位比欧元坚实得多。欧元区任何成员国的信用问题都可能导致原来欠牢固的基础发生动摇。因此，欧洲主权债务危机不仅无法利用欧元的发行来弥补，在客观上还直接削弱了欧元的国际货币地位，使得美元的国际货币地位相对增强。

总之，欧元区国家主权债务危机无法像美国的州政府债务危机对美元信用不构成直接冲击那样，对于欧元的市场信用也不构成冲击，从这个意义上讲，欧元区主权债务危机是一种结构性危机，也是欧元的信用危机。

三　欧债危机的前景预测

从目前来判断，欧债危机的演进面临以下三种可能：一是欧元区国家在德国的敦促下实施进一步的财政一体化；二是部分重债国脱离欧元区导致欧元区收缩甚至解体；三是继续维持现状。

（一）财政一体化

欧债危机的爆发表明，在缺乏财政一体化的前提下迅速推进货币一体化，非但不会促进成员国经济水平与经济周期的趋同，反而会加剧成员国的分化。因此，欧元区要彻底摆脱欧债危机困扰并将欧洲一体化提升到一个新的水平，加快实施财政一体化就成为必然选择。财政一体化意味着部分财政权利由成员国向欧盟的转移，欧盟将更及时地监测成员国的预算情况并建立失衡预防机制。在预算不达标的情况下，欧盟将出台强制性纠正措施，各成员国任意而为的财政政策空间将受到严格限制。一般来说，首先，直接修改《里斯本条约》以实现财政一体化肯定是耗时耗力；其次，仅仅针对欧元区 17 国修改条约，而其他欧盟国家可以选择在未来加入这一条约，被认为是一个较好的方案，该方案被称为“货币主义申根国家提议”；[①] 最后，通过建立跨国财政监测部门来增加欧盟委员会或欧盟理事会的权力，该方案实质上就是欧洲央行前行长特里谢提出的设立“欧洲财政部长”或“预算管理人”的倡议。

2011 年 12 月初的欧盟峰会通过了成员国政府间新的财政协议，试图建立政府预算平衡规则以及相应的监督惩罚机制。新协议要求，各成员国年度财政结构性赤字不得超过名义 GDP 的 0.5%，超额赤字不得超过名义 GDP 的 3%。成员国必须以新协议中的财政预算平衡规则为原则，设立自动修正机制，并写入各自的宪法中。成员国在欧盟委员会规定的日期内必须达成各自的目标。各国执行该规则的情况将受到欧洲法院的监督与裁决。如果成员国超额赤字不达标，将启动超额赤字程序（Excessive Deficit Procedure，EDP）。该程序的执行将受到欧盟委员会与欧盟理事会的监督。

① 该方案在 20 世纪 90 年代由时任德国国务秘书的斯塔克（Stark）提出，目的是作为《马斯特里赫特条约》的补充条款，适用于欧元区国家。

2012 年 3 月 2 日，欧盟 25 国领袖（除英国与捷克外）签署了新的财政协议。但财政协议在付诸实施之前，必须经过各国议会批准，这注定了其将是一个艰难的过程。希腊与葡萄牙在 2012 年 3 月 18 日与 4 月 1 日成为欧元区内最早两个批准财政协议的国家。但在爱尔兰、瑞典等国家新财政协议的批准受到了重重阻力，爱尔兰甚至宣布就是否通过欧盟财政协议举行欧元区国家内部的唯一一次公投，所幸在 2012 年 6 月 1 日公布的公投结果显示：60.3% 的爱尔兰公民支持欧盟财政协议。考虑到财政一体化需要成员国交出更多的财政主权，这一过程必将是痛苦而漫长的，且必然经历反复的博弈与冲突。

当然，严格的财政纪律和稳固的货币政策对实体经济的调节和刺激或许会大大减弱，欧元区或许需要寻找新的应对经济周期波动的政策手段，而这可能也不是一件易事。这恐怕又是一个新的两难，是欧元区和欧盟需要面临的新挑战。

（二）欧元区收缩[①]

如果欧盟、国际货币基金组织（IMF）与希腊政府不能及时和私人债权人就全面的债务减持达成协议，从而导致希腊不能及时获得欧盟与国际货币基金组织提供的第二笔救援资金，希腊就会出现债务违约。为重新获得刺激经济增长的货币与汇率工具，不排除希腊可能主动退出欧元区，从而拉开欧元区收缩的序幕。还有一种可能是，德国、荷兰与北欧国家作为一个整体主动退出欧元区，欧元区出现“南北分治”的局面。这是欧元区的另一种方式的收缩。

事实上，欧元区收缩的代价也是相当大的。无论是弱国还是强国退出欧元区，都将支付沉痛的代价。根据瑞士联合银行集团（UBS）的一项研究，希腊这样的弱国如果退出欧元区，将会招致主权债务违约、企业违约、银行体系崩溃、国际贸易崩溃等一系列后果，就连理想中的货币贬值也基本上于事无补。退出欧元区第一年的人均成本高达 9500—11500 欧元，随后几年的人均成本依然高达每年 3000—4000 欧元，合计相当于第一年 GDP 的 40%—50%；德国这样的强国如果退出欧元区，也将招致企业违约、银行体系资本重组、国际贸易崩溃等后果。退出欧元区第一年的人均成本达到 6000—8000 欧元，此后每年人均成本达到 3500—4500 欧

① 一些文章中用欧元区解散，作者在这里指小部分的国家退出，故用“收缩”。

元，合计相当于第一年 GDP 的 20%—25%。除经济成本之外，欧元区收缩的政治成本也十分高昂：欧洲一体化进程将受到巨大的挫折，欧洲的软实力与国际影响也将大打折扣。[①] 到目前为止，欧盟相关条约没有就成员国退出欧元区做出规定，当然也没有将成员国驱逐出欧元区的条款。总之，一旦欧元区收缩，不仅欧元区的经济增长与政治影响力将受到严重损害，全球实体经济与金融市场也将遭受剧烈冲击。

（三）维持现状

如果欧元区各国在财政一体化方面举步维艰，且核心国家与外围国家均不愿意放弃欧元，那么维持现状就成为另一种可行选择。然而，维持现状也意味着欧债危机将变得长期化与周期化，欧元区可能陷入类似于日本的长期衰退。首先，外围国家的债务重组将变得不可避免。如果欧洲银行不能在债务重组之前募集到足够的资本金，那么主权债务重组将引发银行危机，这会加剧信贷紧缩并触发经济衰退；其次，外围国家几乎丧失了一切可以用来刺激经济增长的宏观政策工具（降息、贬值、财政扩张），债务重组也切断了外围国家进入国际资本市场的融资通道，等待它们的将是漫长的经济衰退。它们也只能通过痛苦的物价与工资下调（即内部贬值）来逐渐恢复本国竞争力；再次，欧洲一体化进程同样会遭遇重大挫折，核心国家与外围国家的凝聚力严重受损，欧元区国家的贸易保护主义增强，并可能引发全球贸易战；最后，全球经济的增长前景也将因此变得黯淡。

四　对欧洲共同经济政策的期待

2010 年 5 月，欧盟理事会常设主席范龙佩在西班牙举行的欧盟—拉美峰会期间发表讲话时强调，捍卫欧元地位和保持欧盟经济稳定，不仅是欧元区 16 国（现已经增加为 17 国），而且是欧盟 28 个成员国的共同"政治意愿"。在拥有了共同货币之后，欧盟，首先是欧元区，必须建立共同经济政策。范龙佩还指出："时代变了，危机前不可想象的事情，现在不仅可以理解，而且是必需的。"[②] 这是欧盟领导人首次公开倡议建立欧盟共同经济政策。

---

① Gelos, G., Sahay, R. and Sandleris, G., "Sovereign Borrowing by Developing Countries: What Determines Market Access?" *Journal of International Economics*, 2011, Vol. 83 (2), pp. 243 - 254.

② http://world.people.com.cn/GB/57507/11663663.html.

欧盟为什么需要共同经济政策，也或者说，欧洲的经济一体化为什么需要建立一个“经济政府”？如何建立？这是目前一些欧洲问题专家热衷讨论的问题。

第一，欧洲债务危机暴露了欧盟经济政策协调机制的缺陷。现有机制在过去10年里未能阻止法、德等成员国实行不同的经济政策，当欧洲经济陷入衰退时又未能制定一项真正的欧洲经济刺激计划。它既未能阻止某些成员国的公共债务与赤字达到难以容忍的地步，也未能制定可信的办法拯救陷入困境的国家。这是欧洲需要建立共同经济政策的首要原因。

第二，共同经济政策事关欧洲经济增长能力和可持续竞争力。“里斯本战略”已经实行了几年，其收效还不明显，离扩大就业、提高生产率、增加研发经费等目标还有一定的距离。与此同时，欧盟面临巨大挑战：人口老龄化加速，经济低迷，失业率超过10%，为适应新环保要求必须转变生产和消费方式。欧盟需要调整产业政策，建立新的培训机制。而这些，需要建立共同的经济政策使其同步。

第三，全球经济平衡已经发生变化。一些欧洲问题专家认为，今后世界经济增长主要由新兴市场国家拉动，这些崛起中的国家在国际谈判中的分量加重。在此背景下，欧盟成员国只有联合起来才有出路。如果欧盟没有经济政府，没有共同立场，就会缺乏力量与可信度。面对世界经济的不平衡，欧元可以起到不同的调节作用，欧元不稳定将不利于欧洲企业。他们认为，欧盟必须具备与美国、中国、印度等一样的手段——“经济政府”，这个政府要能够为维持欧洲社会模式、解决失业问题，乃至提高欧盟影响力创造必要条件。目前，建立共同经济政策正当其时。

那么，如何建立新的“经济政府”？欧元区不同财政的特点使得各成员国有财政机会主义倾向，虽说《马斯特里赫特条约》和《稳定与增长公约》对成员国的财政政策进行了约束，但是当众多国家都违反时，由于法不责众，这些规定就成了一纸空文。我们看到，在新的欧盟机构框架下，将由欧盟28国领导人组成的欧盟理事会决定共同经济政策的主要方向与实现手段。可以肯定的是，共同经济政策必须遵守四项原则，即集中原则、团结原则、效率原则和开放原则。它将更加便利、更加有效，要能够迅速应对经济挑战，并允许讨论和充分考虑问题的各个方面。具体而言，欧盟“经济政府”可以建立在四根支柱之上：设立欧洲货币基金，以便管理风险；加强欧盟理事会与欧元集团的作用，提高分析判断、监管、计划与对外代表等能力；提高欧盟在教育、创新、基础设施以及公共财产等领域的投资能力；就加强内部市场和欧盟经济与社会政策效率的新战略达成政治协议。

2010 年 6 月后，鉴于希腊债务危机愈演愈烈，人们对欧元区的生存产生了怀疑。德国和法国一致认为；欧洲需要建立一个“经济政府”来更好地协调以及实施该地区的经济政策，加强对成员国财政的约束。法国建议，由欧元区国家领导人组成一个类似“政府”的机构，承担起管理经济的职责，并通过一定的机制与成员国进行交流与磋商。为此，欧洲国家财长组成的特别小组还着手研究成立“欧洲经济政府”事宜，欧洲议会对德国和法国提出的建立“欧洲经济政府”问题进行了辩论。

无疑，欧洲经济政府有助于治理欧元区债务危机，但在一些具体的问题上仍存在问题。首先，在谁能加入这个“政府”的问题上，德国主张让欧盟成员国全体加入，法国主张让欧元区国家加入，最后，各退一步，这个“政府”包括全部欧盟成员国，但必要时可以举行欧元区会议。其次，一个重要的问题就是，欧洲经济政府由谁领导？欧洲议会认为经济政府须由欧盟领导，但是欧盟又不能单独完成领导的任务，它必须跟各个国家以及由政府首脑组成的欧盟理事会合作，由理事会来规定欧盟的大政方针，这将会引起机构之间的权力斗争。最后，欧洲经济政府如何运作？比如由谁制定经济政策，由谁投票表决，成员国上缴预算比例的确定，等等。这些问题的存在，使得欧洲的统一经济政策迟迟没有付诸实施。但我们也看到，当前这场债务危机一方面打破了欧洲经济一体化一往无前的神话，另一方面，也为构建一个真正的共同经济治理机制奠定了基础。

第五章　欧洲政治一体化的理论与实践

如何理解欧盟以及它的产生，它如何运作及影响，对于政治学科来说一直是一个复杂的问题。问题的复杂性根源就在于欧盟的产生使民族国家和欧盟成员国产生了较大的差别。在一些学者看来，欧盟是一个更高层次的与众不同的政体。① 在笔者看来，研究欧盟的经济与政治，必须沿着以下三条线索：一是不能脱离欧洲一体化的理论；二是欧盟的现实与时事政治、经济发展；三是全球化时代的国际大背景。这三点缺一不可。本书也正是基于这样的线索探索战后欧洲政治一体化的发展。

第一节　欧盟的宪政与民主

宪政与民主密切相关。民主政府需要一些制度框架来促使其各种权力有效施行，通过政体或组织建立合适的制度以实施高效的治理。在民主制度下，必然使公民参与选举和其他形式的日常投票。这是宪法所赋予的权利与义务，民主在本质意义上需要立法与执法双方最大限度地相互赋予责任。人们可以争论体制本身是否能被采纳，并通过全体公民参与的公民投票使问题公开化。

无论如何，如果没有有效的责任、审核和平衡，最公开的民主宪政也只是一种伪装，因为这种效率会被执行机构握在手里，人民的权力将被减

---

① Rhodes, R. A. W., *Understanding Governance: Policy Networks, Governance, Reflexivity and Accountability*, Basingstoke: Macmillan, 1997, p. 7.

弱甚至忽视。因此，民主的前提条件就是有一个宪法及其所规定的制度(其中包括责任)。欧盟的功能宪法是否能将有效的民主框架进行限定，尤其是当面临“民主赤字”的强烈呼声之时，对这个问题的回答有助于解释欧盟宪政的本质。

一　欧盟的宪政

宪政的特征是在宪法中体现规则与价值的关系。它意味着宪法被忠诚地执行。权力不能被滥用或凌驾于宪法之上，而是通过不同的制度来进行审核与平衡并获得成功实现。宪政因此具有对政府权力的限制功能。宪政依附于规则法律，保护公民基本权力。

在过去的50年间，欧盟已经形成了在其制宪框架下的功能条款，如《欧盟的基本权利宪章》、《宪法章程》，通常被称为宪章。它以条约的形式规定了欧盟的权利并赋予其扩大其合法性的能力。这些功能宪法和一系列的制度通过联盟及其机构的日常运作来实现。然而，联盟还没有正式的宪法：即一个更为清晰的宪法表达，以及有关欧洲未来的核心制度设计条例。这导致了欧盟常常表现出一种政治混乱，这或许也是欧盟的制宪条文从未获得真正批准的原因。

(一) 没有宪法的宪政

欧盟曾试图采纳一部正式的宪法，但是失败了。欧盟理事会于2001年在比利时通过的《未来欧洲公约》，其目的在于利用制度将欧洲的公民紧密团结起来。会议也提出了欧盟通过一部合适的宪法的可能性，以及如果可能，如何制定这部宪法。这一公约约定了关于“宪法条约的制定蓝图”这项工作由欧盟委员会进行。2004 年，欧盟领导人一致同意采纳建立在公约草案基础上的宪法议案。这一宪法条约接下来被发回到成员国，按照成员国的宪法制定程序进行修订。但是2005 年5 月和6 月，法国与荷兰的全民公决否决了这一宪法条约。到2007 年，有18 个成员国批准了条约的内容，仍然有另外两个国家在等待全民公决的结果（西班牙和卢森堡)。从这一点来看，人们从宪法条约方案本身转向了它的修订版本——2007 年的改革条约，即2009 年的《里斯本条约》，它们在很大程度上都延续了宪法条约的本质，但是没有再沿用“宪法”一词。

(二) 欧盟宪章

一个政治实体，它应该有一个政治宪章，即便没有采用“宪法”的概念来限定和赋予政府的制度规则。英国是一个著名的案例。这是一个有着长久的民主传统，但是没有宪法条文的国家。然而在英国，政府、议会与法院都顺利地发挥着相应的功能，选举在进行，法律在制定，规制顺利推行。从功能上讲，英国有一部“隐性”的宪法融入风俗、共同法律、成文法和条约之中，虽然它从来没有以正式的成文宪法的形式出现。功能法在过去的几十年甚至上百年中也体现了较好的制宪基础，其结果与正式宪法差别不大。那么这样的案例是否也是可以与欧盟相类比的呢？是的，在某种程度上，欧盟也是功能制宪方式，也是通过建立条约来实现的。对于一些英国学者来说，欧洲作为一个建立条约的联盟被认为是一个政治实体，它具备自身特殊的方式，因此，常被称作一个“奇怪”（novel）的政治实体。①

在这样的类比基础之上，人们会进行这样的讨论，欧盟和作为其支柱之一的欧盟委员会，是由成员国建立起来的，从《巴黎条约》时的最初 6 个发起国到《罗马条约》时建立的最初的欧盟委员会，从 1950 年巴黎到 1957 年罗马到 2000 年《尼斯条约》的累积，被认为是欧盟宪章的一个复合体。

宪章一词则来源于欧洲法院。一系列重要的欧洲法院的决议形成了这样的理念，欧盟委员会的法律是一个特殊的新法律主体。它既不属于国家法也不属于公共国际法，而是一种介于其间的法律。在这些决定之后产生了共同体的优越感，有时候称为共同体“首位”原则，就是当共同体法律与成员国法律相冲突时，其地位高于成员国法律。在这个原则的直接影响之下，共同体法律被直接赋予了在成员国的个人、合作者及其他人之间的权利与责任。

前期的这些决定有效地赋予了共同体及后来的欧盟和它的制度一个特别的合法地位与顺序，在这一体制之内，共同体与成员国相互作用而不是从属关系，这种相互作用也就是使条约“制宪”。② 从另外一个角度来说，条约包含的基本规则与制度，从功能上来说，都具备了宪法的功能，虽然，它不是正式的宪法。

---

① Eizabeth Bomberg, John Peterson and Alexander Stubb, *The European Union: How does it work?* Oxford: Oxford University Press, 2008, p. 160.

② Ibid., p. 161.

（三）宪政的权力

作为一部民主宪法（无论是功能上的还是正式的）必须维护人的基本权利。对于《欧盟宪章》来说，一个巨大的难题在于事实上它将基本人权载入了成员国的宪法下。联邦德国就是一个例子，联邦德国的民主被认为是重新建立在“宪法爱国主义”基础之上的。1933—1945 年的经历使其形成了一个持续的规则，就是一部新的基本法必须用绝对的术语来保护人权作为不可侵犯的权利。这是 1949 年联邦德国制宪的基本法的最基本要素。如果共同体法律能够超越德国法律，就是当成员国的人权与共同体法律相抵触的时候，那么，这些基本人权将如何受到保护？共同体法律能终止其不可侵犯性吗？如果双方真的相抵触，欧洲法院对优先权的解释也会直接受到影响。并且，如果发生这样的现实，德国是不能接受的。德国联邦法院提出了这样的质疑，相似的结果也出现在其他成员国的法院。

欧洲法院对此的回应，来自 1970 年的一系列条约，这些条约使延续至今的欧盟关于人权的规定逐渐清晰。欧盟法律要获得优先权，其条约制度一定要与成员国的宪法传统相吻合，其规则要通过其基本权利的认定。否则，其优先权在事实上是不会被接受的。但是，自从所有的欧盟成员国在《欧盟人权条例》（European Convention on Human Rights，ECHR）上签了字，这些基本的人权就必须得到严格遵守。

由于这些约定在条约制定过程中逐渐清晰，从 1992 年的《马斯特里赫特条约》开始，欧盟决定其法律必须与成员国宪法保持相同的传统，且得到欧洲权利公约的认可。在 2001 年的《尼斯条约》中，欧盟的基本权利宪章为获得欧洲市民的认同，已经开始用条约的形式保证每个欧盟公民的权利。

（四）权力的分立、监督与平衡

立法、司法、行政的三权分立是宪政的基本原则，欧盟也是如此，其中包括政府的功能、欧盟与成员国的连结、司法独立。对于立法权与行政权的分离，目前在宪政国家有不同的解决方式。例如，在美国、德国和法国，很明确地解决了两权分离的问题，但是英国的宪政体系却有所不同。在英国，首相既属于政府的执行系列，同时也是国会的成员，参与到立法行为中。事实上，通过控制众议院的绝大多数政党，一般来说能够确保内阁或一些会议的决定得到通过。尽管有这些不同，但是宪政都要求政府的权力受到监督。也就是权力必须通过不同机构获得有效的监督，使其权力受到限制。政府成为受法律制约的代表人民基本权力的执行体。这一规则与法律体现着宪政的政治价值。

欧盟内部有不同的机构执行监督与权力的平衡工作。例如，欧盟委员会有义务向议会就其权力的行使作出回答，同时，它也从属于欧盟理事会的领导。在这样的合作决定程序中，无论是部长理事会还是欧洲议会都不能在不获得对方同意的条件下单独行使法律权力。欧洲法院是立法执行的最后仲裁者，不论对其他机构还是成员国、企业或者公民。权力的最后监督人来自人民。宪政的民主特征依赖于法律制定者与执行者在执行决定与法律时对人民所承担的责任。立法机构的普选原则（如英国的众议院和法国的国会）决定其承担责任的本质。

（五）欧盟宪政的实施

欧盟为什么没有仅仅停留在功能宪法的作用上，而是在此基础之上力图发展制宪的价值？在欧盟的制度中，是否存在功能上的权力分立？欧盟内部法律规则的作用是什么？联盟事务的执行是否直接代表了宪法的规则，这些是否直接表达了宪法条约的基本因素？回答这些问题最直接有效的方式就是考察欧盟在各个领域的权力制定，以及在制定过程中不同权力角色的作用。

最初，大多数政策的制定方法被称为共同体方法。在这一方法下，统一市场及相关政策被制定出来。我们可以确定地说，在共同体方法中确实存在这样或那样的小部分不符合规则的方面。作为条约的监督方，欧盟委员会必须能够确定，其法律得到委员会及其官员和成员国的支持，能够应对在欧洲法院层面上受到的反对。对于欧盟委员会来说，其主要任务就是使统一市场包括新的立法方案，能够保持正常的运行秩序。

在共同决策的领域，欧盟委员会的议案在欧洲议会和部长理事会开会之前提出。议会可以对委员会的提案作出提议，分为两个不同的阶段进行详细审查（first and second reading），并回复欧盟理事会——是否同意欧盟委员会的提案及其基本的立场。如果欧洲议会和理事会不同意它的方案，欧盟委员会可以收回草案。最后，如果一直不能达成一致，就会召开调和会议来进行一个折中方案的讨论，然后，接受欧洲议会第三次审查并由理事会做出最终的决定。只有通过欧洲议会和理事会决议的最后决定，才能成为生效的法律。

如果没有严格详细的审查，以及议会的充分讨论及同意，就不能确保法律的执行。因此，共同决策的过程一般来说范围是很有限的。事实上，欧洲议会的功能与执行机构——欧盟委员会的相对独立性要比现代国家议会大得多。最后，欧洲法院在第一个支柱方面还存在独立司法的功能，以确保欧盟委员会、议会、理事会和成员国行为的合法性。例如，在2000年关于烟草广告导向的问题上，欧洲法院否定了欧洲议会的立法，认为其条约缺乏足够的合法基础。欧盟的法律通过欧洲法院与成员国法院的互动，在大多数事务上产生了较好的影响，虽然达成一致花费的时间很长。正如欧盟的公民和公司认为的那样，大多数时间，欧洲法院是强制性地代表他们的利益的，有效的决策一般都是产生于本国的法院。所有的人类制度都是有缺陷的，只是一些制度比另外一些缺陷更加严重些。宪政有这样和那样的缺点，但是，绝对不能就此下结论说，欧盟的宪政是失败的。

欧盟的其他两个支柱共同外交与安全事务（CFSP）和司法与内部事务（JHA）是建立在《马斯特里赫特条约》基础之上的。条约经过认真的讨论，认为建立在政府间基础上的决议可以避免共同体方法带来的一些问题。这些支柱的决策需要在“宪章”之外进行设计，且以不同的方式来进行，这些支柱并未体现出突出的宪政特征。

二 欧盟的民主

对于欧盟的宪政是否确保了一种民主宪政的方式一直有人持怀疑的态度，欧盟的“民主赤字”也成为一个经常受到抱怨的问题。所有欧盟成员国都是民主国家，但是它们的公民会怀疑欧盟作为一个整体是不是成功的民主主体。欧盟的制宪讨论常常聚焦在欧盟的民主是不是可能的这个问题上，如果可能，那么它的形式又是什么样的。

（一）在共同体支柱下的超国家民主

民主，表现在法律的制定者和执行者对于他们所管理的人民所应负的责任。这些责任需要通过立法来决定普选的规则，可以通过直接或间接的选举来决定它的执行人。在欧盟成员国的层面上，这些关系是清晰且没有争议的，但是当欧盟作为一个整体的时候，在它的第一个支柱即共同体支柱下，其政府职能的超国家形式比较突出。

共同体支柱，在某种程度上说是议会与理事会之间的共同决定比较普遍，它决定了民主的本质特征，这与国家层面上的决策有很大不同。它试图让人们从权力与责任的核心制度方面来分析“超国家民主”的程度与限度。

（二）初始立法

初始立法的权力一般来自于欧盟委员会。虽然欧洲议会与欧盟理事会也可以提出新的立法及相关问题，但是，它们一般按照委员会的提案来进行。为回应委员会的提案，一般采纳两个议院的立法程序，即欧洲议会成为由欧洲公民直接选举产生的一个议院，而欧盟理事会相当于一个国家议院。两个议院的议事应是尚未立法但已被欧洲议会采纳的议案，是建立在欧盟委员会的广泛提议基础上的。事实上，与所有成员国的议会相比，欧洲议会在立法方面承担了一个较为活跃的角色。在国家层面上，政府通常具有相当的权力去控制或影响投票，主要是通过他们所代表的政党或者其他因素。然而，由于欧洲议会还不是一个立法的议院，在一些较为敏感的问题上，如对税收和共同农业政策（CAP），理事会保留了初始的立法权，并且由其直接选举的议会进行协商。在欧盟扩大的问题上（它是一个执行决定而不是一个立法行动），欧洲议会只被要求表达同意与反对，但是对于其他问题，一般来说，欧洲议会与成员国的立法机构行使着基本相当的权力。欧洲议会同样有对部分联盟支出进行预算的权力，但是这种预算并没有扩大到如共同农业政策和税收等较大的领域。

（三）选举的执行

在欧盟的政府治理中，合作决定非常流行。与成员国议会相比，欧洲议会在某种程度上在立法方面有着更大的实际权力。但是，这并没有使欧盟减少来自“民主赤字”方面的攻击：法律所执行的并非是选举结果。欧盟委员会不是直接选举的，而是由间接选举的因素构成——欧盟委员会的成员是由选举国政府来提名的，与成员国的政府体系相比，这种民主程度要弱得多（虽然它看起来与瑞士的选举体系相似）。

欧洲议会的作用在主席选举中不断提高，但仍然是有限的。在欧洲议会选举之后，理事会将提名一位新的欧盟委员会主席。自从 1999 年的《阿姆斯特丹条约》之后，这种提名还必须得到议会的支持。因此，理事会需要重视欧洲议会的选举结果，提名一位至少能够获得欧洲议会大部分支持的候选人。但是，没有像英国首相选举一样的获胜党派的声明或者像德国总理办公室一样的代表他（她）所在的政党发表的选举获胜的发言，或者重要的合作伙伴的声明。

接下来，理事会与新主席的协商推动了欧盟委员会的席位提名，并将这一名单提交给欧洲议会。欧洲议会主持所有欧盟委员会的听证会，最后通过议会选举来确定或者否定欧盟委员会的成员。在2004年秋季的听证会上，欧洲议会非常明确地否定了巴罗佐（Barroso）对意大利人罗科（Rocco Buttiglione）的提名。欧洲议会与欧盟委员会之间出现的权力斗争曾经被认为是欧盟内部斗争的“世界末日”并将严重影响其效率，但是事实上这样的事情并没有发生。欧洲议会的执行权事实上渐渐地真正建立起来了，它已经在政治实践中通过取得大集团的支持来否定一些特殊的提名。

（四）制度责任

欧盟委员会的非选举本质也影响了其负有的责任。一方面，欧盟与民主责任的联系比它被认知的还要多。欧盟的组成成员必须在欧洲议会的民主选举中得到支持，这使欧盟委员会不再像一个没有选票支持的信心不足的办公室。另一方面，委员会的提名首先来自成员国，而不是议会，且其辞退也首先是被理事会退回。欧盟委员会是真正具有民主合法性基础的，但是它与欧盟成员国的选举政府还是有明显的差别的。

（五）竞争的观念

民主派的支持者们也是支持政府间主义的。他们认为这是维持欧洲民主的重要因素。他们认为获得民主的前提条件是使成员国获得充分的民主，如果只是在欧洲层面上，这样的民主必定是虚弱的。[①] 因为超国家的共同体方法运用得越多，欧洲议会的核心作用就越体现为电话式的民主。而真正的民主需要建立在广泛的市民支持的基础之上。特别是欧洲还没有在一个更广泛的层面上实现民主选举。成员国有真正的公民权——不是仅仅在宪法形式上，而是在社会稳定性的感受与人民共同体的感受上。语源学上讲民主，民主首先是遵循平民的规则，而平民就是人民，没有人民的存在，就不可能有真正的民主存在。欧洲联合要建立的是一个人民的联盟，不是单一民族的或者人的政体。欧盟公民是存在的，但是在他们之间更多的认同因素来自成员国的认同，这也是成员国的民主繁荣与发展的原因。

基于这些原因，欧盟的通行证就是严格的政府间模式。成员国政府在

① Allot, *The Health of Nations: Society and Law Beyond the State*, Combridg and New York: Combridg University Press, 2002.

他们自己的国家充分地维护了民主，人民、新闻报道和议会都在监督着政府的行为。一般认为，权力转移到欧洲机构后，合作决定及理事会的多数代表制实质上并不是真正的民主。这样的转移与过渡并不代表在欧洲层面上生成了新的民主，因为在这一层面上还不具备民主的真正条件，它没有产生人民共同体的感受；没有变化的欧洲政治阶层参与到讨论、关注与竞争中来，也没有正常的媒体交流对目前的欧洲问题进行公众的关注；甚至欧洲议会的选举更像是国家政治的中期投票选举，是用来表达对政府的支持与反对，而不是表达公民对欧洲未来及管理、法律制定的选择；最后，“政府间主义的观点对于欧盟民主的观点是，它只在布鲁塞尔和一些成员国内执行欧洲事务的民主。因此，为实现这些官僚机构的运转，欧洲议会及其成员国的选举，更像是一个为进入布鲁塞尔巨大的官僚泥潭的共同选择”。①

在笔者看来，对于欧盟民主问题的一些批评，也主要依赖于对一些问题的设想。但是欧盟民主的优势也是明显的：民族认同在许多成员国是一个问题，并且几乎都是存在于一些少数民族中间，他们经常用强烈的民族感受来衡量民族认同。例如，英国的威尔士或西班牙的加泰罗尼亚。欧盟的有吸引力的特征在于，欧盟扩大使每个国家都变成了“少数民族”——甚至一些大的民族群体也认为自己是其中的少数民族。在某种程度上，有一个共同的宪法，有一个共同的内部的公民权基础，一个共享的“宪法爱国主义”，一个单一的议会，这是共同政治制度的现实，推动相对统一的欧洲政治的发展。

并且，理事会的权力也对成员国的民主形成威胁，成为其民主的屏障。在国内层面上，立法与执法权力彼此监督。在欧盟层面上，政府间主义妨碍了成员国权力的分立。间接选举的理事会参与到欧洲法律制定的行为中来，其结果就会受到成员国立法机构的约束。这是欧洲制宪与欧洲民主的难题。

（六）结论

当民主作为一个国家间的概念出现的时候，我们认为它促进了欧洲人珍视他们自己的国家民主以确保欧洲范围内的民主繁荣，无论是在欧盟的

① Mac Cormick, “The Health of Nations and the Health of Europe”, in *The Combridge Yearbook of European Legal Studies*, Vol. 7, 2005, pp. 1 - 16.

中心还是在地区或本地层面上。民主的自治必须在公民社会的背景下实现。欧盟的公民身份还显得薄弱以至于他们还不能对欧洲范围内的民主进行担当。政府间的合作应该因此成为整个欧洲层面合作的基础，虽然在欧盟制度基础上建立的法律意义的民主问责还显得很虚弱。

欧盟民主另一个有竞争力的观念是超国家的民主概念。就是说，有一种民主问责的严格形式和在欧盟层面上的民主决策，这主要是通过欧洲议会来实现的。它需要在一体化方法能够施行的领域，并且欧盟的其他支柱也用同样的方法来施行，当然有一些领域是要避开的，如对外政策领域。这些已经被《宪法条约》所采纳，它认识到民主在成员国、地区和本地层面对于所有公民的重要性，要求有一些补充的规则以确保在这些层面上都使自身政权具有民主性。

两者的争论都具有说服力，都应该得到重视，《里斯本条约》后的欧盟，说明了“宪法”一词还是被避免了，欧盟制宪的方向与形式是由欧洲一体化的走向所决定的。

第二节 欧洲政治一体化的发展

在第四章欧盟的政策制定领域我们了解到，欧盟是以制度为核心来进行现代管理的。同时，我们看到了一个强有力的经济一体化和一个虚弱的政治一体化过程。究其原因，我们是否可以这样认为，欧盟的建立是在自由主义的理论基础之上，它追求一体化进程中各方的共同利益，欧盟在统一市场、统一货币方面都建立了有序规则，但却在传统的安全领域（包括对内和对外安全）没有太多的作为，主要是欧盟和成员国都不愿意在政治体系的建立中“失去”利益。[①] 它涉及权力的再分配。当然，我们也看到，政治一体化的弱势也在一定程度上阻碍了欧盟在全球范围内影响力的进一步扩大，也会阻碍经济一体化的进一步前行。

一 欧洲政治一体化的背景与早期挫折

欧洲政治一体化是欧洲共同体成立的初始目标之一。然而，在欧洲一

① Desmond Dinan, *Origins and Evolution of the European Union*, Oxford University Press, 2006.

体化的整体发展过程中，政治一体化的速度远比经济一体化缓慢。直到1969年的海牙欧盟峰会，原本消极的政治一体化发生了根本的改变。欧洲政治一体化的内容主要分为对外和对内政策两方面。对内政策主要包括“司法和内务合作”，以及欧盟制宪。对外政策主要经历了“欧洲政治合作”、“共同外交与安全政策”以及“共同安全与防务政策”三个发展阶段。2009年的《里斯本条约》改变了欧洲联盟传统的外交与安全体系，创造了一个“金三角、两系统”的新格局，即建构“新人事制度”“新外交决策体系”“新外交行政体系”，使欧洲联盟的外交与安全体系焕然一新。欧盟外交、安全与防务一体化的发展以几个主要的条约[①]为标志，其中欧盟外交、安全、防务一体化的发展增强了欧盟的外交能力，使欧洲联盟成为更具影响力的全球角色；同时紧密了欧盟国家的合作，维护了欧洲安全与和平；也在一定程度上增加了欧洲联盟作为国际政治新强权的实力。我们首先来了解下欧洲政治一体化的背景与早期遇到的挫折。

欧盟委员会创建的第一步就是对抗世界资本市场的崛起，以及冷战的特殊背景之下应对美国与苏联两大集团经济的压力。之后一步步地发展为包括政治与经济领域，并拓展到全欧洲范围的乃至影响整个世界体系的欧洲联盟。

（一）欧洲政治一体化发生的背景

丘吉尔1946年9月19日在苏黎世大学发表的演讲《欧洲的悲剧》对于战后欧洲的形态产生了重要的影响。他强调用战后一体化来抑制共同体：“欧洲一定要在战争即将破坏一个大洲、它的光荣的民众，乃至剩下的大部分的世界之前联合起来。”[②] 他将之称为“欧洲合众国”，是各主权国家的邦联，由战前的敌人们，德国、法国来领导。但他并未勾画联合体的具体细节。并且，他强调的仅仅是引导欧洲未来的一个蓝图，并且试图将英国与他的强大欧洲目标隔离开来。这也许影响了至今的英国关于欧盟的模棱两可的政策态度。丘吉尔的战后地位使欧洲领导人很快响应了他在

---

① 在欧洲政治一体化的进程中，最具标志性的条约主要为《单一欧洲法令》《马斯特里赫特条约》《阿姆斯特丹条约》《尼斯条约》《里斯本条约》等。本书后面的章节会对这几个条约对外政策方面的内容和意义做大致的梳理。

② Reprinted with permission from Winson S. Churchill, His Complete Speeches, 1897 - 1963, Vol. 7, 1943 - 1949, ed. Robert Rhodes James (Chelsea House Publishers, 1974), Copyright 2003 by Chelsea House Publishers, *A Subsidiary of Haights Cross Communication.*

苏黎世的号召，他的努力促成了1948年5月的海牙会议和1949年的欧盟委员会的成立，二者被视为欧洲一体化的里程碑。

1950年8月，作为保守党领袖的丘吉尔在欧盟理事会咨询会议上提议西欧国家建立一支统一指挥的“欧洲军”，以增强欧洲防务力量。对欧洲共同防务与安全的实现起到了助推作用。随后，法国总理普利文于1950年10月发表声明，建议在北约框架内，建立一支包括德国军队在内的统一的欧洲军队，以确保欧洲集体防务。称为“普列文计划”。这一计划同“舒曼计划”一样是在让·莫内的积极推动下实现的，被视为煤钢共同体在欧洲防务领域的翻版。

1957年3月27日，煤钢共同体（该条约1950年签订于巴黎）的六个成员国在罗马签订建立欧洲经济委员会（the European Economic Community，EEC）和欧洲原子能委员会（the European Atomic Energy Communityeuratom）的条约，这两个条约被称为《罗马条约》。

为了欧洲一体化进程不断向安全的目标驶进，为使欧洲保持长久的和平，为使欧洲的地区利益、国家利益在变化的世界秩序中得到保护，让·莫内、罗伯特·舒曼和戴加斯佩里等一批政治家付出了巨大的努力。

法国人让·莫内（Jean Monnet）被誉为“欧洲之父”，是欧盟历史上对欧洲一体化最具影响力的个人。他坚定了罗伯特·舒曼（Robbert Schuman）建立煤钢共同体的决心并出任第一任领导人，他劝说罗伯特·舒曼（时任法国外交部部长），在1950年5月9日发表了历史性声明，被称为“舒曼计划”，① 导致了欧洲煤钢共同体的诞生。“舒曼计划”是欧洲一体化进程中的一个非常重要的阶段，它标志着作为西欧联合的先决条件的法德和解的开始，并建立了欧洲第一个超国家机构——煤钢共同体（European Coal and Steel Community，ECSC）。

（二）欧洲防务计划的夭折

战后初期，主张联邦式欧洲联合的联邦主义势头很猛。但鉴于政治军事领域一体化涉及敏感的国家主权让渡问题，成员国对此非常慎重。以

---

① 1950年5月9日，法国外交部部长罗伯特·舒曼在法国外交部驻地奥赛码头时钟沙龙（Salon de l'Horloge）一次记者招待会上公布的一个计划。在这个计划中他建议将德国与法国的煤和钢铁生产融合到一起：“法国政府建议设立一个共同的高级公署（Haute Autorité）来管理法国和德国的煤和钢铁的生产。其他欧洲国家也可以参加这个机构的组织。”该计划后来被称为“舒曼计划”。

“舒曼计划”为标志，欧洲早期防务一体化的探索拉开了序幕。与发展迅速的经济一体化不同的是，早期防务一体化遭遇了一系列挫折。

朝鲜战争的爆发，使西方世界加剧了对共产主义的恐惧。美国将重新武装德国建设提上了议事日程。并向英、法施加压力，要求加速实施拟议的重新武装德国的计划。英国人先做出了让步，作为反对党领导人丘吉尔在1950年8月举行的欧盟委员会协商大会上提出，要“尽可能快地建立一个真正的欧洲防御前线”，并发表了重新武装德国的著名演说，他还提出了包含创建一支“欧洲军”的建议，并获得大会的通过。但是美国的建议在开始就遭到了法国的委婉拒绝，法国主张用加强与德国在经济领域的合作来取代支持德国的重新军事化。美国的立场没有改变。在美、英共同的重压下，让·莫内提出，在军事一体化的前提下，必须寻找一项超常规的解决方案：它既能够满足美国的要求，又能保证德国在北约之外，并给予德国重新军事化以最多人数限制。让·莫内的建议在得到法国政府的支持后，于1950年10月24日由总理普利文公布，被称为“普利文计划”。

1951年2月15日，在巴黎举行的创建欧洲防务共同体会议正式召开，所有北约成员国和联邦德国都受邀参加。会议进行了将近一年时间，在第二年的5月27日，法国、联邦德国、意大利、比利时、荷兰、卢森堡六国签订了《欧洲防务共同体条约》。该条约宣称，要将各成员国的防务部队在一个符合《联合国宪章》的超国家的欧洲组织下实现一体化，成为走向统一欧洲道路上的一个标志性的阶段。这个超国家组织就是欧洲防务共同体，共同体的目标是防御性的，旨在保证在北约体系内成员国的安全不受侵犯。

该条约规定，欧洲军的基本单位由同一个国籍的士兵组成；三年内计划将欧洲军的规模发展成为40个常备师；欧洲防务集团的主要机构有部长理事会、常务委员会、议会和法院。部长理事会由各成员国派1名代表组成，是最高的政治权威机构；常务委员会由各国政府推举的9名代表组成，是权力执行机构；而议会和法院与欧洲煤钢共同体的议会和法院是同一个机构。谈判之初，特别是1951年夏，“普利文计划”进展顺利，法国让·莫内说服了美国总统艾森豪威尔，德国人则意识到“普利文计划”确实为法国提供了一条应付各种压力的出路，而德国是“欧洲防务共同体”的最大受益者，达到了其取得平等地位的目标。而法国深感自己很难在欧洲与德国竞争，因此法国必须借助英国的力量来抵消德国在欧洲军上的潜在优势。然而，英国政府拒绝参加这一计划，而是提出首先要法国参加北大西洋公约组织。这使得谈判变得艰难，历时一年之久，最后，由于美国的支持条约得以签订。

但是，伴随1953年朝鲜战争的停战，苏联领导人斯大林的逝世，东西方冲突由热战转向冷战，国际安全形势大为缓解。重新武装德国以加强欧洲的防务变得不是那么紧迫了，这使反对欧洲防务共同体条约的力量大为增长，尤其是在法国。1954年，法国激进党人佛朗斯出任总理，在解决印度支那危机后，他要求重新修改1952年的《欧洲防务共同体条约》。法国政府要求在条约生效的八年时间里保留自己的否决权，无限期推迟武装部队标准化计划等。欧洲防务共同体条约的其他五个国家认为，法国的要求会削弱条约的超国家性质，并有歧视德国的意图，因而一致拒绝。佛朗斯进而宣布法国政府内阁全体成员将在国民议会有关批准该条约的表决中弃权。法国公众也反对《欧洲防务共同体条约》，主要是因为当时离二战结束还不到10年，法国人不能完全对德国释怀。在法国国民议会关于批准《欧洲防务共同体条约》的辩论中，反对派的意见占据了上风，认为欧洲军不仅不能束缚德国，反而增加了德国的威胁，甚至一些欧洲主义者也对欧洲防务共同体产生了怀疑。由于失去了法国政府的支持，并遭到法国民众的反对，1954年8月10日，法国国民议会最终否决了《欧洲防务共同体条约》。至此，“普利文计划”以及欧洲防务共同体计划失败了。

“普利文计划”已经预示，在欧洲防务共同体（CED）内建立欧洲武装部队的问题必须与“煤钢共同体条约”连在一起，在煤钢共同体签署后建立欧洲军的计划是适宜的。但是，要建立欧洲防务共同体就必须制定一个能纳入政治同盟轨道的新计划，即建立一个“欧洲政治共同体”的计划。“普利文计划”预见到必须设立一些主要机构：共同议会、欧洲执行理事会、成员国的部长理事会，如此就会形成一个议会权力系统及其他一些联邦组织。议会实行两院制：参议院是各国的联邦议院，而欧洲法院由直接普选产生。共同体的执行理事会由欧洲共同体内各个部长组成，而不是由各成员国代表组成，这个共同体的执行理事会就是欧洲政治共同体的政府机构。

另外，“普利文计划”的失败对于欧盟来说，其意义不仅仅在于建立一个欧洲的防务共同体遇到了挫折，它还有一个特殊的议案，就是与当前的欧盟组织有一个实质性的区别，即计划中规定了要建立一个“真正的”欧洲政府。执行理事会主席，或称它为欧洲政府总统，应该由参议院选举产生；而各部部长则由参议院直接任命。通过这种方式创建起两套政权系统，一套是以欧洲执行理事会及理事会主席为其权力代表，另一套是协调各成员国利益的政权组织系统，其政权代表为部长理事会。这样，就能产生一个具有法律效益的民主联邦政权结构，并能有效地贯彻共同的对外政策和承担共同的防务责任。这正是欧洲防务共同体和欧洲政治共同体条约所期望的目标。

故而“普利文计划”一方面被认为是防务共同体计划，另一方面被认为是欧洲政治共同体计划。作为欧洲防务共同体和政治共同体的“普利文计划”曾经被认为是欧洲一体化方案中最好的方案之一。但它在1954年8月20日被法国国民议会投票否决（264票赞成，319票反对）。从这一过程可以得出这样的结论，如果欧洲各国对重新武装德国仍然心有余悸，建设统一欧洲只能是停留在纸上的方案。

“普利文计划”的失败，对于联邦思想的欧洲政治领导人来说，无疑是沉重的打击。让·莫内辞去了欧洲煤钢共同体高级机构主席的职务，以便寻找解决危机的出路。不久后，他提出了一个在市场和原子能方面进行联营，向全面的市场经济发展，并把核能统一用于和平目的方案，试图从经济方面而不是政治方面来推动欧洲一体化的进程。

欧洲防务共同体计划的破产，对于欧洲一体化进程来说，是一个较大的损失。法德关系也在1953—1954年出现恶化的迹象。而“不仅德国，其他几国如荷兰、比利时、卢森堡也认为法国背叛了它自己领导的欧洲统一事业。欧洲主义者也认为这使欧洲一体化遭受了严重的挫折，民族主义思潮又重返欧洲”。①

（三）欧洲防务计划失败的原因

20世纪50—60年代，欧洲防务计划遭遇挫败。分析起来，主要原因概括有内部因素和外部因素：

1. 内部因素

就共同体内部而言，各成员国在经历了两次世界大战后，虽然认识到

① Alan W. Cafruny & Carl Lankowskl（eds.），*Europe's Ambiguous Unity*：*Conflict & Consensus in the post-Maastricht Era*，Lyune Rienner：Kumarian Press，1997，p. 33.

需要加强联合，但彼此在政治上仍然互不信任，各自的国际地位和具体国家利益关注的焦点存在很大差异，这决定了他们对政治一体化进程的理解存在根本分歧。法国主张在确保成员国主权的前提下，以政府间合作的国家联盟形式建设欧洲邦联。而联邦德国希望凭借自身经济优势改变其战败国地位，通过积极推进一体化，使自己在共同体内获得更多的发言权，进而提高自身的国际地位，它倾向于共同体像更具超国家性的"欧洲联邦"发展。从中可以看出，虽然法德致力于加强双边密切合作推动欧洲一体化，但两国对政治欧洲的理解存在根本差异。

2. 外部因素

就外部因素而言，主要有两点。首先，自20世纪50年代开始，东西方关系出现了自世界大战以来的第一次缓和，这在很大程度上减轻了共同体政治一体化的政治军事压力。其次，在整个50—60年代，西欧各国在经历战后经济复苏后，进入了经济迅速发展阶段，直至70年代，西欧一直处于和平繁荣的发展状态。这在很大程度上也掩盖了共同体政治一体化的现实意义和紧迫感。

二　欧洲政治一体化发展的三个阶段

从20世纪60年代末70年代初开始，随着国际形势发生新的变化，欧共体重新开启了政治一体化进程，并取得了一些具有象征意义的初步进展，1969年12月召开的海牙峰会呼吁欧洲国家积极加强政治合作以扮演重要的国际角色。我们将1969年至今的欧盟外交、安全与防务政策的发展分为三个阶段："欧洲政治合作"（European Political Cooperation，EPC）阶段、"共同外交与安全政策"阶段与"共同安全与防务政策"阶段。

（一）"欧洲政治合作"阶段

一般来说，欧洲政治合作机制的正式建立是与欧共体六国外长会议于1970年10月批准的第一个《达维农报告》直接相关的。1969年海牙峰会达成外交协调与合作的决议，并授权达维农[①]（Etienne Davignon）规划欧洲外交合作事宜。1970年10月，在卢森堡召开的六国外长会议批准了关于"欧洲政治统一的报告"，即《达维农报告》，并决定按照其建议设

① 达维农（Etienne Davignon），时任比利时外交部政治司司长。

立“欧洲政治合作制度”。该报告成为共同体成员国对外政策合作机制的基础。报告表示，在政治统一方面取得进展的最好方式，是集中于外交政策协调，以向全世界表明欧洲负有政治使命。①

1. 组织架构与工作原则

“欧洲政治合作”制度的组织架构分为外长会议、政治委员会与专家工作小组三个层级，其成员皆由欧洲共同体成员国组成。不过，欧洲政治合作治理仅是欧洲共同体架构外的制度，其运作方式独立于欧洲共同体。

“欧洲政治合作”的运作主要遵循两项原则：（1）政府间合作原则：欧洲外交政策合作完全掌控于欧洲共同体成员国手中，虽然欧盟委员会（European Commission，以下简称“欧委会”）自 1981 年起参与“欧洲政治合作”的决策程序，而欧洲议会享有咨询权，但两者的影响力仍然有限；（2）共识原则：所有决议均采取“一致表决制”，任何成员国皆享有否决权。这两项原则大大限制了欧洲外交合作的空间，并使欧洲对国际事务的反应迟钝化。不过，20 世纪 60 年代以来低迷的政治一体化气氛却因“欧洲政治合作”而注入一股新活力，欧洲国家也因此开始尝试以整体的力量回应国际事务，无形中强化了欧洲国家的团结意识与认同感。

2. 《单一欧洲法令》与欧洲政治合作的进一步发展

1985 年，欧洲国家召开讨论欧洲一体化方向的“政府间会议”，经过激烈的争论后，于 1986 年 2 月签署《单一欧洲法令》②（Single European Act，SEA）。至此，“欧洲政治合作”的一体化功能起了变化。首先，《单一欧洲法令》将“欧洲政治合作”条约化，使“欧洲政治合作”获得稳固的法律基础；其次，《单一欧洲法令》将“欧洲政治合作”纳入共同体，使政治委员会成为共同体机构。这种将“欧洲政治合作条约化与制度化的转变，提升了欧洲外交合作的政治意愿（Political Willingness），并加快了欧洲政治一体化的速度”，《欧洲联盟条约》（Treaty on the European Union，亦称《马斯特里赫特条约》）延续了《单一欧洲法令》的精

① 房乐宪：《欧洲政治一体化：理论与实践》，中国人民大学出版社 2009 年版，第 95 页。

② 该法令第 30 条强调：“共同体成员国应制定与执行欧洲外交政策，其方式除相互知会、咨询、协调与调和立场外，并应采取共同行动……在国际组织与国际会议中采取一致立场……其对外政策应与‘欧洲政治合作’所达成的决议一致。”

神，迅速深化与扩大欧盟外交与安全政策的发展。

（二）“共同外交与安全政策”阶段

在“欧洲政治合作”逐渐制度化的过程中，国际环境发生着剧烈变化，[①] 迫使欧洲国家开始重新思考欧盟外交与安全政策的建构。但就该政策的酝酿过程来看，围绕该问题的谈判非常不易。各成员国政府围绕主权领域的讨价还价，反映了不同成员国基于各自利益考虑和政治文化传统差异对政治一体化的态度。1990 年 6 月，都柏林峰会商讨欧洲未来政治联盟的发展，会上决议“将欧洲共同体从一个仅以经济一体化与政治合作为基础的实体，转变为一个具有政治特质，包括共同外交与安全政策在内的联盟”。[②]

1.《马斯特里赫特条约》与共同外交与安全政策

1992 年 2 月，共同体成员国签署《欧洲联盟条约》，即《马斯特里赫特条约》（简称《马约》），其中第二支柱[③]“共同外交与安全政策”即被定调为欧洲政治一体化的重心。《马约》中有关共同外交与安全政策的规定共有 11 条，界定共同外交与安全政策的范围包括所有外交与安全政策领域；规定“共同立场”与“联合行动”为两项执行共同外交与安全政策的法律工具。

在《马约》生效之后《阿姆斯特丹条约》生效之前（1993—1999 年），欧洲大陆发生了波斯尼亚战争与科索沃战争，当时正值共同外交与安全政策重新启动与功能检验之时，但欧盟成员国所展现的军事与民事力量却相当薄弱，且决策过程亦拖泥带水，反映出以下问题：首先，在行动上，成员国没有能力也没有意愿参与欧盟的对外行动；其次，在制度上，欧盟条约并未赋予共同外交与安全政策自主预算的功能，使成员国的参与意愿低落，而且共同外交与安全政策的一致表决决策程序，使成员国利益对欧洲外交政策执行的影响大大加深。

---

① 这些国际环境的变动包括：20 世纪 80 年代末东欧国家的“民主化运动”、1989 年柏林围墙倒塌、1990 年德国统一、1991 年苏联解体等。除此之外，这些新国际环境因素的激荡，引发中东欧国家接二连三兴起申请加入北约和欧洲联盟的浪潮；以及后冷战时期美国期盼欧洲国家多分担欧洲安全责任的要求，使得欧洲国家不得不进一步思考建立欧洲自主安全防务的可行性。

② Karen Smith, *European Union Foreign Policy in a Changing World*, U. K.: Polity Press, 2003, pp. 38 - 41.

③《欧洲联盟条约》规定的欧盟一体化三大支柱：第一支柱是欧共体和经货联盟；第二支柱是共同外交和安全政策（CFSP）；第三支柱是司法和内务合作（JHA）。

2.《阿姆斯特丹条约》与共同外交与安全政策

针对《马约》后出现的一系列问题，欧盟1996年于都灵召开“政府间会议”讨论修改《马约》。1997年6月批准通过欧洲联盟条约修正案，同年10月签署《阿姆斯特丹条约》（简称《阿约》）。《阿约》的主要改革如下：（1）设置“秘书长、共同外交与安全政策高级代表”；（2）新增“共同战略”政策工具；（3）有关“共同立场”与“联合行动”之执行措施得以特定多数表决决议之（《欧洲联盟条约》第23.2条）；（4）创设“建设性弃权”[①]（Constructive Abstention）以提高决策效率与提升对外行动速度；（5）预算改革，《阿约》第28条规定：“所有共同外交与安全政策之行政支出与行动支出皆由共同体预算负担，但执行军事与防务政策的支出则由参与国分担”；（6）加强欧盟与西欧联盟（Western European Union，WEU）之间的关系。

3.《尼斯条约》与共同外交与安全政策

《尼斯条约》（*Nice Treaty*）对欧盟共同外交与安全政策的主要贡献在于明文设立“政治与安全委员会”（Political and Security Committee，PSC）以取代“政治委员会”，并负责执行欧盟危机管理行动之政治控制与战略指导。

4.《里斯本条约》与共同外交与安全政策

2009年12月生效的《里斯本条约》（*Lisbon Treaty*）对欧盟外交与安全政策的改革基本上承袭了《欧洲宪法条约》的精神，但做了许多调整。例如将《欧盟宪法条约》中“欧盟外交部部长”一职的名称改为“欧盟外交与安全政策高级代表”（High Representative of the Union for Foreign Affairs and Security Policy，以下简称“高级代表”）。除此之外，《里斯本条约》还创设了一个“金三角、两系统”的新制度，使欧洲政治一体化的成就达到顶点。“金三角”指“欧盟理事会主席”、“高级代表”与“外交理事会”等三个决策行为者；“两系统”是指“共同外交与安全政策决策系统”与“共同外交与安全政策行政系统”两个运作系统。而这套制

① “建设性弃权”指：若理事会采用一致表决制时，弃权票不能阻碍决议成立，而弃权国家也不能抵触或阻挠欧盟决议采取的行动。不过当弃权票数超过三分之一加权总票数时，则该决议视为不通过（《马约》第23.1条）。欧盟设置“建设性弃权”的目的在于防止某些成员国阻挠绝大多数成员国决议之共同外交与安全政策行动，并借此提高决策效率与避免因少数国家的反对而无法推行共同外交与安全政策行动。

度中的三个核心角色为“欧盟理事会”、“高级代表”与“欧洲对外行动署”(European External Action Service, EEAS)。

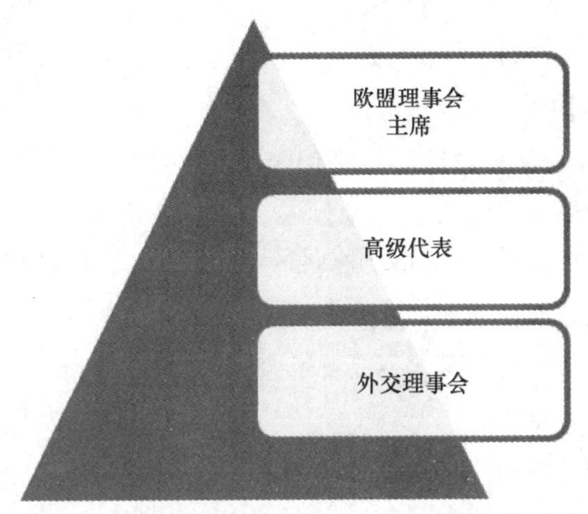

图5—1 《里斯本条约》的“金三角”系统示意图

首先，欧盟理事会是一个指导性机构，负责将指导方针下达给外交理事会与高级代表；而外交理事会则为外交与安全政策的最高决策机构，与其下属的常驻代表委员会与工作小组一起合作完成外交政策提案的审查与决议。《里斯本条约》让计划已久的“欧盟理事会主席”制度上路，目的在于期望能够提升欧盟对外政策的持续性与效率，并且在不与高级代表权责冲突的前提下对外代表欧盟。

其次，高级代表为欧盟外交政策的执行者，除可以运用理事会总秘书处内的辅助机构（例如联合情势中心、欧盟军事参谋总部等）来协助分析欧盟内外安全情势外，尚可运用《里斯本条约》所设立的欧洲对外行动署来执行欧盟的对外政策。除此之外，高级代表拥有外交与安全政策提案权，并且担任外交理事会主席兼任欧委会副主席职务。换句话说，《里斯本条约》生效后高级代表的地位大幅提升，不仅因为提案权而成为欧盟外交与安全政策的主导者，而且亦因外交理事会主席与欧委会副主席的职位而成为插足欧盟立法与行政机构的重量级人物，预计高级代表对欧盟外交与安全政策的发展将产生重大影响。

最后，“欧洲对外行动署”是一个独立于理事会与欧委会之外的新外交行政辅助机构，其业务范围包括欧盟的所有涉外的事务，例如，欧盟与第三国或国际组织的关系、欧盟对外军事与民事行动等。而其成员则是来自理事会部门、欧委会部门与欧盟成员国外交部门，总人数约为6000人。“欧洲对外行动署”设立的目的在于协助高级代表推动欧盟的外交政策，以强化欧盟对外行动的一致性与成效，进而提升欧盟之国际影响力。

（三）“共同安全与防务政策”阶段

“欧洲安全与防务政策”（ESDP）是“共同外交与安全政策”的重心，而欧盟对外军事与民事行动则是“欧洲安全与防务政策”的核心。在欧洲一体化初期，欧洲国家已尝试发展安全与防务政策，但在“欧洲防务共同体”、“欧洲政治共同体”与“伏歇计划”受挫后，安全与防务议题的讨论随即转入低潮。在沉寂了30年之后，欧洲国家才又把安全与防务政策搬上台面讨论。

1. 安全与防务政策的重新启动

冷战结束后，欧盟成员国立即在1990年12月罗马峰会上呼吁推动欧洲安全与防务合作。1991年，英国与意大利联合发表“欧洲安全防务共同宣言”，力促发展自主防务力量。1993年，《马约》写入“防务条款”，将“共同防务政策”与“共同防务”确定为欧盟共同外交与安全政策的长期目标之一。[①]《阿约》将安全与防务政策的合作范围扩大到军备领域，呼吁欧盟成员国积极推进军火工业整合与武器系统研发，以促进安全与防务政策的发展。然而，《马约》与《阿约》虽然为欧洲安全与防务政策的发展开了一个头，但就其内容和执行办法而言，实质贡献仍然有限。欧洲安全与防务政策直到科索沃问题之后才有了长足的发展。

2. 安全与防务政策的转折点

1998年，科索沃难民问题恶化，欧盟国家于当年10月召开非正式峰会，积极商讨解决科索沃问题。会上，英国提出“欧洲国家应发展自主军事能力，并加强‘欧洲安全与防务认同’”。英国的提议得到了成员国的热烈响应。两个月后，英法峰会随即在圣马洛举行，并在会后发表《圣马洛宣言》，宣言强调：“欧盟应加强自主军事能力，以强化欧盟的国际角色。”这项宣言也随即获得了“欧洲安全与防务转折点”的美誉。

---

① 《欧洲联盟条约》第J.4条强调：“共同外交与安全政策的范围包括所有与欧盟有关的安全问题，其长期目标应建立一个共同防务政策，并在适当时机推展共同防务。”

3. 安全与防务政策的继续发展

在圣马洛会议之后，欧盟国家继续召开了一系列会议，进一步研讨欧洲安全与防务政策的结构和工具。随后，欧盟成员国很快在1999年12月的赫尔辛基欧盟峰会上通过“欧洲安全与防务政策”与“赫尔辛基纲领目标”两项决议，并计划在理事会架构下设立“政治与安全委员会”(PSC)、“欧盟军事委员会”（EUMC）与“欧盟军事参谋总部”（EUMS）三大常设性军事机构。2000年12月，尼斯欧盟峰会召开。会上，欧盟成员国除重申“赫尔辛基纲领目标”外，亦明确上述三大军事机构的组织与权限；除此之外，尼斯欧盟峰会终止了西欧联盟在欧洲军事一体化中的地位。这个当时已有五十年历史的“纯欧洲军事组织”悄悄地退出了舞台。

2003年是欧洲安全与防务政策的丰收年，欧盟先后启动了三次对外行动。这些行动的规模虽然不大，但却证明了欧盟已具备解决冲突与维持和平的能力。截至2012年5月，欧盟总共执行25项“共同安全与防务政策行动”，其中民事任务17项，军事行动7项，军事民事混合行动1项。

表5—1　　欧盟共同安全防务政策行动执行统计

民事任务	军事行动	军事民事混合行动	总计
17	7	1	25

《里斯本条约》承袭了《欧洲宪法条约》中有关欧洲安全与防务政策的改革，例如，将欧洲安全与防务政策改名为“共同安全与防务政策”，强化“欧洲防务署”的功能与推行“常设机构合作”等。“常设机构合作”是后里斯本时期欧盟安全与防务政策的核心机制，其主要目的在于通过“欧洲防务署”积极推动欧洲军备合作计划，以期使欧盟成员国能快速构建“战斗部队”等。《里斯本条约》亦打破过去“军事合作一致表决原则”的铁律，有关执行办法采用特定多数表决。

三　对欧盟共同外交与安全的述评

欧盟的政治一体化自1993年起即以“共同外交与安全政策”和“共同安全与防务政策”为主轴，经历了近20年的发展，已经取得了很大的成就，但依然存在一些问题，主要表现如下：

（一）欧盟共同外交与安全存在的问题

欧盟在确立共同外交与安全政策框架后，采取了一系列重大联合行动，如，支持中东和平进程，促进南非民主进程的转变，监督俄罗斯选举，对波黑进行人道主义救援，支持恢复不扩散核武器条约会议等。除了联合行动外，欧盟在实行共同外交和安全政策方面也采取了大量的共同立场。但所有这些联合行动、共同立场和有关决定，虽然有利于协调欧盟各成员国在某些关键问题上的立场，但它们并没有增加欧盟对外的独立性，也没有导致真正具有决定性意义的行动。就共同外交与安全政策运转存在的不力问题，笔者主要总结如下：

第一，欧盟内部的不统一性。欧盟主要成员国各自的国家利益存在明显分歧，如何在外交与安全政策中实现某种“共同”或者至少是一定的协调，这仍是一个亟待解决的问题。

第二，欧盟自身机制的缺陷。《里斯本条约》在外交与安全领域所建构的新制度仍受到三方面的挑战。（1）权限界定不清。新制度将欧委会“对外关系总署”安置在“欧洲对外行动署”之下，使之成为“完全外交与安全化的政策机构”，但欧委会的贸易总署、扩大总署与发展总署等对外单位，绝大部分仍保留在欧委会中。也就是说，未来欧盟的贸易、扩大与发展政策将是一个由欧委会与“欧洲对外行动署”共同合作的政策领域，为此，决策效率很可能受到较大影响。（2）内部协调。《里斯本条约》架构了“欧盟理事会主席”制度，不过，原本理事会轮值主席制度仍然存在。由于欧盟峰会的议程是由理事会中一般事务理事会负责草拟与协调，但是一般事务理事会是由轮值主席管辖，而非接受欧盟峰会主席的管控；再者，欧盟峰会与理事会分别由不同领导人负责管理，对两个机构的政治与行政指令传达，亦可能产生步调不一致的问题。（3）忠诚问题。未来“欧洲对外行动署”三分之一成员将来自欧盟成员国，因此，“欧洲对外行动署”将是一个富有浓厚成员国色彩的机构；换言之，欧盟成员国的利益将随其“欧洲对外行动署”的代表带入共同外交与安全政策决策体系；再者，欧盟 28 国的外交行政系统不尽相同，因此其专业训练、能力与经验皆不尽相同，未来如何一致行动，尤其值得观察。

（二）共同安全与防务政策存在的问题

第一，“共同安全与防务政策”中“成员国优先”（National Primacy）与“北约优先”（NATO First）原则的障碍。从《马斯特里赫特条约》到

《里斯本条约》皆一再强调“欧盟任何安全与防务行动不得影响欧盟成员国之安全与防务政策”的特性，并应尊重欧盟成员国所应负担的北约义务。这种安全文化使欧盟层面的军备发展计划难以有效推行，同时也使欧盟成员国仰仗北约的心理更加根深蒂固。

第二，执行危机管理行动的能力仍然不足。虽然欧盟危机管理行动的数量与类型不断增加，而能力不足却一直是有待解决的核心问题；事实上欧盟成员国参与行动时，常有各自地缘政治利益（Geopolitical Interest）的考量，因而难以形成一致的欧洲安全利益，致使欧盟成员国所愿意投资的资源大打折扣。

第三，经费不足。《欧盟条约》明确规定：所有军事行动的支出皆由参与国自行负担；然而近年来，欧盟各国皆因国内社会福利支出的负担增加与经济衰退的负面影响，其资助欧盟危机管理行动的预算越来越捉襟见肘。

综上所述，欧洲共同安全与外交确实取得了一些难能可贵的成果，这使欧盟在国际社会上的“能见度”提升，对国际政治的话语权增加，对国际事务的“议题设定权”亦逐渐增强。但与此同时，欧洲的共同外交与安全政策也清晰地表现出一种“量够、质不足”的问题。欧盟致力于架构政治一体化所需要的制度和机构，但是它所架构出来的制度框架却并没有发挥其应有的作用，主导能力仍然很弱。这是未来欧洲共同安全与外交最亟待突破的问题。

四　欧洲政治联合与未来的讨论

欧盟在过去几十年间的发展使人们看到了欧洲联合已经具有了国家权威和自治的水平。欧盟作为一个政治联盟的深度和广度也在不断增强。《马斯特里赫特条约》是欧洲一体化的一个标志，终结了欧洲中央银行对货币计划模棱两可的阶段。

欧盟的发展和扩大也使一个问题一直在讨论之中，就是欧盟政治结构的未来是什么？已有的发展水平是使欧盟成员国的民族国家权力受到了削弱还是得到了增强？如果是受到削弱，将来会在欧盟范围内出现什么样的政治秩序？这是一个庞大而复杂的问题，几十年来仍然没有被完全解释。在对这些问题解释的过程中，可以肯定的是，欧盟治理是以国家为中心的治理和在欧盟层面的多层治理两个基本治理概念的结合——这也一直在考验欧盟政治政策的有效性。

以国家为中心层面的治理理念，核心在于欧洲一体化没有挑战民族国家自治。[①] 1950 年 5 月 9 日，法国外交部部长罗贝尔·舒曼，在事先同美国国务卿艾奇逊商谈后，发表了一个西欧煤钢联营计划，这就是“舒曼计划”。该计划主张以法国和联邦德国煤钢工业为基础，把西欧各国的煤钢工业部门联合起来，由一个超国家的高级机构共同管理“联营”。美国出于加强对西欧的控制以抗衡苏联，一贯鼓吹西欧“一体化运动”，主张“政治统一”、“军事统一”和“经济统一”，因而也赞同“舒曼计划”。根据该计划，法国、联邦德国、意大利、荷兰、比利时和卢森堡六国政府代表在巴黎进行了近一年的磋商，于 1951 年 4 月 18 日签订了《欧洲煤钢联营条约》。1952 年 7 月 25 日，条约正式生效。8 月，正式成立超国家的“联营”最高权力机构，由九人组成，“舒曼计划”的起草人法国的让·莫内担任该机构的首任主席。1953 年 2 月到 1954 年 8 月，“联营”六国先后建立了煤、钢、铁砂、废铁、合金钢和特种钢的共同市场。“联营”的最高权力机构负责协调成员国的煤钢生产、投资、价格、原料分配和内部的有效竞争。欧洲煤钢联营促进了成员国冶金工业的发展，它的建立为 50 年代后期成立“欧洲共同市场”奠定了基础。

如果舒曼 5 月 9 日那个短暂的演说被认为是欧洲一体化开始的话，它不仅仅因为标志着二战后法德合作的开端，而且，还在于它的一个核心因素，就是它最初的制度设置方式，后来被称为“共同体方法”。其为大家所公认的做法就是：成员国将一部分权力合法让渡给欧洲层面，建立超国家的机构去执行，开始是煤钢共同体最高委员会，后来是欧盟委员会。通过各成员国的选举权来保持其合法性，欧洲法院有既定的执行权。

国际关系领域的政权制度最显著的特点在于它的稳定性。六十年过去了，欧盟经过了数轮扩大并且经历了历次的条约更迭，可以说发生了巨大的变化，但是这个体系本身的核心特征仍然保留下来了。欧洲议会逐渐获得了更大的权力，但是这些都是在保持最初的权力平衡的基础上进行的。事实上，保留共同体方法的必要性在欧盟内部经常用来反对那些要求进行

---

① Michael Mann, “Nation-states in Europe and Other Continents: Diversifying, Developing, Not Dying”, *Daedelus*, 13 (1994), pp. 115 – 140; John Mearsheimer, “Back to the Future: Instability in Europe After the Cold War”, *International Security*, Vol. 15 (1990), pp. 5 – 49.

改变的建议。例如，在《欧洲宪法条约》的草拟过程中，大多数成员国表示乐于接受“共同体方法”。

欧盟作为一个国际组织被国际社会广泛认知的初期，在国际上仍有很多不解，即使它得到了那么多热情的支持者——包括欧盟委员会在内。舒曼的讲话只是为共同体方法确定了基本的特征，而在欧盟的建设中其具体的发展则是相互影响的结果。

共同体方法发展到今天，也遇到了一定的危机。20 世纪 90 年代，欧洲一体化进入了一个新的阶段。解决欧洲问题的环境随之发生了明显的变化，但是并没有带来欧洲政治体系功能的丧失。欧洲政治一体化发展到今天，其面临的四个主要问题是：

第一，由《马斯特里赫特条约》批准后带来的关于欧盟“民主赤字”的问题从学界蔓延到普通民众中来。公民投票一致获准的原则到现在还只是留存在人们的记忆之中。90 年代早期，那是对一体化的支持热情减退的阶段，公众对于一体化的影响已经变得微弱，同时他们对于经济衰退和失业增加表示担忧。那个时代的公众是“老欧洲”的公民，他们对于政治体系的发展更为敏感，并且担心自己的生活会受到欧洲政治体系的影响。这些使他们对一体化、对欧盟委员会文件的支持下降。欧盟的支持率从 1992 年的 65% 降到 90 年代末期的 50%。而这一支持率从 2004 年的 45.5% 又降到了 2009 年的 43%。当然在这一时期，各国国内政府的支持率也呈下降趋势，但是总体上来说，对欧盟的支持率要比对国内政府的支持率低 20%。

第二，同时，各国政府对于欧盟及欧盟委员会权力的不断增长表现出不满。也是由于这个原因，我们看到反对欧盟的力量在增长。《马斯特里赫特条约》的支柱结构，无疑是对这一新趋势的首次回应，但是成员国还是接受了共同行动的重要性，包括在传统的国家特有的领域，在对外政策、安全与司法等方面，但是他们拒绝欧盟作为一个超国家的角色与其在政治与外交中扮演同等的角色。在这些领域，只有一些形式在传统政府间框架中被采纳了，通过欧盟理事会来行使其领导权。比较典型的做法就是，当这种必要性有其足够强大的动力时，就会建立起相应的结构。如，当欧洲的对外政策不能够刺激各成员国形成对国际事务的相同的观点的时候，以及成员国的联结不能使行动有效执行的时候，就慢慢形成了一个特殊的政策机构——共同外交与安全事务最高代表，而事实上，这一权力是有限的。

类似的现象也出现在了经济政策领域。也由此，《马斯特里赫特条约》的折中被认为是不稳定的。为了避免对欧洲中央银行独立性的威胁，一个非正式的论坛建立起来（the Eurogroup），欧元区成员国的商业部长们为单一货币而在一起聚会，后来成为定期会议。再者，有一个明显的倾向就是限制成员国政府间关系的变化向欧盟委员会转移权力，这也是以共同体方法来出现的。与其相似的是，设置固定的欧盟理事会领导人，是《里斯本条约》的主要改革之一，在某种程度上，它会被认为是一个与欧盟委员会主席相对立的领导职位。

同样的方式在政策工具的层面也能看到。欧洲国家内部市场已经成功地发展到一个新的阶段，其特征是对国家行政管理的限制越来越少。这一方法最先被货币联盟所采纳，后来在劳动政策中作为欧盟的战略提出来，在 1997 年的卢森堡“就业问题峰会”上被采纳。

三年之后，一个类似的为促进经济竞争和建立现代福利体系的改革框架出台了，这就是著名的“里斯本战略”。“里斯本战略”体现了欧洲的雄心勃勃，要使欧洲“成为世界上最具竞争力和知识经济动力的地区，能够将经济增长、增加就业与社会和谐相持续统一的地区”，但是，另外的向欧盟层面的权力转移却没有被提及。对于欧洲新的战略来说，相互的竞争似乎比共同体方法更能成为通向欧洲核心的钥匙。欧盟委员会逐渐成为国家与政府背后第二位的角色。不管这样的提法是否科学，但至少反映了一些成员国与“共同体方法”所不同的设想。在德洛尔政府的领导下，关于欧盟模式的研究就集中在“治理”层面了。

第三，在欧盟层面，有一种强烈的议会体制的情绪。在过去的 20 年间，在每一次条约改革中，欧洲议会的财政、立法和监督权都得到加强。作为其结果，议会从一个磋商与合作立法的机构发展到能影响各个领域。同样重要的是，它对欧盟委员会产生了极大的影响。虽然，欧盟委员会的投票是作为一个整体而存在的，而不是任何个体的委员会成员能够决定的，但是议会却对欧盟委员会内部的部长职务产生了重要的影响。2004 年巴罗佐的委员会提名就使这一情况得到很大的发展，在第一时间内，议会就得到了两个政府提名的权力。

欧洲议会权力的增加使其对委员会的作用加大，这也使其在实践中被赋予了大量的新责任。自从《里斯本条约》生效后，议会做出了更强烈的暗示，就是它试图充分利用其权力，如驳回对美国政府银行数据交换的决定，或者利用其预算方面的权力将自己提升到新的对外谈判的地位等。

过去，它只是偶尔地插手一些“微观管理”,[①] 如在疯牛病危机之后，反对欧盟的官方建议而支持单个审批。

从现在的情况来看，权力的转移在欧盟会是一个长期的过程，一个稳定而连续的，且得到大多数支持的议会是必要的。今天，欧洲的政治体系是一个前所未有的混合体，欧盟委员会更为虚弱，也缺乏一个真正意义的议会体系。

第四，欧盟体制的最大压力来自于欧盟的扩大。

从 15 国到 28 国的发展，进一步扩大的可能性仍然存在，这就使已经复杂的政治体系看起来更为笨拙，也更加不透明。并且，欧盟内部大国与小国之间的平衡问题在 20 世纪 50 年代开始就已经显现。新成员国，除波兰得到特别的关注外，其他国家均被列在中小国家行列。

这带来了新的讨论，就是关于欧盟委员会的投票与结构。这已经成为过去 10 年欧盟委员会讨论的核心问题之一。在《阿姆斯特丹条约》与后来的《尼斯条约》之后，成员国政府代表对这些问题的不同结果进行了广泛争论，但他们不得不承认，这些争论并没能取得成效。《欧盟宪法条约》被否定，使欧盟不得不行使《尼斯条约》规定的体制，但是很快又发现这不足以使联盟面对更多的问题。这一后果就是快速“合成”了一个《里斯本条约》。

现在来评说《里斯本条约》对于欧盟治理的意义似乎还为时尚早。然而，已经能够清楚地看到，它像前面执行的条约一样，坚定了一个理念，就是欧盟应该继续得到发展。一方面，它将共同体方法扩大到了新的领域，如司法和内部事务，提出了多数投票和更多的合作决定。然而，另一方面，欧盟理事会面临了新的问题，就是其与外交与安全事务最高代表分别处于独立的地位，外交与安全事务最高代表这一职位夹在委员会与理事会之间，这可能会使其利用各种方式来削弱理事会的权威。

第三节　欧盟的全球政策与对外政治关系

欧盟的主要对外政策是指一系列被成员国所采纳并执行的，在管理关

---

① Renand Dehoussse (ed.), *The Community Method*, *Obstinate or Obsolete*, Palgrave Macmillan, 2011, p. 11.

系上超越成员国边界的对外事务，主要包括共同外交与安全政策（CFSP）和共同安全与防御政策（CFDP）。其在政策定位上处于成员国与“超国家”制度之间，如在成员国扩大、环境保护和反恐领域；或者完全定位在“超国家”领域，如贸易政策。[①] 因此，它的目标直指欧盟的全球政策及对外政治关系。

一　欧盟全球政策的特征与基本理论

欧盟一直在向世界上其他地区展示两个特征：第一，经济政策上，通过贸易协定共同发展和进行人道主义援助；第二，在对外和安全政策上，通过共同外交与安全政策来实现共同防御与合作。那么，我们应如何解释在现代世界，欧盟为什么可以实现这样的地区合作，在贸易与外交领域向世界发出一致的声音这样一个现实？理解这个问题，应先从国际关系的理论入手。

当代国际关系的两大理论是现实主义与自由主义，当然还有其他的研究方法，但一般也被西方学者归于前面两大理论框架之下。现实主义方法坚持认为国家有固定的边界和社会政治结构，它们的地理和安全需求是稳定的。作为其结果，各行为体在国际体系中的利益相对稳定，其行为往往也是可以预见的。并且，由于安全利益往往被视为冲突大于合作，国家间政治趋于“零和”游戏。如果一个国家获取了利益，必定有其他国家失去了利益。国家间的合作很少有机会获得共赢。在无政府状态的世界里是不会产生强大可信的权力代理机构的，即便产生，也必定是虚弱的，如联合国。

而自由主义则认为国际关系被全球经济的相互依赖所驱动。与现实主义相比较，自由主义认为国家利益不是固定的，在国际体系中国家利益的变化受两个方面的因素影响的：第一，不同的社会行为体将在国内竞争中取胜，例如，不同的政党赢得国内选举；第二，个体的经济利益和机会在全球体系面前被重新定义。另外，自由主义认为将会有更多的国家间合作与国际机构建立。由于全球经济的相互依存度提高，将会有更多的国际制度和相应的国际机构在国家间事务中行使权力，如世界贸易组织等。自由主义断定经济利益占据首位并且社会经济利益将存在于政治权力之上。

---

① Daniel C. Thomas, *Making EU Foreign Policy: National Peferences, European Norms and Common Policies*, Palgrave, Macmillan, 2011, p. 10.

这两种理论方法对于欧盟的全球政策来说会带来不同的方向。[①] 从现实主义的角度来说，由于欧盟不是一个国家，没有清晰的看得见的国家利益，因此，欧盟的全球政策将由欧盟成员国——具有稳定的地理标志和安全利益的行为体来决定。有意思的是，这竟然与自由主义理论的推导结果相差无几。按自由主义的理论，欧盟的全球政策将由其经济利益决定，而欧盟的经济利益也是由欧盟内部各区域（或国家行为体）的经济利益决定的。但是，自由主义与现实主义不同的是，自由主义认为非国家行为体（如跨国公司）将会与成员国竞争，参与到欧盟的全球政策制定中来。自由主义认为这些欧盟内部行为体会将经济利益置于地缘政治之上，从而改变国际环境。并且，自由主义理论认为，欧盟的对外经济政策将决定其外交和安全行动，在这一点上，与现实主义相反。

二 从《马斯特里赫特条约》到后里斯本时代的欧盟全球政策

从《马斯特里赫特条约》到《里斯本条约》，应该说，贯穿着欧盟全球政策的主线。

1992 年的《马斯特里赫特条约》明确了欧盟新的对外政治目标，即在国际社会明确欧盟认同，尤其通过执行共同外交与安全政策，包括未来的共同防御政策框架，最终实现地区的共同防御。然而，欧盟的共同对外政治关系明显要比对外经济关系的一致要难得多。西欧联盟（West European Union）建立于 1948 年，是由北大西洋公约组织中的西欧国家组成的，当时英国也包括在内，这与罗马条约有所不同。其中六个国家在 1952 年成立了欧洲防御委员会。然而，法国考虑到国家独立问题而否决了这项计划。法国的否决导致直到 1969 年海牙峰会欧盟一体化才能“再次出发”（re-launch）。海牙峰会建立了欧洲政治合作组织（European Political Cooperation，EPC），欧洲政治合作组织由欧盟委员会的外交部部长与政府首脑在欧盟委员会的定期例会中共同讨论外交与安全事务，具体联系业务通过网络由欧盟委员会与各国外交部联系。

但是，从 20 世纪 90 年代开始，欧盟的外交与安全合作在欧盟委员会的时间表上被放到了最前排，这主要是中东欧剧变和苏联的解体，使冷战突

① Simon Hix, *The Political System of The European Union*, Palgrave, Macmillan, 1999, pp. 331 – 333.

然间结束了。欧洲政治合作组织的结构缺陷，使欧盟的劣势在1990年海湾战争和1991年南斯拉夫内战中突出地显现出来。作为一种回应，欧洲的政治精英们在1990年6月的政府间会议上达成一致，要建立与欧盟经济与货币联盟相平行的政治联合体，这一政治联合体被写进了1991年12月的《马斯特里赫特条约》，将欧洲政治合作组织转换为共同外交与安全政策，在欧盟的机构框架中位于第二层级之下。《马斯特里赫特条约》规定了共同外交与安全政策的五个目标：强调共同价值、基本利益和联盟中的相互独立；强调欧盟与成员国在各方面的安全合作；追求和平与强调国际安全，以《联合国宪章》《赫尔辛基行动宣言》《巴黎宪章》为基本原则；促进国际合作；发展巩固的民主与法制，尊重人权与基本自由。为达到这些目标，决策程序和对外政策合作的结构发生了改变。外交政策议题正式成为欧盟理事会的组成部分。

图5—2是2003年欧盟国家对美国发动对伊拉克战争的态度示意图，可以看出，欧盟各国在重大议题上的全球政策和对外政策在总体上是趋于一致的。

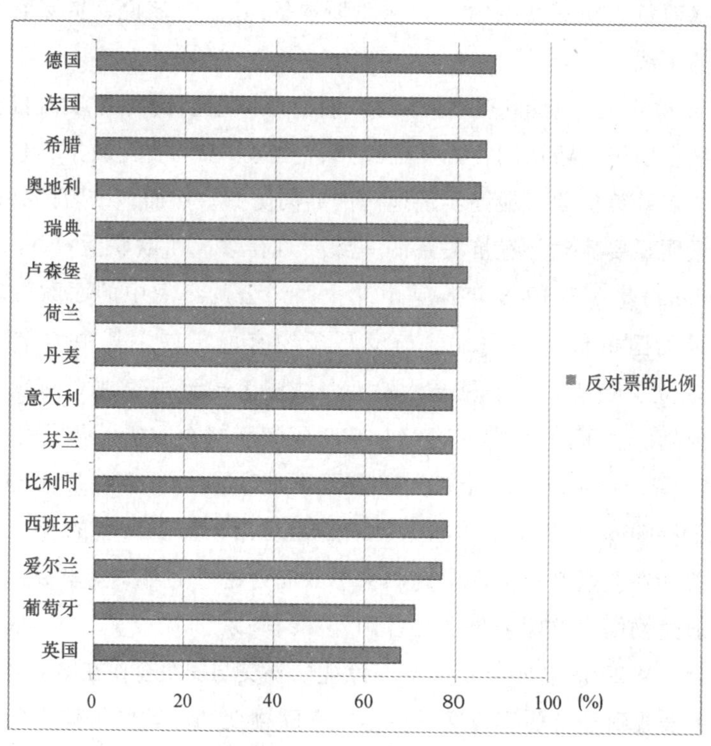

图5—2　2003年欧盟国家对美国发动伊拉克战争的态度

资料来源：EOS Gallup民意测验，2003年1月。

《马斯特里赫特条约》后，欧盟条约与欧盟委员会条约的关系一直备受关注。《马斯特里赫特条约》后形成的欧盟三大支柱结构，由于其内部在机构和程序方面存在的差异，被认为一直在挑战欧洲对外政策的一致性。[①]

《里斯本条约》（以下简称《里约》）中政治联盟的建设主要体现在制度设计上，《里约》对欧盟所作出的制度创新和制度调整主要包括：

一是欧盟取代欧共体获得法人资格，成为唯一实体。这意味着由1992年《马斯特里赫特条约》创建的欧盟三大支柱结构消失了，其意义在于“1992年的《马约》在欧共体之上建立了欧盟，但并没有赋予它以法人地位。究其原因，在于当时的欧共体终究只是一个经济实体，而欧盟的职能明确地超越了经济领域，给它以法人地位带有重大的政治含义，虽然这不是所有成员国都愿意接受的。因此，《里约》以欧盟取代欧共体，不是简单的正名，而意味着体制上的突破，或许可以认为是朝着创立一个政治实体的方向走出了重要一步”。[②]

二是新设了欧盟理事会常任主席，俗称“欧盟总统”，任期两年半，可连任一次。调整了原先的共同外交与安全政策高级代表，新的高级代表被外界称为“欧盟外长”，负责欧盟外长理事会，同时兼任欧盟委员会副主席，掌管欧洲对外行署（EEAS），包括所有欧盟驻外使团。新的高级代表比原来的代表在权力和管理事务方面都更进一步。

三是欧盟委员会委员的数量将减少为成员国委员数量的三分之二，在管理的事务领域上有了很大的突破。欧洲议会权力扩大了，同时成员国议会也被引入一体化范围中。《里斯本条约》议定书中“关于成员国议会在欧洲联盟中作用的议定书”对此作了详细规定，特别是规定“递交欧洲议会与理事会的立法性法令草案应转送各国议会”。“成员国议会可以根据由‘关于适用辅助性原则与相称性原则的议定书’规定的程序，就某项立法性法令草案是否遵循了辅助性原则，向欧洲议会议长、理事会主席和委员会主席提交一份附理由的意见。”

---

① Kateryna Koehler, “European Foreign Policy After Lisbon: Strengthening the EU as an International Actor”, *Caucasian Review of International Affairs*, Vol. 4 (1), 2010, p. 57.

② Desmond Dinan, *Origins and Evolution of the European Union*, Oxford: Oxford University Press, 2006, p. 364.

四是扩大了特定多数的表决范围，除非条约另有规定，理事会以特定多数决议。具体地说："通过修改《罗马条约》，《里斯本条约》将特定多数程序的实施范围扩大至44个领域，其中23个是欧盟原有的，21个是这次新增加的。"

总体说来，《里斯本条约》的改革在几个主要的目标上获得了较大进步：一是增加了欧盟的民主性，有助于减少人们对其"民主赤字"的批评；二是提高了效率，有助于解决因成员国的大幅扩大而导致的制度拥塞问题；三是增强了欧盟决策和执行的连续性、稳定性和一致性。[①]

《里斯本条约》发生的变化在于，虽然《里斯本条约》用一种新的方式与欧洲内部各项条约确立相互关系，但是欧盟仍然是建立在前面两个条约基础之上的。与《欧盟宪法条约》相比较，《里斯本条约》强调了其与《欧盟委员会条约》的协调一致，承认两个条约具有相同的合法价值，它们构成了欧盟同质性的核心。[②]

随着美国权力的衰退和中国仍不明确的全球角色，欧盟似乎更清晰地认识到了其扩大在国际事务中的影响力的潜能。它的GDP和对外投资可以与美国比肩，人口比美国多50%，拥有世界上最大的援助预算，在联合国有28张投票权，包括在安理会的两个永久席位。它已经逐渐证明了其海外联合军事行动的能力，一些专家甚至主张欧盟应该在外交和安全事务中获得拥有超级权力的地位。

《里斯本条约》在2009年生效后，一些人寄希望于该条约能够通过设立欧盟理事会非轮值主席以及外交和安全事务最高代表来支持新的对外行动政策。但是几十年的一体化进程，已使现有的欧洲由"民族国家"为主体变为了以"成员国"为主体，却没有产生"超国家"的欧盟。所以，虽然欧盟现在有更强壮的民主机器，试图重新规范成员国执行统一的对外政策，但是，在成员国一致问题上一直存在分歧。理清欧盟在世界事务中的现实角色，首先要理清欧盟成员国在共同外交事务中达成一致的进程。因此，欧盟对外政策的执行成了如何使欧盟成员国战胜分歧，达成一

---

① 陈玉刚：《〈里斯本条约〉之后的欧盟政治发展》，《国际观察》2011年第1期。条约内容见《欧洲联盟基础条约——经〈里斯本条约〉修订》，程卫东、李靖堃译，社会科学文献出版社。

② Jorg Phillipp, "The Treaty of Lisbon: Fundamental Constitutional Document of the European Law Community or Technical Revision Treaty?" *Europarecht*, Vol. 2, 2008, p. 153.

致。而欧盟对外政策的大部分研究工作都集中在改进其对外政策的竞争力和程序，或者评估欧盟国际行动的影响上。

所有被欧盟共同外交与安全政策（CFSP）和共同安全与御务政策（CSDP）采纳的政策需要得到每个成员国的投票同意，以达到政策的预期目标而实行共同战略。由于欧盟行使的共同战略相对较少（尽量避免过于频繁的共同行为和联合行动），所以绝大多数的政策都获得了成员国的通过，这是欧盟对外政策必须面对的现实。

欧盟的全球政策已经被长期讨论。主要有两点争议，其一，是否存在欧盟对外政策；其二，认为有欧盟对外政策存在的学者们对其有不同的定义①。事实上，这两个问题共同涉及的一个核心问题是欧盟是不是一个独立的政体。而一些学者则认为，在外交和安全事务上，欧盟是一个标准的权力行为体，它的基本目标是通过有效的手段来影响其他行为体，强化自身的安全。这并不意味着欧盟除军事目标外不具备其他目标，也不意味着军事权力优先。作为一个标准的权力行为体，欧盟可以通过不施行武力而执行对外政策来实现其次级目标。

三 欧盟未来全球政策的思考

《里斯本条约》签订后，从理论上讲，欧盟对外政策的合法性在增强，政府间合作的组织框架也比以往更加完善。② 欧洲对外行动部（The European External Action Service，EEAS）在 2010 年 12 月 1 日开始运行，这是《里斯本条约》一周年纪念日，该行动部是一个包括 130 名代表和 1100 名工作人员的团队。“新条约提供了巨大的机会。最重要的包括联盟在国际事务的政策，在行动上更加一致和协调而使其拥有看得见的影响力。”③ 但是后里斯本时期的欧盟机构是十分复杂的，在很多方面又是模棱两可的。这些机构的复杂性已经根植在欧洲一体化的本质之中。后里斯本时期的欧盟试图在“转移”与“参与”之间实现独立与联合，意思是

① Ramon Pacheck Pardo，“Normal Power Europe：Non-Proliferation and the Normalization of EU's Foreign Policy”，*Journal of European Integration*，2011，pp. 1 - 18.

② Albert Bressand，“Between Kant and Machiavelli：EU Foreign Policy Priorities in the 2010s”，*International Affairs*，Vol. 87（1），2011，pp. 59 - 85.

③ Graham Avery，“Europe's Future Foreign Service”，*International Spectator*，Vol. 43：1，March，2008，pp. 29 - 41.

转移欧盟层面的竞争，通过可执行性和合法性的参与使欧盟具备国家与政府的决策能力。这样一种联合使一体化更像一个代表国家认同的共同体。而结构上的矛盾又使治理存在各种问题。这使我们在开篇时提到的问题浮出水面：什么是欧洲，欧洲是否只是一个梦想。欧盟对外政策的设计不仅仅伴随机构的设立期待一致性的实现，而且，它蕴涵着更深层次的权力转移和更强烈的地区认同。在对外关系中，欧盟努力扩大自身的价值与规则，从罗马帝国到斯大林的共产主义到二战后的美国，问题在于当这些价值规则的推广与其他的对外政策相冲突时，如安全和经济利益冲突时应该做出怎样的选择？

如果说，在欧盟的对外政策研究上，应该用理论引导经验研究，那么，欧盟的对外政策研究是否应该采用经验分析的方法？现实主义、政府间主义与结构主义的理论，哪一种理论更适用于欧盟的对外政策研究？

和人们期待的一样，在《里斯本条约》中几乎列出了所有关于欧洲对外政策的问题。其主要目的是在世界面前强化欧洲作为一个国家架构来执行对外政策的能力。但是欧盟对外政策真正需要做的，不是如何反映欧盟的现实力量，而是通过对外政策的巩固与加强，进一步推动一体化的进程。试想，当欧洲一体化进程被阻滞了，又如何让世界听到欧洲更强的声音？欧盟在 2010 年 9 月 16 日的理事会会议上将所有值得欧盟关注的国际问题都列了出来，① 但没有清晰地表达出欧盟应该用什么方式，为什么要用不同的方式来区别对待这些问题。如果欧盟要真正将其对外政策不仅仅作为一个期望报告来处理，至少应该分清这些问题对于欧盟的主次，至少应将这些问题列出重要性的先后。

也有一些专家则怀疑欧盟对外政策的决策能力。如卡梅伦与罗纳德。② 他们认为，由于成员国在对外政策上的价值取向有差别，欧盟在 2003 年美国入侵伊拉克事件中没有能够发出统一的声音，在 2008 年科索沃问题和 2011 年利比亚“禁飞区”问题上这一现象又重现了。按照艾伦（David Allen）的观点，除非欧盟成为一个国家，否则欧盟不可能有真正的对外政策。“欧洲对外政策只有在欧洲认同、选择和执行共同目标相一

---

① *European Council Conclusion*, CO EUR 16, CONCL3, 16, Sept. 2010.

② Cameron, F., *An Introduction to European Foreign Policy*, London: Routledge, 2007. Leonard, M., *Why Europe Will Run the 21st Century*, London: Fourth Estate, 2006.

致，并将其作为欧洲利益合法化的基础，通过建立核心制度才能实现，而这些只有建立欧洲国家和相应的欧洲政府才能够实现。”① “经济的巨人，政治的侏儒——这种能力鸿沟在加大”。希尔（Hill，1993）和豪沃斯（Howorth，2010）对欧盟的对外政策都持有这种批评。② 但是丹尼尔（Daniel Thomas）统计，1993 年以后，欧盟共同外交与安全政策（CFSP）执行了超过 1000 个共同战略、共同目标和联合行动，在 1995 年至 2008 年有超过 2000 个对外政策声明被欧盟理事会通过。换句话说，欧盟的对外政策合作超过人们的预期。并且，他引入了经验研究的方法去论证这个问题。这说明欧盟作为一个外交与安全行为体，需要追求对外政策的一致——在条件允许的前提下。这样，欧盟在外交与安全政策上的角色就自然被确立了。

就目前来讲，欧盟要执行强有力的对外政策，首先要理清其与长期的外交与安全事务的盟友——美国的关系，这对于欧盟的全球角色和欧洲一体化进程都具有重要的意义。欧洲是否要从与美国的联盟中分出来以获得其在对外事务中更大的影响，同时，欧盟的亚洲政策，伴随中国在国际上力量的上升，也应该有所明确，而与其周边的土耳其、俄罗斯联邦的政策也应该进一步确立起来。如此，才能有后里斯本时代真正强化的欧盟对外政策。

还有，就是欧盟对外政策的定位。欧盟的建立是为建设一个和平的欧洲，那么欧盟对外政策的目标应该限定在怎样的范围？欧洲已经如联合国和北大西洋公约组织一样在全球政策理念上有所贡献，那么，现行的欧盟对外政策的目标定位要怎样实施才足以使其真正有影响力？这是欧盟在今后的对外政策中亟待回答的问题。

---

① Allen, D. (1998), "*Who Speaks for Europe? The Search for an Effective and Coherent External Policy*", in J. Peterson and H. Sjursen (eds); *A Common Foreign Policy for Europe? Competing Vision of CFSP*, Oxford: Routledge, pp. 41 - 58, 192.

② Hill, C. (1993), "The Capability Expection Gap, or Conceptualizing Europe's International Role", *Journal of Common Market Studies*, Vol. 31 (4): 305 - 228; Howorth, J. (2010), "The EU as a Global Actor: Grand Stratrgy for a Global Grand Bargain?", *Journal of Common Market Studies*, Vol. 48 (3): 455 - 474.

第六章　欧洲文化一体化的理论与实践

在20世纪50年代欧盟建立之初，文化一体化的内容没有被正式列在欧盟责任之中。[①] 欧盟真正推出较为清晰的文化政策思路是在20世纪80年代中期，是伴随欧洲政治文化的“重生”，“人民欧洲”呼声和欧盟委员会受到“民主赤字”的质疑而提出的。[②] 由此，欧盟文化政策也被一些学者称之为“产生于特殊方式的特殊政策”[③]。欧盟文化政策自执行以来，一直支持成员国在艺术创造力、文学、语言政策、遗产保护、文化旅游、表演艺术等领域的有序合作与竞争，努力强调欧盟“多元统一”的文化身份。但人们也看到，文化从来没有成为欧洲一体化进程的核心，成员国、学界、民众对欧盟的文化政策一直持质疑的态度。匈牙利文化部长安德拉什（Andras Bozoki）在2009年的报告中这样抱怨：“即使今天我们也还不能谈出一个真正的欧洲文化政策。”[④] 本章正是沿着欧盟文化政策的源起、文化身份的确立，通过欧盟文化政策施行的重中之重——欧洲文化首都（ECoC）[⑤] 的

---

① 在此之前，欧盟委员会通过一系列措施推动了欧盟文化发展，包括1954年的欧盟文化条例和80年代初期的制定的系列国家文化政策，欧盟委员会一直强调利用文化活动作为培养社会凝聚力和增进公民团结的手段而没正式上升到欧盟的文化政策的层面。

② Sassatelli，Monica，“European Cultural Space In the European Cities of Culture”，*European Societies*，Vol. 10：2，2008，pp. 226.

③ Ibid.，p. 227.

④ *Cultural Policy and Politics in the European Union-speech by AndrasBozoki*，*Minister of Culture of Hungary*，April 2009. http，//www. budobs. org/closing-speech-of-andras-bozoki. html.

⑤ ECoC，Europe Capitals of Culture 和 Europe Cities of Culture 的缩写，“欧洲文化首都”和“欧洲文化城市”，为欧盟1985年发起的每年一度的在欧洲某个或多个城市范围内的文化活动和文化会议，最初定名为“欧洲文化城市”，1995年后更名为“欧洲文化首都”，是对举办活动的城市的荣誉命名。

发展趋势，分析当前欧盟文化身份面临的挑战与应对。

第一节　欧洲一体化的文化动力

我们一般讲的欧洲，是建立在两个文明基础之上的：拉丁—地中海文明和日耳曼文明。它们在互动中形成了欧洲哥特文明。在政治上，又是法兰克人和查理大帝相结合而形成的欧洲。现在，这个欧洲依然存在着，但却不再是我们目前所谈论的“欧洲”了。一体化进程使欧洲的框架发生了变化。这个框架似乎超越了文明的基础，使欧洲文化超越了国界，在已有的民族国家框架下创造了一个新的欧洲世界。当欧洲不再仅仅是地理概念的时候，再来给欧洲下定义变得复杂了。有的人认为，欧洲是一个复杂的民族国家（nation），是有变化边线的几何图形。也有人说，欧洲变成了独立国家的整合体。也遇到过东欧的学者向我们明确地表达欧洲：统一的市场就是欧洲！（A Single Market does it!）不管你知不知道什么是欧洲，也不管你是不是确定欧洲未来要实现什么，欧洲正在建设。这其中，存在着深刻的文化动力。

一　欧盟之根

欧洲大陆，这个被视为地球上最公正和富于教化的地区，具有温和的气候，是西方文明的源头，是古代和现代文学、艺术、哲学和科学的重要发源地。也是在这块土地上，奠定了统治今日西方世界的社会规范制度的基础。欧洲的历史、文明和文化，使其具有一种结构或自身的认同性。从大陆的边缘而逐渐跃居世界中心的欧洲各国，一方面造就了各民族的特殊性，另一方面，也创造了属于欧洲共同的思想观念、行为方式与内心情感。欧洲虽然有差异，虽然文化和民族丰富多样，但它是一个具有历史同一性的共同体。这种同一性在欧洲文化开始发展的时候就形成了。欧洲人喜欢欧洲这个概念，喜欢被称为欧洲和欧洲人。进入新千年后，欧洲进入了新的欧洲——超国家的欧洲。这是在经历了第二次世界大战，欧洲遭到严重破坏之后，在世界不再是欧洲的世界的时候，欧洲在文明方面所做出的改变。

欧盟从一开始就是一个由各民族国家联合起来的邦联组织。它为超国家立法和为各国采取共同行动打开了大门，因此也就开创了相互间的政治上更加接近的局面，这比各主权国家政府间的简单合作大大前进了一步。欧盟的成立，意味着通向真正的政治联合和通向成立欧洲国家联邦组织的道路已经开通，这是不能逆转的历史潮流。

欧洲具有邦联历史。欧盟发展到今天，与欧洲的历史直接相关，这个历史也就是我们在这里探索的“欧盟之根”。早在14世纪，瑞士曾联合各王国在保持各自主权的情况下自愿组成一个邦联，并一直维持到19世纪下半叶。从瑞士邦联到统一的瑞士国家，经历了500年的历史。德国从10世纪初期的东法兰克王国到19世纪俾斯麦统一普鲁士，这期间也是一个联邦实体。在欧洲实行邦联主义和联邦主义的讨论，已经持续了很长时间，而实际上，两者是同一个事物进程中不可分割的两个部分。一般认为，邦联是联邦的过渡阶段，如果一个邦联组织不能进一步向联邦的方向发展，那么它很可能会最后走向消亡。同样，只有通过国家间的联合，并使这种联合日益紧密和深入，最终使人们在基于共同命运的团结中产生认同，才能逐步形成一个联邦。

欧洲联合有着相对久远的思想起源。[①] 古登霍夫·卡莱吉（Gooden Hoff Kalegi）于1894年出生在日本东京，其父亲是一位具有荷兰人和希腊人血统的奥匈帝国外交官，其母亲是日本人。在维也纳求学时，他成为欧洲统一思想的第一个倡导者。1922年，他第一次将“泛欧洲”思想写成文章，先后在维也纳的杂志上发表。在未得到政府支持的情况下，他在1923年发表了专著《泛欧洲》（Pan-Europe），这本书使他的思想在欧洲传播开来。

这是一部如何在政治与经济上实现欧洲统一的设想方案。他认为，如果欧洲不统一，就势必被卷入一场法德之间武力冲突的旋涡之中，最终难免使欧洲成为俄国的占领区。他将拯救欧洲的思想称为“泛欧洲”，就是把从波兰到葡萄牙的所有欧洲国家从政治上和经济上统一成为一个联邦国家。这本著作在欧洲掀起了“泛欧运动”，而著作本身则成为了“泛欧运动”的纲领，运动的总部设在维也纳。由于当时欧洲统一的条件并不成熟，这一设想在当时很难实现，但是它却对同时代的政治家产生了较大的

① 圣地亚哥·加奥纳·弗拉加:《欧洲一体化进程——过去与现在》，朱伦等译，社会科学文献出版社2009年版，第2页。

影响。“泛欧运动”也是欧洲第一个跨国组织。1924 年古登霍夫・卡莱吉在法国国民议会上宣读了致法国国民议会的公开信，信中公开提出了他的泛欧思想。后来，由这封公开信又产生了一个由全欧著名的科学家、思想家和作家共同签名的文件，其中包括爱因斯坦、弗洛伊德、奥尔特加・加塞特等人，这一文件产生了广泛的影响。古登霍夫・卡莱吉的思想在政界也渐渐受到关注与接受。当时的法国外交部部长阿里斯蒂德・白里安成为泛欧同盟的名誉主席。

古登霍夫・卡莱吉的“泛欧”思想主张建立一个欧洲联盟，这个联盟与英国有着较为特殊的联系，并希望建立一个欧洲共同的对外政策与防务体系，建立一个关税同盟与货币同盟。这与今天欧盟的发展路径与目标基本是一致的。

1929 年 6 月，阿里斯蒂德・白里安与德国前总理兼外长古斯塔夫・施雷泽曼在一次会谈中，讨论了建立欧洲联邦的问题。同年 9 月 5 日，在日内瓦召开的欧洲各国社会代表大会上，他们公开提出了关于建立“欧洲国家联盟”的计划。1930 年，白里安在一份备忘录中列出了详细的实施计划，但其计划没有得到欧洲其他国家的支持。施雷泽曼去世后，这份计划在德国也遭到反对。

在第二次世界大战结束，欧洲历史上经历了巨大的伤痛之后，古登霍夫・卡莱吉的思想受到了再次重视。重新提出统一欧洲思想的是温斯顿・丘吉尔。他曾在瑞士与古登霍夫・卡莱吉有过交谈。他于 1946 年 9 月在苏黎世大学的演讲，被认为是二战后统一欧洲的号召。1945 年 8 月的海牙欧洲大会也是在丘吉尔的组织下召开的，来自欧洲各国的 800 多名统一运动组织的代表参加了大会。欧洲统一运动组织希望建立一个欧洲联邦国家，把各国的部分主权转移到共同的联邦主权中。欧洲各国的政治家也参加了这次会议，其中包括后来对欧洲一体化进程产生重要影响的人物：法国的罗伯特・舒曼和德国的康拉德・阿登纳。

海牙会议的决议之一是建立欧盟理事会，并附设了一个欧洲议会的机构。该机构的主要职能是维护欧洲人的各种权利。后来，为配合“马歇尔计划”，又成立了欧洲经济合作组织。这些组织机构在当时并没有强大到能够承担其相应的职责，但其代表了欧洲联盟发展的一种趋势和需要。

这一段欧洲一体化前期的思想历史，可以被称作欧盟之根，它是建立在欧洲传统的文化与思想基础之上的。

二 欧洲的“文化革命”及对一体化的影响

到20世纪80年代，欧洲人认识到这样的现实：欧洲或者对自己的命运已经失去了掌握能力。欧洲政治家们试图通过各种形式的宣传和项目的实施来就这些问题达成共识。但人们怀疑，一些项目和宣传，包括新概念和方法的使用，能够成为欧洲问题解决的方案吗？欧洲的政治文化如何能够更有效地影响欧洲的未来？由此，有了欧洲的“文化革命”，欧洲政治文化的“重生”。欧盟的文化政策也伴随欧洲一体化的深化而诞生，并确立了“多元统一”（unity in diversity）的文化身份。

从1981年到1983年，欧洲以和平运动为标志，发生了一场“文化革命”。从那时起，“欧洲主义”、“欧洲认同”和“欧洲价值”这样的概念被越来越多地提及。这是“在欧洲扩张和成为世界霸主几个世纪之后，在欧洲人将欧洲模式带到全球之后，而欧洲几乎成为了它所引领的这个进程的牺牲品”[①] 的背景下进行的。欧洲人开始思考，是否欧洲文化已经意味着需要一场文化转化？德国哲学家皮切特（Georg Picht）对此有明确回答：“欧洲已经破坏了自身的文化传统。这种自我破坏从法国大革命开始，通过资本主义和机器大工业时代的发展，在工业技术革命时达到顶点。我不得不加上这样的论断，就是在二战后的这些年代里，我们一直在努力终止这种自我破坏。”[②] 这一时期，欧洲人开始反思他们还没有被破坏的文化成就，不仅仅是文化，还有自然、环境方面。

和平运动得出的结论是：欧洲应该建立一个从西欧到东欧，从地理、历史和共同文化上统一的欧洲。这开始了欧洲一体化以来欧洲人文化团结的实践。“我们面临的形势不仅仅是危险的。它也是不正常甚至是荒谬的。我们彼此之间仅有几小时的飞行或火车距离。我们有共同的历史和共同的文化。我们没有地理上的分离，我们被冷战带来的彼此间的不信任而分开。”[③] “这种文化认同也可以认为是对欧洲现代化、军事化发展以致最

---

① Vilho Harle（ed.），*European Values in International Relations*，Londen and Newyork：Printer Publtd. 2000，p. 166.

② Georg Picht，*Interview in European's Intellecturals*，Paris：Gallimard，1983，pp. 224 – 225.

③ Thompson.，E. P.，*Beyond the Cold War*，New York：Pantheon，1982.

后失控的一个历史回答。”[①] 并且，它在西欧与东欧之间达成了一致。这就是欧洲政治文化的“重生”。

也在这时，欧盟委员会面临着“民主赤字”的重大质疑，故而，文化认同成为弥合欧洲精英与市民政治矛盾的重要“武器”——《欧盟文化和媒体政策纲要》在1991—1992年开始制定，欧盟委员会也在此时将其文化政策正式启动。在此之后，一系列旨在推动欧洲各国间文化和教育的交流与合作陆续展开并逐渐发展起来。

欧盟的文化身份是20世纪80年代，由雅克·德洛尔时期的欧盟委员会提出并确立的。随后，通过广泛的文件、演说、公共事务的传播，“多元统一”成为欧洲认同最具有影响力的理念，也是欧盟文化身份的代名词。关于“多元统一”确立为欧盟文化身份的成因，笔者试从两个层面进行分析。

首先，“多元统一”与这一时期欧洲一体化的几种理论皆不矛盾。

20世纪80年代至90年代，欧洲一体化理论主要有联邦主义、新功能主义、新结构主义。按联邦主义的观点，欧盟是建立在政治一体化基础上的超国家，是根植在欧洲统一基础之上的命运共同体；[②] 按新功能主义的观点，政治及其他一体化的进程只是经济一体化的延续，其功能只是经济一体化影响的继续。或者说是经济一体化的“外溢”效应引起的[③]；按新结构主义的观点，欧盟是建立在文化的统一性或多样性的统一基础之上的。[④] 我们看到，“多元统一”几乎可以在任何一个理论基础上进行学理阐释：无论欧盟文化政策是建立在哪一种模式理论基础上的制度，都离不开欧洲共同的地理、历史和文化；且它的基本目标都只有一个：强调欧洲文化认同，提升欧盟存在的合法性。[⑤] 也就是说，如果欧洲一体化有其文化根基，那么，欧盟则是多年欧洲统一、欧洲联合努力的最现实表达；如

① Printer Pud Ltel Vilho Harle (ed.), *European Values in International Relations*, Printer Publisher London and New York: 1990, p. 173.

② Edited and introduced by John Pinder, *Altiero Spinelli And the British Federalists*, Writings by Beveridge, Robbins and Spinelli, 1937 - 1943, London: Federal Trust, 1998, Vol. 3, p. 141.

③ Neil Nugent, *The Government and Politics of European Union*, 7th Edited, Basingstoke: Palgrave Mavmillan, 2010.

④ Ibid..

⑤ Bekemans, *European Integration and Cultural Policies*: *Analysis of Dialectic Polarity*, Florence: European University Institute, 1990.

果欧洲一体化的文化统一性根基不足，那么，“多元统一”的文化身份将在文化多样性基础上为建立欧洲共同社会搭建桥梁。

其次，“多元一体”的文化身份蕴含了在文化、认同、管理三者之间的相互协作和协商的关系。虽然“多元统一”也被一些人评论为过于空泛、带有欧洲中心主义的特征，被批评为像“糖精”一样甜蜜却无任何养分的概念①，但它却是官方、学界所能共同接受的概念。它能够将欧洲的不同文化联结起来，也蕴含着在文化、认同、管理三者之间的相互协作和协商的关系。它使欧盟以不过多触及成员国和地区文化利益为前提，谨慎地提出地区多元文化的统一。

第二节　欧洲文化认同的基础

欧洲文化认同是欧洲一体化的要素。英国著名的民族主义理论家安尼·史密斯指出：“对一个力求从欧洲各民族文化中创造自己的欧洲，最大的挑战是需要形成一个文化认同。”② 纵观欧洲一体化，从 1952 年欧洲煤钢共同体建立，到 1967 年欧洲共同体，再到 1993 年欧盟的诞生，经过了近半个世纪的努力，欧洲一体化在经济、政治、文化等各方面取得了较大的成功。在这一进程中，作为稳固的基石，欧洲的文化认同是欧洲一体化发展的内在推动力，并且在持续地影响欧洲一体化的发展。

一　欧洲文化认同的形成条件

欧洲文化认同以欧洲文化为基点，共存于欧洲民族文化中，是一种过去、现在和未来之间的普遍的符号和联系。

（一）历史文化的同源性

追溯欧洲历史，欧洲人大多属于欧罗巴人种，语言的同根性也是最为突出的，都属于印欧语系。古典时代，人们已经意识到欧洲是一个具有某种确定文化内涵的整体，这种初步的欧洲认同感是后世欧洲整合的心理和

① Borneman, John & Fowler, Nick, Europeanization, *Annual Review of Anthropology*, 1997, Vol. 26, p. 495.

② Antony D. Smith, “National Identity and The Idea of European Unity”, *The Royal Institute of International Affairs*, 1st, 1992.

文化基础。中世纪的欧洲更是被想象成为精神和政治上的统一体，正是这种精神认同使欧洲各民族产生了有别于外邦的“欧洲意识”。文艺复兴运动的产生与发展，使得近代欧洲在意识形态和文化风格上拥有了较强的统一性，而以思想解放、理性自由为中心的启蒙运动，让欧洲的知识分子在与世界其他部分的比较中进一步认识到欧洲文化的统一性。也是从那个时代开始，欧洲文明产生了以科学、民主、民族主义等理念为核心的现代性，并把它传播到世界各地。这种基于共同历史文化背景所形成的共属意识，使欧洲各民族易于相互认同，欧洲的联合因而获得了基本的前提和潜在的动力，它是欧洲各民族从分散走向联合的意识基点。

（二）共同发展过程的建构

尽管以上历史文化的同源性是当代欧洲文化认同不可缺少的要素和基础，但这种认同不只是一个给定的状态，而更是一个发展的进程，欧洲文化认同经历了一个从潜在的无意识到外在有意识的建构过程。

欧洲近代民族国家兴起之前，欧洲是统一于基督教信仰的。民族国家的兴起一方面为欧洲各国人民的交往以及欧洲在世界的霸权创造了条件，另一方面也使得欧洲开始了四分五裂并陷入持续不断的冲突和战争之中。战争给欧洲文明带来了巨大的灾难，但它客观上也促进了各民族、国家间的文化交流。第一次世界大战结束后，欧洲联合的思想获得了新的动力，纳粹德国的上台宣告了欧洲联邦计划的破产。但两次世界大战的灾难性后果也震惊了欧洲各国，对欧洲分裂带来的惨痛历史的反思是战后欧洲集体意识的主要内容之一，也是当代欧洲人决心告别碎片化时代的欧洲，认真对待欧洲联合，并形成广泛社会运动的主要原因。

20 世纪 70 年代石油危机使欧洲人开始意识到欧洲一体化的深入开展不仅需要各国物质利益上的协调合作，而且需要一种欧洲意义上的观念和意识，这就促使人们开始对欧洲一体化文化层面的思考，即“文化认同”的正式强调。1991 年的《马斯特里赫特条约》比较详细地阐述了欧洲认同的对内和对外含义。《马约》规定：“共同体应促进成员国文化的繁荣，在尊重各国与地区的多样性的同时，发扬光大共同的文化遗产。”①

在一体化实践中，不断产生的新的、欧盟特有的交流内容，包括各国在经济、政治上的相互依存以及人员、货物和服务的自由流动，对于欧洲

① 《欧洲共同体条约集》，戴炳然译，复旦大学出版社 1993 年版。

前途的公开讨论等，这些全新的内容促进欧盟的集体意识和文化自觉日渐增长，文化认同也逐渐被构建起来。

二 近代欧洲文化认同的思想基础

欧洲文化认同不能仅仅解释为欧洲人恢复对欧洲历史认知的结果，它也是欧洲人对现代化，尤其是对民族国家体系反思的结果。它是在欧洲和平运动的基础上建立起来的，对于很多和平运动的积极分子来说，欧洲的和平道路与国家政治的重新定义有着重要的关系。这种重新定义带来了文化转变，这是从法国大革命开始的现代化的文化进程的转变。和平运动带来了这样的欧洲文化认同：

一是如果欧洲危机被认为是两个超级大国统治世界的结果，那么，欧洲人渴望的是一个强大欧洲的建立；

二是如果欧洲危机被认为是冷战和大国竞赛的逻辑，欧洲可能的出路就是恢复战前的欧洲民族国家体系；

三是如果欧洲危机被认为是国家政治破产的结果，可能的补救方法就是欧洲在新的国家政治关系基础上建立一个新的文化存在或认同。

而事实上，自二战以后，第一种观点一直不被欧洲的政治主流所接受，欧洲一体化进程一直保持着追求“和平”与“安全”的基调。这种基调已经根植在战后欧洲发展之中。从第二种观点来看，二战后，和平欧洲（以至于和平世界）一直是建立在民族国家的协商基础之上的，其路径一直是在弱化民族国家体系的力量，而利用民族国家体系来加强与大国的竞争，对于战后欧洲来说，是不可想象的。对于欧洲安全来说，第三种观点更能为危机中的欧洲所接受，尤其是欧洲和平运动视已有的国家政治已经破产，民族国家不能找到解决军事化和现代化的办法，而文化认同由此成为了欧洲安全的新出路。

当然，也有许多欧洲人认为欧洲民族国家体系（包括战前的与战后的）与欧洲文化认同不能兼容。他们认为，文化认同不能由国家政治带来，也不能被国家或政治所推进。但无疑，欧洲和平运动带来了欧洲文化的一次转变，这次改变同时带来了对欧洲安全观念和欧洲公民与政治关系的一次转变。它是欧洲面对积极和平与消极和平、安全与和平问题的一次更深入的由“草根”运动展开来的政治与文化诉求。说它改变了欧洲的安全观念，是由于它发生在欧洲导弹危机的过程之中，它使欧洲形成了自由存在于美国与苏联之间的观念、无核武器的欧洲观念以及削减常规武器与部队等观念，而这些观念的宗旨都是为保证欧洲免受攻击。这些安全观念的转变，表面上与改变公民与政治间的关系并没有太大的联系，但是，在这样一个危机过程中，欧洲人对欧洲价值和欧洲文化认同有了更深入的思索与诉求，它对欧洲的民族国家体系进行了新的评价，也对后来的欧洲一体化进程与发展模式产生了影响。

欧洲的这次文化转变也被称为和平文化，它不是被国家推动，甚至在某种程度上它是与国家相对立的。相较积极和平的观念，欧洲人更愿意建立一种在现有的公民社会基础上的防御。这种防御建立在教育及公民与国家政治的新关系基础之上。[①] 欧洲导弹危机推动了欧洲文化认同与团结，为欧洲的未来做了新的注解，人们将其视为导弹危机的结果。新的欧洲和平运动，是在这次文化转型过程中出现的必然的产物，也是最好的结晶。它是民族国家和现代化发展都无法实现的在文化领域的进步。欧洲文化认同建立在新的欧洲价值的基础之上，这对于欧洲文化和欧洲发展来说，无疑都是历史性的进步。

三　文化认同对欧洲一体化的推动意义

欧洲文化认同是在全球化给欧洲带来民族文化多元化的基础上，构建一种欧洲各民族能够和平相处、合作发展的文化思想。这种思想是欧洲一体化得以实施和发展的前提条件和基础，其作用突出表现在以下几个方面。

（一）有利于增强欧盟的凝聚力，加强成员国之间的合作

一体化理论的众多代表人物都强调共同体意识对一体化的重要性，集体认同能够在共同体成员中产生共同体意识，可以使共同体成员在心理上产生一种休戚与共的联系，并把欧盟认知为一个整体，各国人民一旦认可他们同属于一个共同体，便能在一定程度上消除民族国家间相互排斥、相互歧视的社会心理，有利于欧洲民族矛盾的缓和。

（二）有利于欧盟合法性问题的解决

“合法性”（Legitimacy）是社会科学中一个很重要的概念，它表明某一事物具有被承认、被认可、被接受的基础和正当理由。欧盟的合法性意

---

① Gene Sharp, *Making Europe Unconquerable*, London: Taylor & Francis, 1987, p. 335.

味着欧洲民族对欧盟权力及其治理的支持，这种支持除了利益和理性外，还包含着一些情感因素，即服从或归属的感知。

原来仅靠工具性或间接性推出的合法性已经不能满足一体化进一步发展的需要，要解决合法性问题，欧盟迫切需要建立一个欧洲认同，培养公众对欧盟的归属感。这正符合“一体化之父”让·莫内那句被广泛传颂的名言：如果我们可以重新开始，让我们从文化开始吧。因为只有建立在文化认同基础上的欧洲一体化，才有持久的生命力。

（三）有利于提高欧盟在国际关系中的地位和影响力

认同意识的增强，有利于欧盟成员国感觉到共同的命运和长远利益，在对外关系中自然形成一致对外的意识。就目前实力看，作为单个国家，欧盟成员国都难以成为国际体系中的一极，但作为一个整体，欧盟的实力是可以与美国抗衡的。一体化的深入不仅是欧洲人出于经济、军事和政治等方面的要求，还是欧洲人一种内在的心理文化要求，即通过认同感形成的“泛欧”情结所获得自尊和自豪。冷战结束后，“泛欧”情结同美国的“唯美”主义显现了较多的不和谐点，在美国文化霸权的挤压下，欧洲意识到了加强自身文化建设的战略意义，谋求保卫和强化欧洲共同的文化独立性，确保欧盟在未来国际格局中占据优势地位。强调欧洲共同的历史和文化的同一性，是欧盟各成员国联合自强的主要途径，是欧盟实行整体善治的关键。

“欧盟当前的现实情况是，在经济政治加深一体化发展的同时，还得承认文化民族主义，还得尊重本民族文化以外的其他文化，对欧盟内部的多元民族文化还只能相互认同，互助吸纳，而不能操之过急地进行融合。”①

第三节　欧盟文化政策的实施与影响——以“欧洲文化首都”为例

“欧洲文化首都”（ECoC）被认为是在欧洲文化政策实施的一系列项目中最易于与欧盟文化框架相结合的项目，也是欧盟文化政策在欧盟与成员国层面合作施行的最为典型的案例。可以说，“欧洲文化首都”伴随着欧盟文化政策发展的探索与成长过程，体现了欧盟文化政策的发展趋势。

① 胡瑾等：《欧洲当代一体化思想与实践研究》，山东人民出版社 2002 年版，第 28 页。

故本节试图通过对“欧洲文化首都”项目的考察，来体验欧盟“多元统一”文化政策取得的成就，对面临的问题进行思考。

一　“欧洲文化首都”项目的启动与发展

“欧洲文化首都”的前身“欧洲文化城市”，是在“老欧洲”精英政治家的倡导下开展的。希腊文化部长梅琳娜（Melina Mercourid）1983 年在第一个非正式的欧盟国家文化部长级会议上提出倡议：“已经到了将我们的声音扩大到与理论专家同样响亮的时候了，与技术、商业和经济相比，艺术和创作同样重要。”① 这次会议决定了带有标志性的欧洲文化行动——“欧洲文化城市”的年度举办。从此，欧洲每年选定一个城市作为“欧洲文化城市”，通过在该城市开展文化活动，展示和宣传欧洲文化，促进欧洲文化认同和世界对欧洲文化的了解。1995 年后，“欧洲文化城市”改名为“欧洲文化首都”，后一名称受到了更广泛的欢迎。从 1985 年第一个承办城市雅典开始，已经有 44 个欧洲城市被命名并主办了这一活动。“欧洲文化城市”“欧洲文化首都”是至今为止最为重要和最高级别的欧盟文化行动。对于主办城市来说，它是节日，也是承办一次大型会议，起到成员国间文化交流、讨论和相互影响的作用，它的特色尤其体现为宽松、自由和强调意义方面。

在过去的二十多年里，“欧洲文化城市”和“欧洲文化首都”吸引了大量的公众和媒体。除统一文化身份之外，欧盟实施文化政策还有两个潜在的目的：其一，为欧洲文化发展提供更多的内部和外部资讯和联结；其二，试图建立欧洲的公民社会。这些使欧盟文化政策与欧洲一体化进程的目标相吻合。

二　“欧洲文化首都”的变化与趋势分析

在“欧洲文化首都”项目施行的二十多年里，它在执行的范围、目标和意义层面发生了一些变化，在发展趋势上主要体现为以下特征。

第一，欧盟在“欧洲文化首都”行动中体现得越来越“低调”。

欧盟文化政策是以成员国倡议、欧盟主导为始的。但从 2005 年开始，

---

① Quoted in Myerscough, J. European Cities of Culture and Cultural Months, Full Report, Glasgow: *The Network of European Cultural Cities*, Vol. 1, 1994.

“欧洲文化首都”的候选城市完全由成员国自主选择决定。这就是说，“欧洲文化首都”经历了从成员国发起，又回到成员国自主决定其举办方式的过程。发展到现在，欧盟在其中的角色仅限于命名、小部分资助、推举有代表性的成员国和协助选择主办城市等方面，而设计、投资和执行的责任都由主办国、主办城市自己来完成。这似乎在表明，欧盟在文化政策中的方针越来越体现为“低调”和“无为而治”。

第二，“欧洲文化首都”主办城市范围扩大、数量增多。

过去的20多年里，“欧洲文化首都”的冠名及活动为主办城市带来了巨大的利益，如游客的增加，城市形象的提升，城市活力和创造力的提高等。这促成了“欧洲文化首都”举办权的竞争。其结果是，一方面，一些欧洲非典型的文化城市，如1993年的安特卫普，1999年的格拉斯哥，2001年的鹿特丹和2004年的里尔，这些被认为相对欧洲一些城市来讲没有太深文化内涵的城市也得到了“欧洲文化首都”（“欧洲文化城市”）的命名。另一方面，“欧洲文化首都”入围数量大幅度提高。“欧洲文化首都”的“文化2000”活动，即在2000年同一年内有9个城市进入“欧洲文化首都”的名单并同时举办活动。分别为三个南欧城市（阿维尼翁、博洛尼亚、圣的亚哥—德孔波斯特拉）、三个中欧城市（布鲁塞尔、布拉格和克拉克夫）和三个北欧城市（卑尔根、赫尔辛基、雷克亚未克），著名的“文化2000”活动，体现出成员国及举办城市对“欧洲文化首都”这一冠名的热衷。欧盟官方声明其目的在于“为新千年组织一次全欧洲规模的文化活动”，要让世人看到欧洲“将要有一个统一的版图，无论是在地理上、经济上还是文化上，它都具有深厚的凝聚力和广泛的交流能力”。[①] 但也有一些舆论认为这是欧盟在“欧洲文化首都”上对成员国的全面妥协，影响到了“欧洲文化首都”的质量。

第三，“欧洲文化首都”的活动功能在逐渐发生变化。

在主办城市的坚持下，“欧洲文化首都”演变成了历时一整年的活动。伴随活动的发展，经济驱动因素逐渐成为主办国和主办城市的重要出发点，并出现了通过主办“欧洲文化首都”，实现后工业时代城市转型的

---

① Cogliandro, G., *European Cities of Culture for the Year 2000. A Wealth of Urban Cultures for Celebrating the Turn of the Century*, final report, 2001. (www. europa. ue. int European Commission, Culture, Reports and Studies)

成功案例。2004的年里尔的承办权被认为是这一趋势的重要助推器。法国里尔原是一个重要的纺织工业区，20世纪70年代以前，丝毫没有显现出文化方面的优势。随着纺织工业的衰退，在20世纪80年代就开始将施行建设文化城市作为城市“转型”战略，而当选2004年“欧洲文化首都”则成为其“转型”成功的关键。那一年，里尔吸引了900万游客前来参观，受到媒体广泛的关注，使里尔成为法国和西北欧重要的文化热点地区。这样的案例还在继续上演。

第四，成员国与主办城市对“欧洲文化首都”的投入越来越大。

文化驱动城市经济复兴战略已经在欧洲乃至全球快速展开，并影响了政策的制定者与文化决策者通过这样的战略来获取经济和社会利益。这使成员国与主办城市愿意为之付出越来越多的投入。笔者选择了1995年的卢森堡、1996年的哥本哈根、1999年的魏马、2000年的布鲁塞尔、2004年的里尔、2008年利物浦，试图从其活动的投入来源、投入的经费，以及本年度吸引的游客等来说明这一问题。从图6—1中我们可以看出，欧洲文化城市的投入总体上是在不断加大的，而欧盟投入的比例却越来越小，成员国、城市及其他资助（主要是企业和社会资助）占出资的绝大部分，这决定了“欧洲文化首都”活动形式趋于商业化。从图6—2中我们可以看出，哥本哈根和利物浦是在活动中投入较大的两个城市，也吸引了与投入成比例的游客。布鲁塞尔作为欧盟总部的影响力使其每年的游客都保持在较高水平，因此它在“欧洲文化首都”活动中未有大的投入。卢森堡、魏马吸引的游客基本相当，其投入也基本相当。从中我们可以看出，“欧洲文化首都”的商业味道越来越浓厚，并且，是成员国与主办城市在大力扩大其商业氛围。

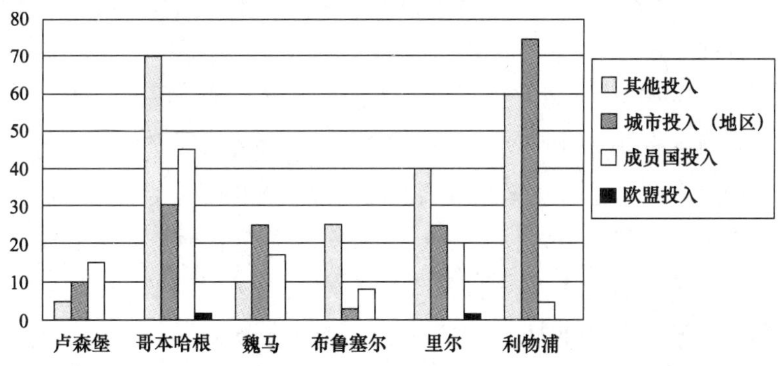

图6—1　对“欧洲文化首都”的投入情况（单位：百万欧元）

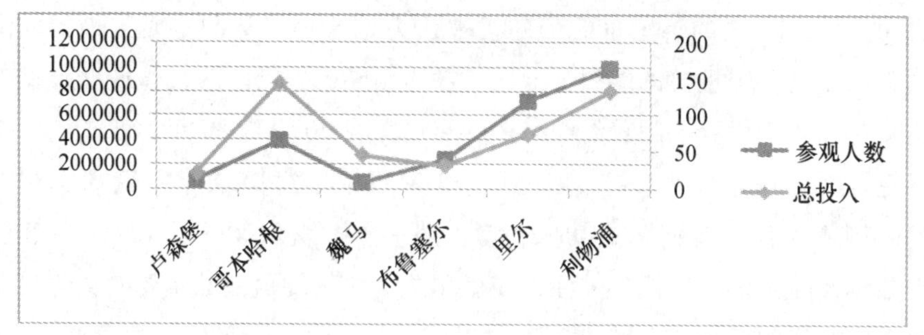

图 6—2　“欧洲文化首都”的投入与游客之比（单位：人、百万欧元）

图 6—1、6—2 数据来源于对欧盟和成员国城市“欧洲文化首都”活动的总结系列报告的统计。

三　由“欧洲文化首都”分析当前欧盟文化身份面临的挑战

文化身份与文化认同，用英文表达是相同的概念（Cultural Identity）。本书中，笔者强调“多元统一”表达欧盟文化身份的特性，故采用了欧盟文化身份的概念。由“欧洲文化首都”发展趋势分析，我们看到，“欧洲文化首都”在规模与运作方式上都发生了很大的变化，欧盟发挥的作用渐微。这些变化使我们不得不重新思考这样的问题：主张联邦主义的“多元统一”遇到了什么挑战？其根源什么？着眼未来，欧盟文化政策应该做什么？下面将对以上问题进行分析与回答。

（一）当前欧盟文化身份面临的主要挑战

“多元统一”的文化身份面临的挑战，在笔者看来，可以从以下几个方面来进行分析。

第一，“多元统一”能否在欧盟的超国家、国家间与次国家三个治理层次中得到兼顾？

“多元统一”的文化身份，对欧盟来说，存在于超国家层面，虽然欧洲“文化范式”尚未完全统一，还缺少一个“熔炉”，但它无疑是一个巨大的、包含多重道德与情感的多元文化，共同文化身份的建立能够帮助不同文化实现在不同国家内的和平共存和发展，抵消对立；对于成员国来说，存在于国家间层面，欧盟文化身份使之在向国际扩展方面添加了“欧洲附加值”，同时也丰富了本民族的单一文化；从“欧洲文化首都”来看，又多了一个层面，就是在各城市之间、主办城市与成员国间、主办城市与欧盟间的协作，可以认为是次国家层面。我们知道，欧盟提出

“多元统一”的初衷，是要建立在超国家层次的，同时，是对国家间层次的否定。但是，“如何在一个复杂的层面上进行政治设计来否定国家层次的主权，以支撑很难把握的多元统一是一个极其复杂的问题”。[①] 透过“欧洲文化首都”在欧盟决策与成员国、主办城市执行之间存在的“博弈”，我们注意到，“多元统一”定位无论在超国家层面还是国家间、次国家层面已经不再明晰。人们开始怀疑，欧盟是否能够在欧洲、国家与次国家层面上，同时进行文化合作和主权、利益、资源共享？欧盟应该如何在保持多元的基础上寻求共同的文化目标？这些问题挑战了“多元统一”超国家层次的核心价值，也自然触及另外一个核心命题：在欧盟治理模式改变的前提下，在“超国家”治理不再成为欧盟治理的核心方式的背景下，“多元统一”能否持续作为欧盟文化身份标志？欧盟文化政策是以多元文化作为核心的文化特征，如果它只是起到“黏合剂”的作用，就无法达到“欧盟之根”的最终目的，也无法真正起到统一欧洲文化的作用。

第二，“多元统一”是制度联盟还是欧洲共同历史文化情感的产物？

文化政策是一个理论命题，也是一个实践命题。文化政策不是单一的“谁对谁做什么”的问题，它需要对每一种文化有单一和准确的理解。“文化政策所做的是试图为艺术与娱乐制定框架、制定国际惯例与条约，但是这些都没有艺术、创造力和文化产业本身重要。”[②] 从“欧洲文化首都”的发展可以看出，欧盟文化政策最初是从欧盟委员会出台文件的形式开始的，目标在于确定欧盟文化发展的趋势。欧盟文化政策执行的范围，包括欧洲不同文化历史的分支，诸如奥地利、爱沙尼亚、法国、意大利、荷兰、俄罗斯联邦国家和瑞典等具有明显不同的历史文化和发展现状的国家。这些国家在国别间的文化方法论上也会存在明显的差异，具有不同的文化概念、不同的文化组织结构、不同的文化基金供给方式、不同的历史和文化传承。这就使“多元统一”仿佛成为欧盟文化政策制度框架下的制度联盟方式，而有悖于欧洲文化共同体的初衷，使欧盟的文化共同体更像一个松散的制度联盟而非真正的共同历史情感的产物。这也可以理

---

① Justine Lacroix and Kalypso Nicolaidis (eds.), *European Stories: Intellectual Debates on Europe in National Context*, Oxford: Oxford University Press, 2010, p. 12.

② J. P. Singh, *International Cultural Policies and Power*, Palgrave, Macmillan, 2010, p. 2.

解为，文化政策的施行是政府行为，当文化被置于政策标杆，文化制度被置于政策形势，文化专家被视为文化权威，就会忽视文化产业的技术性和社会性，忽视文化自身发展的现实，就会遇到潜在的发展障碍。[①]

第三，欧盟扩大后如何确定“多元统一”的时空边界?

一直以来，欧盟合法性被认为是长期的共同文化历史带来的，而这个文化历史传统上又被认为是“老欧洲”的文化历史。[②] 统一的新欧洲之文化概念的植入，使欧洲乃至世界很难对欧洲文化边界做出明确的时空定义。各成员国对“多元统一”的理解也不尽相同。对于“老欧洲”国家如英国来说，文化认同的内容在很大程度上体现了对欧洲其他地区文化的宽容，经济利益顺势成为文化宽容与文化拓展的基础和动力。因此，格拉斯格、利物浦会出现在“欧洲文化首都”的名单上。而对于新欧洲国家来说，更需要欧洲乃至世界了解和理解其文化的特殊贡献。而从近年来“欧洲文化遗产”选址的争议上，也让人看到了欧盟国家对“老欧洲”文化认同的偏爱以及对欧洲文化界限的模糊。人们不得不思考，扩大后的欧盟如何在时空上应对更复杂的“多元统一”?换句话说，统一后的欧洲为“多元统一”带来的更深刻的复杂性，应该如何消解?这一问题处理不好，就意味着一种文化回归，向民族价值与民族文化的一种回归。

第四，如何将“多元统一”与文化政策紧密联系起来?

欧盟的文化政策，在某种程度上改变了文化多元的意义。因为，多元性本身提示了一种文化交流的障碍，但在欧盟的文化政策中，多元似乎成为了一种全新的共同体文化符号。并且，通过欧盟文化政策的实施，城市文化产业借此有了正当的“社会目标”——意图驱使传统的社会政策向一体化的文化过渡，文化成为另一种为社会发展服务的社会政策。欧盟的诸文化行动应该建立在能够鼓励自立自信，提高个人技能，生产和创造社会财富，参与经济活动，创造经济增长的现实背景基础之上。[③] 欧盟文化

---

① Wintle, M. (ed.), *Culture and Identity in Europe: Perceptions of Divergence and Unity in Past and Present*, Aldershot: Avebury, 1996.

② Bouke Van Gorp and Hans Renes, *A European Cultural Identity? Heritage And Shared Histories In the European Union Tijdschrift Voor Economicsche en Social Geografie*, Vol. 98 (3), 2007, p. 407.

③ Bassett, K., Smith, I., Banks, M. and O'Connor, “Culture Led Urban Regeneration And The Revitalization of Rooted Identities In Newcastle, Gates head And The North East of England”, *International Journal of Cultural Policy*, Vol. 10, 2005, pp. 47-66.

政策作为欧洲一体化的组成部分，从政治文化上，具有双重目标，一是为欧洲城市提供展示自身文化的机会，一是吸引外界关注欧洲国家文化事务。同时，需要对外加固欧洲市场，对内提高共同体内生活条件和大众需求。但从“欧洲文化首都”的发展来看，在文化政策中体现政治、经济利益和寻求政治、经济利益是两回事。文化政策的目标，只有用文化行动才能证明其合理性。文化政策作为制度所展示出来的是政策结果，制度却不能限定文化的概念，所以文化政策更应该是为诠释文化身份而采取的有实效的方式方法，否则两者就将脱离。

（二）欧盟如何面临文化身份挑战：亟待解决的问题

欧盟文化身份面临的以上挑战，使人们不得不对本就尚未规范的欧盟文化政策改革进行更为深入的思考。在笔者看来，欧盟文化政策的应对主要应从以下几个方面着手。

第一，在强调个人主义的文化共同体意识与强调联邦主义的“多元统一”之间搭建桥梁。

和平运动带来的是欧洲文化转变的结果——新的欧洲文化认同。英国著名的民族主义理论家安尼·D. 史密斯提出：“对一个力求从欧洲各民族文化中创造自己的欧洲，最大的挑战是需要形成一个文化认同。”[①] 那么，这个认同的基础是什么？按照丹尼斯·鲁日（Denis de Rougemount）的主张：“真正的政治只能是个人意志的表达。它根植于人的积极性、创造性和责任感基础之上。”“欧洲统一首先在于它是一个建立在个人意志基础上的文化共同体”，这就是联邦主义的观点，“联邦主义并非意味着一个民族国家的联邦群体，它只是将民族国家分裂为更小的单元”。[②] 故而，建立在个人与民族国家单元间的文化认同自然成为欧洲一体化的文化目标。而从文化政策的执行来看，“多元统一”的前提是将欧盟视为一个超国家机构，也就是说，“多元统一”是在超国家、国家间层面的主张，文化共同体意识建立在个人主义基础之上，二者间必然存在鸿沟。如何在强调个人主义的文化共同体与强调联邦国家的“多元统一”之间搭建桥梁是“多元统一”在文化理论上获得合理解释的途径。

---

① Antony D. Smith, “National Identity and The Idea of European Unity”, *The Royal Institute of International Affairs*, 1st, 1992.

② Ellul, J., “*Interview*”, *in L'Europe et les Intellecturals*, Paris: Gallimard, 1984, p. 97.

第二，强化新老欧洲对共同文化价值、共同历史继承和共同欧洲情感的认识。

从文化政策开始，欧洲一体化将不再仅仅以贸易和农业合作为边界，而是建立在共同价值和权利基础之上的“贵族”项目。但“无论怎样理解，欧洲一体化仍然没有消解国家认同，也还没有产生一种欧洲情感——虽然它已然具备一种对共同价值的分享，这种感觉有些时候是模糊而遥远的”。[①] 现在，人们依然更容易去理解法国、英国、德国、捷克，而不是欧洲。欧洲认同似乎更代表政治民主、人权和法律规则，而对不同国家与地区文化的接受，生活方式的共享，共同的历史继承（基督教、古希腊的文明渊源、共同的神话与民间故事等）和一些共同的政治和历史印迹（如工业革命和技术进步）的认同要相对弱些。这是由多年的民族优越感和社会化过程所决定的。重视欧洲这种历史根源，应该从儿童教育、教科书、电影、报纸和杂志等进行强化，而当前的欧洲各国在这些方面显然还在强调着自身的民族—国家特性，使人们继续着本民族特殊的心理特征。

第三，形成文化政策框架，建立欧洲共同的市民文化基础。

什么样的欧洲文化现状使欧洲认同矛盾无法“黏合”？如果将欧洲文化分为精英文化和地区文化的话，无疑，经典和精英文化在现代化的进程中被推动、促进、传播，在这一过程中，它也形成了与地区文化的竞争，阻碍地区文化的传播。但对于欧洲人来说，地区文化却是能够真正形成欧洲文化认同的基础。欧洲文化认同是一个过程，不能脱离欧洲现代化进程以来的文化转变与文化挑战。许多欧洲人认为欧洲民族国家体系（战前的与战后的）与欧洲文化认同并不兼容。这其中，一个核心的问题是：如何发展欧洲市民共同的文化基础？这也是至今摆在欧洲文化政策面前最复杂的一个问题，无论是对政府，还是对民众。我们注意到，“欧洲文化首都”活动渐渐地不再是围绕着一个“多元统一”的文化主题，而是演变成为通过欧洲各城市积极地参与和合作，更深刻地体现为文化产业的竞争。这说明，欧盟的文化政策，尚未形成具体的政策框架来服务于公民社会，“多元统一”就只能被悬在政治的空中，而无法着陆到文化现实中来。

---

① Antinio V. Menendez-Alarcon, *The Culture Realm of European Integration: Social Representations in France, Spain and the United Kingdom*, London: Prager, 2004, p. 143.

第四，正确处理文化、政治与经济三者间的关系。

“欧洲文化首都”执行中“文化搭台，经济唱戏”的是与非，不是简单的接受或贬抑就够了的。但我们看到这样的事实：最早的“欧洲文化城市”项目的设计是为了共同的“欧洲文化宪章”或讨论欧洲文化和文化政策，而在现实执行中却被网络创意、合作产品等无关的主题所充斥。这主要是由“文化城市”的主办方和投资方所决定的，欧盟没有进行干涉。在欧洲，各个地区的企业发展和经济增长状况各不相同，这是地区文化发展的“黑匣子”。[①] 近来，迈克尔·肯尼和尼克·史蒂芬森（Michael Kenny&Nick Stevenson）关于“文化政治经济”[②] 的讨论越来越受到关注。它试图在文化政策研究与文化政策制定之间寻求一个适合的链接，以取代传统的将文化、政治与经济相隔离的分析与研究。在文化政治经济讨论中，文化政策的未来也体现在文化政策的执行中，它涉及高端艺术、通俗文化、传媒及大众文化的各领域，而其基本的关注所在就是如何弥合在文化政策执行过程中，国家的权威与自由市场之间必然存在的“执行的鸿沟”，这一鸿沟不仅在于政策的雄辩性和政策执行的懦弱性之间，而且存在于这一矛盾产生的结果之中。从长远来看，这一命题不仅仅是欧洲命题，而且是世界文化发展的重要命题。

---

① Wilarts, Jacques Hagenaars and Loek Halman, (eds.), *The Cultural Diversity of European Unity: Findings, Explanations and Reflections from the European Values Study*, 2003, p. 95.

② Michael Kenny, *The politics of Identity: Liberal Political Theory and the Dilemmas of Difference*, Oxford: Polity, 2004; Nick Stevenson, *Understanding Media Cultures: Social Theory and Mass Communication*, London: Sage, 2002.

第七章　欧盟治理的理论与实践

治理不是传统意义上的政府行为，而是一种有意识地确定政治目标并不断改变社会现状的一个持续过程。治理在国际关系领域与在国内政治中具有相同的重要性。发展到现在，人们对治理的关注开始转向，已经从制度层面转向政治进程方面，其中包括：治理目标的设定、社会行为之间意见的协调，以及使这些社会行为体信守承诺。随着国家责任的不断分散化，非国家行为体在国际关系中越来越活跃了，它们的参与会产生更广泛的专业知识，代表更广泛的多样性利益。并且，治理强调谈判与协商，而不是等级制的决策，更容易获得认同。治理所反映的价值取向，特别是非权力取向，正好符合欧洲一体化的发展需要。欧洲一体化进程使欧盟治理作为一种独特的方式显现出来。本章主要介绍、分析欧盟治理从“老欧洲”模式向“新欧洲”模式的转化，从单一治理模式向混合治理模式的发展，进而分析欧盟治理的混合治理本质。

第一节　欧盟治理概述

本节主要讨论20世纪90年代后期“治理”概念被采用后欧盟治理的概况。一般认为，欧盟在当代世界区域一体化运作的成功，体现在欧盟治理模式的创新。“为了保证欧洲一体化的顺利扩展与深化，共同体机制要求成员国政府让渡部分决策权力；另一方面，欧洲各国公民并不希望欧洲一体化发展的结果是在已有权力的金字塔基础上再添一个等级。而从治理的角度来看，人们关注的焦点更集中于更好地解决一体化过程中的问题，使现有的制度更加完善。”[①] 这是欧盟治理的源动力。

一 欧盟治理的产生

治理对于欧盟的基本意义在于将欧盟的决策与市民社会相结合，使其在决策权、执行权上包含更多的行为体。20 世纪 90 年代初期，欧盟委员会建议将治理的宗旨写到白皮书上，以见证其组织管理模式在 1998 年至 2000 年的改变与扩大，而其目的在于加强协商与对话。这一战略接下来在合法性受到质疑的各个体系领域中都有所表现，经济和社会委员会尤其被推到了前沿。

接下来，欧盟委员会又试图进行对话形式的改革。例如，在《宪法条约》被法国和荷兰否决之后，欧盟委员会支持成员国对直接民主进行审慎的试验，如召开公民会议或开展审慎的全民公投。然而，这些特别方式对于政治决策来说，也带来了巨大的疑问，就是它包含了太多的复杂性，包括在语言表述上，或者多元性的尺度上，要实施真正的治理理念还存在非常大的困难。

在此基础上，进一步形成了通过团队来实施的治理理念，就是建立一个在欧盟层面由代表组成的自治管理的治理结构。虽然在共同体层面上的机构 20 世纪 70 年代就已经出现了，它们的数量却是在统一市场计划开始之后，在 1990 年至 2000 年取得了突破发展。这一发展的最基本原因是：随着欧盟范围内商品自由流动的加大，欧盟的规范能力亟待发展（如在环境和消费者保护、公共卫生、劳动者的医疗保障等方面），这就使其治理结构得到发展，它属于一种有组织的机构，其职责包括材料的收集、跨国家间网络的建立、组织讨论最佳实践方案，也包括做出独立决定的权力，或者在合法机构之外发布规则。这种通过团队来实施的治理实质上是一种折中管理。这种折中管理使很多问题欧洲化，在很大程度上去除了在政策制定中排斥成员国政府权力的嫌疑，因为它产生的规则都直接与机构相关。尽管这些团队或机构各自的地位有明显的不同，但大多数团队或机构已经发展成为或者正在发展成为经验共享的、

① 周弘主编：《欧盟是怎样的力量——兼论欧洲一体化对世界多极化的影响》，社会科学文献出版社 2008 年出版，第 51 页。

社会化的组织。在此过程中，产生了代表欧盟和成员国制定政策的、各个领域的代表。

二 欧盟治理的发展

20世纪90年代，欧盟新治理模式就启动了，其目标是欧盟负责实施管理的多边问题，这些问题经常被称为“主流问题”、“一体化的方针”，或者“一体化的规则”。在新的治理模式下，固定的政策被置于一个宽阔的领域之中。由于欧盟在很多政策领域的主导作用，这一模式又使欧盟不被看作是解决问题的机构而是一个领导机构。

治理模式的早期案例是在环境领域出现的，它体现了比较广泛的共同体政策。这种一体化规则首次显现在1986年的“统一欧洲行动”中，在之后得到进一步的确认。第二个一体化标准的案例，是产生在《阿姆斯特丹条约》之后，意在指出共同体应该确立的目标包括减少不平等，促进男女平等。

因为受到了《欧盟宪法》和《里斯本条约》的限制，新治理模式在20世纪90年代后变得越来越多样化和非正式。这两个条约通过限定欧盟政策的数量来限定一体化规则的发展，规定欧盟只能够按照特殊需要来限定、管理和执行政策，包括劳动平等、社会保护、环境保护和可持续发展、消费者保护和动物保护等方面。

同时，欧盟治理通过各种工具付诸实践，像欧盟委员会的内部服务团队一样，它是有组织的，试图通过各种合作来影响政治行为体及其行动，并为之提供决策的分析工具，如统计、指导、研究等，利用这些工具通过选择社会群体及社会环境来对政策施加影响。

就目前来看，欧盟治理的最理想模式是开放式协调方法（OMC，Open Method of Cooperation）。事实上，开放式协调方法的理论起点始于新治理模式理论，它是为欧盟治理的理念服务的。虽然《马斯特里赫特条约》制定的宏观经济政策为治理设计了很好的蓝图并打下了基础，但是开放式协调方法直到2000年的春天，在里斯本召开的欧盟委员会会议上才得到正式通过。

虽然，“里斯本战略”很难达到目标，任何向欧盟层面附加的权力转移也都是成员国一直努力避免的。但开放式协调方法限定了程序路线——试图推动欧盟治理与成员国间治理的相互效仿与学习。比起共同体方法来说，相互仿效应该是这一新战略成功的核心。欧盟委员会降低到第二层次的角色上，成员国政府成为全面引导与控制的角色。这一战略是欧盟不断扩大影响力并挑战了成员国主权之后，所作出的一种折中，尤其体现在社会事务层面。

2000 年开放式协调方法成为一个体系，欧盟在社会领域（退休、社会保险，健康及养老等方面）与成员国政府开始了新的合作过程。在其他领域内，欧盟也试图去扮演一个支持的角色（如研究与创新、教育、青年、信息社会方面）。与其说开放式协调方法是一个特殊的过程，不如说它是一种工作方法。自从开放式协调方法被使用后，它一直试图在各个不同领域获得发展：试图描绘行动计划、设立目标、执行独立的建议。

在欧盟治理的发展中，还可以肯定的，欧盟治理是以国家为中心的治理和以欧盟层面的多层治理为基本治理理念——它们一直在考验欧盟政治政策的有效性。

三　超国家行为体模式与欧盟治理

超国家行为体模式认为欧洲一体化是一个政策创造的过程。在这一过程中，权威和政策制定的影响力通过次国家间、国家间和超国家间的多层治理来分享。[①] 虽然民族国家政府在欧盟政策制定中有着巨大的作用，但他们让出了对欧盟制度和超国家制度的主导权。作为其结果，国家失去了部分主权权威。多层治理模式表明了政治主导的核心已经在发生改变，单一国家政府的统治被国家间政府的政策制定淡化——欧洲议会、欧盟委员会和欧洲法院行使着自治角色。

从制度结构来看，欧盟属于典型的多层级治理体制，其形成源于国家权力向上、向下和向两侧的多维度转移，即中央政府的权威同时向超国家、次国家和地方的层级以及公私网络分散、转移。有观点认为，欧盟迄今为止已发展成为一个“决策权可以在不同层级之间共同分享的政体”，[②] 即多层级政体。这种治理的本质是通过协调行动，促进成员国以及各层

① Liesbet Hooghe (ed.), *Cohesion Policy and European Integration: Building Multilevel Governance*, Oxford: Oxford University press, 1996.

② 周弘、[德] 贝娅特·科勒—科赫主编：《欧盟治理模式》，社会科学文献出版社 2008 年版，第 74 页。

级行为体之间的稳定与合作，不断增加共同利益，最终实现共同目标。经过几十年的发展，欧盟已经从一个在有限的政策领域内（煤钢共同体、原子能共同体和经济共同体）具有极高权能的非国家机构，发展成为具有政治权能的政治体系。它几乎涵盖了所有领域，具有很高的规制性权力。过去60年里，欧盟内部没有发生变化的是成员国对宪政政治的控制。成员国政府继续享有权力能力，即决定是否将权能转移至欧盟的权力。

最近20年来，欧盟治理发生了重要变化。首先，是对具有集体约束力的决策形成方式发生了影响；其次，是引进了通过法律实现一体化的手段。欧盟的新治理模式并没有代替欧盟原有的治理，而是对原治理模式的一种补充。下面三个图示分别为欧洲议会议席人数的发展变化、欧盟28国在部长理事会中的投票和各成员国的投票比例，它们是欧盟新治理模式中超国家治理的主要体现方式。

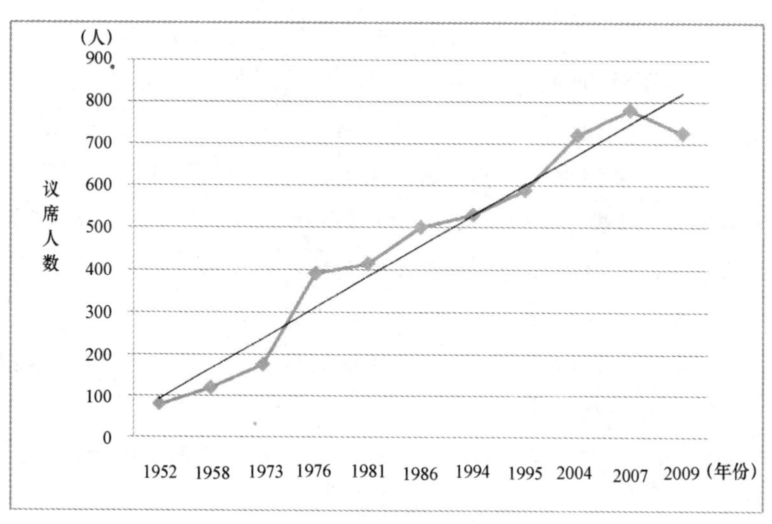

图7—1　欧洲议会的发展

欧洲议会在1952年与煤钢共同体（ECSC）共同召集会议。1958年由欧盟委员会来召集议会。1973年为英国、丹麦和爱尔兰增加了56个议席。1976年第一次直接选举议员，议席增加。1981年为希腊增加24个议席。1986年为葡萄牙与西班牙增加了84个议席。1994年为两德统一而平衡议席。1995年为奥地利、荷兰和瑞典增加了59个议席。

2004 年为塞浦路斯、马耳他和其他新入盟的东欧国家增加了 162 个议席。2007 年为保加利亚和罗马尼亚增加了 53 个议席。2009 年选举后重新分配了议席。

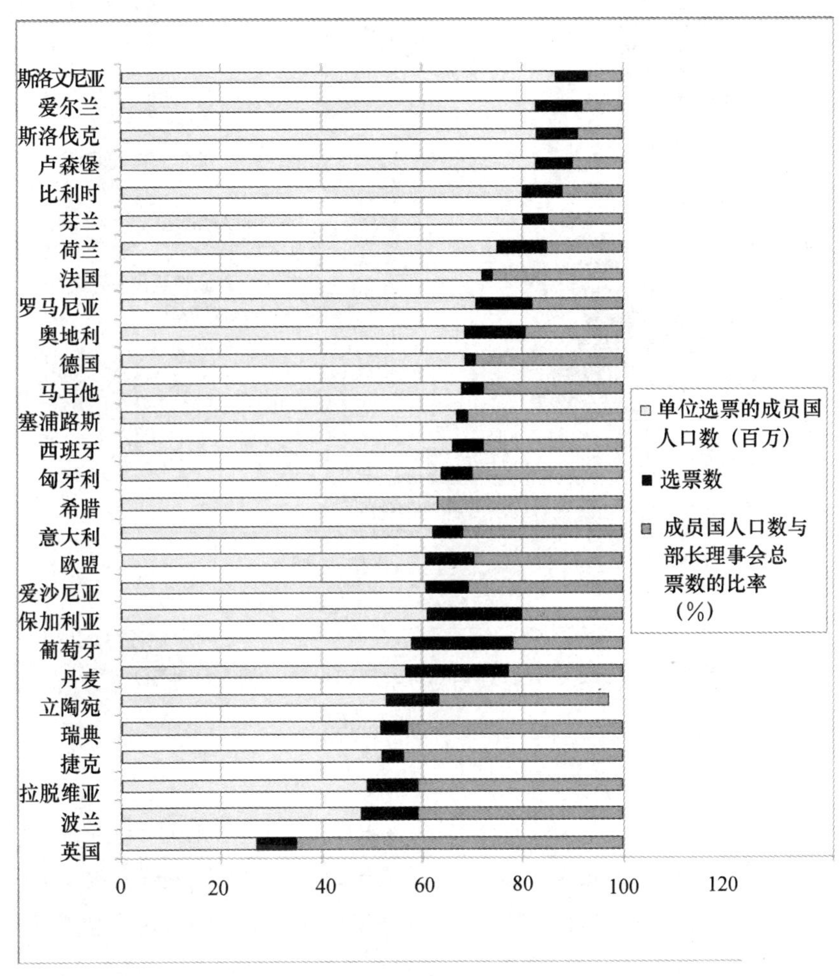

图 7—2　欧盟 28 国在部长理事会中的投票（按选票率排序）

资料来源：Eurostat 2007.

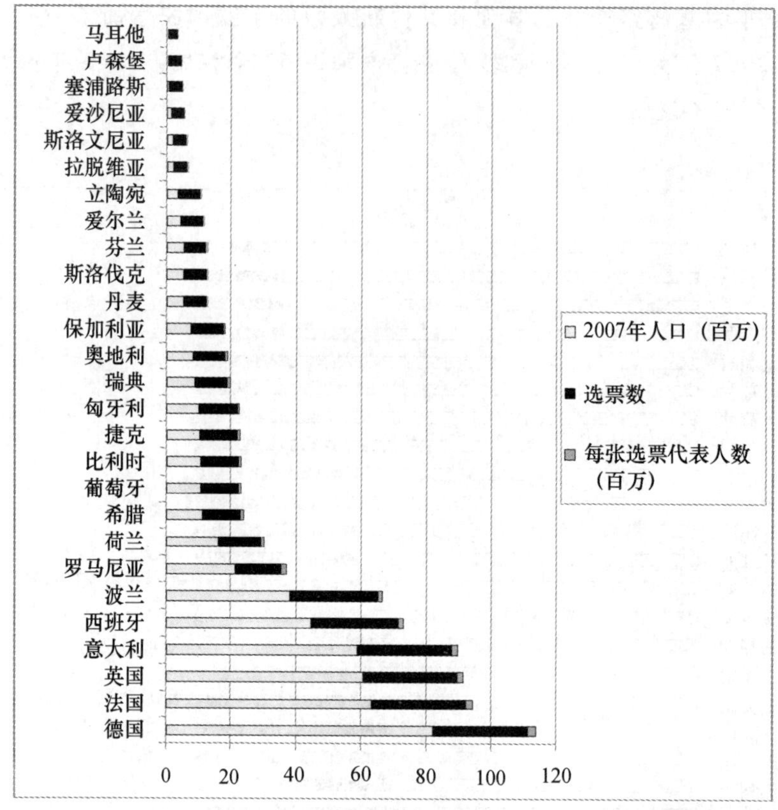

图7—3　欧盟28国在部长理事会中的投票（按人口排序）

资料来源：Eurostat 2007.

在图7—2、图7—3中，总人口为4.947亿人，票数为345张。投票方式主要来自《尼斯条约》规定的大成员国共占255张选票（大约占74%），代表欧盟总人口的62%。也受制于《尼斯条约》，占欧盟总人口的38.1%的小成员国，共占26.5%的选票。

四　国家中心主义模式与欧盟治理

国家中心主义模式的大多数倡导者也被称作政府间主义者，其主要观点是成员国政府作为最终的决策者，将有限的权威转移给了超国家体制以实现其政策目标。而欧盟的政策决策者们扮演的则是在成员国间讨价还价的执行人。为扩大超国家体制的影响力，他们执行的却是成员国的最终目标。国家中心主义模式没有坚持政策制定的每一个细节都由成员国来执行决定，而只在全面的政策执行方向上由国家来掌控。成员国可能通过创立一个司法部门来强化它们的诉求或成立一个机构来执行它们的决议，但那样的机制不是进行超国家的自治代理，而是给予它们有限的权力来定位成员国的利益。"以国家为中心层面的治理理念其核心在于欧洲一体化没有挑战民族国家自治"。[①]

国家中心主义模式认为，欧盟决策反映了最低标准的成员国共同领导。成员国的决策者对于不能接受的政策和决定需要进行反复讨论，因为决定必须在一致性的基础上才能做出。这允许国家既保持独立的思考，也能控制事物的结果。如果一些国家政府不能够从一体化中得到它们想得到的利益，没有人能够强迫它们做出更深层次的合作。在这一模式中，国家决策不存在政治真空。国家中心模式实质上是国际关系领域现实主义理念的体现，它集中于单一国家行为体间的关系，国家行为体被置于国内政治领域，它们的谈判是由国内政治利益决定的。

国家中心主义者认为欧盟成员国保持了或者在某种程度上进一步强化了国家的自治权力。欧洲一体化就是在成员国政府间的讨价还价中推动的。没有成员国政府是因为不支持一体化而进行讨价还价，讨价还价是建立在最基本的认同——对成员国基本身份的认同基础之上的。在这一模式中，超国家行为体不再仅仅支持某个成员国的利益与权利，但其政策结果反映的是各成员国的利益和相对权利，而不是超国家行为体的利益和权利。[②]

可以看出，无论是超国家治理还是国家中心主义的理论，欧盟都是通过引入新的治理模式来补充和支持欧盟决策。新治理模式提高了专家和行政机构的作用，推动欧盟权力向下级管理层和准独立机构进一步下放，激发目标群体的参与。由于新治理模式的引入，欧盟开始以更加灵活的治理方式应对欧盟扩大所带来的复杂性和异质性；通过日益分化的决策工具和决策程序支持欧盟相对平稳地运行。不过，权能在不同政府层面和众多功能性领域的分散以及越来越多的行为体参与决策，在某种程度上也损害了

① Michael Mann, "Nation-states in Europe and Other Continents: Diversifying, Developing, Not Dying", *Daedelus*, 13, 1994, pp. 115 - 140. John Mearsheimer, "Back to the Future: Instability in Europe After the Cold War", *International Security*, 15, 1990, pp. 5 - 49.

② Liesbet Hooghe and Gary Marks, *Contending Models of Governance in the Europe Union*, 1995, p. 21.

欧盟内部的民主代表制度和民主责任制度。[①]

第二节　从共同体方法到新治理模式的转变

前一节中，我们简述了欧盟新治理模式。事实上，从欧共体建立之初到现在，欧盟的管理与治理经历了从共同体方法到新治理模式的转变过程。共同体方法，在20世纪90年代以前，是作为欧共体最初的制度设置方式出现的。20世纪90年代后，欧盟在不同层面、领域开始了多重、网状的“新治理方法”，即多种机构的参与协商制度，往往被认为是对欧盟治理的旧模式——共同体方法的取代。但是，在现实的欧盟治理面前，人们也在思考，相较共同体方法，欧盟的新治理方法的确意味着全面的革新吗？新治理方法就是欧盟制度改革的出路吗？尤其是当欧盟的制度运作被指认效率严重低下、欧债危机后共同体方法的重要性看起来有正在回归的迹象的事实发生之后。在此后的两节中，笔者试图分析欧盟治理由共同体方法到新治理方法发生的转变，阐释共同体方法在欧盟新治理方法中的转化、延续；结合《里斯本条约》时代和欧债危机治理中，共同体方法重要性正在回归的现象，并对其原因进行分析；得出结论，共同体方法重要性的回归不一定就说明它会在欧盟治理中卷土重来，但它说明了欧盟治理的混合治理本质。它的根源不在于治理体系的不完善，而在于欧盟本身是一个没有确定身份的政治体系，它需要在治理方法的不断整合中回应欧洲公民的期盼。

一　共同体方法和新治理方法

舒曼在1950年5月9日的那个简短演说之所以被认为是欧洲一体化的开端，不仅仅因为它标志了二战后法德合作的开始，还有一个核心，就是它最初的制度设置方式，后来被称为“共同体方法”。20世纪90年代中期以后，欧盟开始采用了多重参与的网络化、制度化的新治理方法，它在某种程度上与早期的共同体方法相脱离。由共同体方法到新治理方法是

① 周弘、［德］贝娅特·科勒－科赫主编：《欧盟治理模式》，社会科学文献出版社2008年版，第6页。

欧盟治理发生的重大改变，两种治理方法体现出迥然不同的特征、优势。

（一）共同体方法及其特征、优势

在20世纪50年代，欧共体为加强欧洲和平而采用了诸多的制度工具。这一时期的总体制度被称为“共同体方法”，“它是一种政府间的管理方法”，“其中的超国家因素使欧共体有别于传统的国际组织”。[①] 直至20世纪90年代初，都是欧洲以共同体方法为核心的治理时期。其主要运作方式是成员国将一部分权力合法让渡给欧洲层面，建立超国家的机构去执行——从煤钢共同体最高委员会到欧盟委员会，并通过各成员国的选举权来保持其合法性，欧洲法院有既定的执行权。

共同体方法的主要特征体现为高度分散的权威体系，并根据法规程序，依赖于合法的约束力来实施强制行为。为此，共同体方法相较其他治理方法具有较强的约束性。在共同体方法盛行的时期，人们会反复地讨论“欧洲如何建立了一个无权力的规则，其目的是试图将成员国锁定在一个相互合作的道德方案中，并认为这样比创建一个新的欧洲帝国权力更富有效率”。[②]

共同体方法的运用是存在法律依据的。欧盟法律规定：当其规则与国家法律相冲突时，它具有超越国家法律的效力。只是在执行这一权力的过程中，欧盟被剥夺了与下一层次权力进行分级的权力，缺乏任何强制权力，因此又必须依赖国家权威使其决定发挥效力。这种复杂的权力平衡方式与共同体方法相结合的目的在于阻止强大的核心政府的出现。[③]

共同体方法的主要优势在于，根据共同体方法所做出的决定不必有一个严格的执行方法或措施，而这种可供选择的方式能够有效地保护多元性。并且，欧盟的主要决策一般是通过委员会来制定的。这使欧盟的政策制定能够具有充分的表达利益的空间，其见证角色由社会合作伙伴来担任，也或者由选举代表来担任。

（二）由共同体方法到新治理方法的转变

共同体方法的超国家权力主要限定在创立一个功能完备的共同体市

---

① Youri Devuyst, *The European Unnion Transformed: Community Method and Institutional Evolution from the Schuman Plan to the Constitution for Europe*, P. I. E. -Peter Lang, 2005, pp. 11 - 12.

② Jack Hayward, *Leader less Europe*, Oxford University Press, 2008, p. 32.

③ Haas, E. B., *The Uniting of Europe: Political, Social and Economic Forces, 1950 - 1957*, . Stanford: Stanford University Press, 1958.

场。而20世纪90年代，欧洲一体化进入新的阶段，其合作远远超出了共同市场的范围，共同体方法遇到了危机。这时，人们将共同体方法视为试图“管理”欧洲的出路。认为共同体方法有向成员国强加规则的倾向而缺乏灵活性。同时，布鲁塞尔也被认为缺乏执行的权力。为此，欧盟的重要制度革新——新治理方法在欧盟扩大后被聚焦。一般认为，“欧盟新治理方法的核心特征在于：多重参与发挥越来越重要的作用，是一个成长中的多中心主义”。[①] 相较共同体方法，新治理方法的转变主要体现在以下三个方面：

第一，扩大执行公共权力的行为体范围。

新的治理方法相较共同体方法在公共政策领域表现出扩大执行行为体范围的倾向。这可以理解为欧盟的决策过程主要是通过协商、讨论来实现。以最具有革新代表性的农业政策为例：欧盟农业合作是在生产者与成员国的复杂公共权力之间进行的联结。最初，欧盟委员会的相关部门试图去建立一种合作管理，与支持欧盟共同政策（CAP）相交换，委员会获得了四分之一专利商议职位。20世纪80年代中期后，一些更为灵活的对话形式，如不定期的和非正式的会议被采纳。并且，90年代后，在农业领域，对私人行为体的依赖程度越来越强，非政府管理（NGM）在已经建立的组织中得到加强，并已经处于重要的地位。[②]

第二，强调建立多中心的网络与制度管理。

新治理方法比共同体方法更具有制度复杂性。新治理有很多的权力方，决策和管理包括大量的参与者，也有很多利益相关方。它的优势主要体现在专业化、节约开支、提高透明度方面。同时，新治理方法大大增加了欧盟体系的复杂性。这不仅是因为在欧盟层面增加了一个新的管理层，而且它们的主要任务是确立工作目标后建立起与成员国之间的网络。[③] 为运行这一网络，在与成员国相对应的领域都要建立起相应的机构与联系。

---

① Jarle Trondal, *Agency Governance in an Emergent European Executive Order*, Oxford: Oxford University Press, 2010, p. 125.

② Arlindo Cunha and Alan Swinbank, *An Inside View of the CAP Reform Process: Explaining the MacSharry, Agenda 2000, and Fischler Reforms*, Oxford: Oxford University Press, 2011, pp. 73 – 79.

③ Andrew Jordan and Adriaan Schout, *The Coordination of the European Union: Exploring the Capacities of Networked Governance*, Oxford: Oxford Univerety Press; 2006, p. 18.

第三，强化非政府管理（NGM）和非正式约束力。

新治理方法比共同体方法更依赖于非政府管理的非正式约束力，特别是在发展新型的政策制定工具方面，这被认为“比共同体方法时期运用规则更减少一些侵犯性”[①]。非政府管理经常采取仿效和同类仿效的原则，它允许一些特殊成员国对问题采取不同的回应。以开放式协调方法（OMC）为例，它的正式约束力是有限的，对没有执行一致的事务也没有可预知的处罚。它的主要优势在于更有利于达成共同政治目标和使各方的规则意识同步，但也因难以形成一个完全一致的执行政策而遭到诟病。

二 共同体方法在新治理方法中转化、延续

如前所述，共同体方法与新治理方法是两种不同特征的治理模式，这些不同的特征使他们相互分离。但我们也注意到另外一个现象，就是在欧盟，共同体方法从来都没有消失过，且新治理方法的上述重要特征是建立在对共同体方法的转化基础之上的，共同体方法中的立法、投票等重要的工具、要素在欧盟新治理方法中得到了延续。对这些问题进行分析可以帮助我们更好地理解共同体方法重要性在处理当前经济危机中的提升。

（一）共同体方法在欧盟新治理方法中得到转化

在新治理方法的主要特征中，我们可以探寻到共同体方法的转化：

第一，在扩大执行公共权力的行为体范围方面。新治理方法中，非政府组织（NGO）在布鲁塞尔扮演重要的角色，或者说欧洲的公民社会被视为一个整体，作为其结果，在欧盟委员会与利益集团之间形成了多元关系。其目标在于加固与次国家行为体间的相互关系，更重要的是通过扩大协商将欧洲市民直接纳入欧盟的政策制定中来。在各领域中，欧盟委员会也一直在寻求增加合作伙伴和扩展条约内容，协商对象越来越多，规模越来越大。但事实上，“90年代后学者们探寻的是将原有的管理方式向利益相关方和公民社会间的一种转化，以促进政策向更民主的联盟——公民社会的转化”。[②] 这说明，如上所述绝大部分的改变都属于工具特质，这些新工具及其方法都无法与共同体方法脱节，而是在共同体方法基础上的转化与演化。

---

① Andrew Jordan and Adriaan Schout, *The Coordination of the European Union: Exploring the Capacities of Networked Governance*, Oxford: Oxford univerity Press. 2006, p. 101.

② Karl-Oskar Lindgren and Thomas Persson, *Participatory Governance in the EU-Enhancing or Endangering Democracy and Efficiency?* Palgrave Macmillan, 2011, p. 5.

第二，在建立多中心的网络和制度管理方面。改革后，欧盟委员会在各项条约中都加入了大量的细则，并在联盟内部建立了辅助规则，建立单独的政府间支柱来进行合作以摆脱“超国家”控制；或者借助法律来限制欧盟在新的竞争领域的行为能力，如医疗、文化和教育。而事实上，这种“多中心”，在共同体方法时代就已经清晰地体现出来：包括欧盟委员会和欧盟理事会在立法程序中的投票参与、欧盟理事会的组织构架都是建立在多层参与基础之上的。“用权力的多元化来相互抵消以避免任何形式的专权，这是共同体方法的精髓之一”，“也是在这样的背景之下，半自治式的规则结构才可能在没有受到任何激烈反对的情况下得以施行和发展”。[①] 因此，可以认为，在新治理方法中，这种权力多中心的方式发生了转化，得到了强化。

第三，在强化非政府管理的非正式约束力方面。作为其结果，我们看到，在新治理方法中，欧盟软法律的地位得到了提升。对比巴罗佐委员会前两年工作与普罗迪任期前两年的结果显示，其法律总体下降2.8%，而软体法律同期上升18.1%。[②] 事实上，软体法律在共同体方法时代已被广泛采纳。比如，以多种形式编写欧盟委员会向成员国援助的政策法律已经在一个较宽泛的领域内发展起来了。在新治理方法中，在某些领域，如在社会政策领域，非政府管理转化并发展成为最强大的治理方法。但需要注意的是，在这些领域，共同体方法时代的硬体法律没有消失。

可见，在欧盟新治理方法的主要特征中，都有共同体方法转化的痕迹，强化的要素。如此，是否可以这样认为：新治理方法在确立自身特色的同时，强化了共同体方法的一些特征（如多中心和复杂性），同时，也表达了一种趋势，就是向着行为体多元模式的转化。新治理方法相较共同体方法发生了多元程度的转化，但共同体方法一直存在。

（二）共同体方法在欧盟新治理方法中得到延续

从《巴黎条约》和《罗马条约》的运作体系可以看出，超国家身份的有限选举使共同体方法陷入了危机。人们甚至反复强调共同体方法时代

---

① Dehousse, “Delegation of Powers in the European Union: The Need for a Multi-principals Model”, *West European Politics*, Vol. 31, Issue 4, 2008, pp. 789 – 805.

② Stefano Bartolini, *Restructuring Europe: Centre Formation, System Building, and Political Structuring between the Nation State and the European Union*, Oxford: Oxford University Press, 2005, p. 13.

已经过去，但是共同体方法比人们预料的更富于弹性，[1] 它在新治理方法中得到了部分延续。为解释共同体方法在新治理方法中的延续，我们将从立法与投票两个角度来说明这一问题。

第一个实例是关于改革前后立法的稳定性。从图 7—4 中，我们看到，1999 年以来欧盟委员会公布的硬体法律要比以前有所下降。从主要的硬体法律的来源——欧洲法院的立法来说，新成员国的增加，立法的增加应该是意料中的事。欧洲法院通过的规则数量在稳定的攀升过程中，这说明，欧盟扩大对原有的共同体法律制定体系没有产生太大的影响，共同体方法下制定的法律政策体系被沿用了。

并且，欧盟委员会提案的法律在 2004 年欧盟扩大之后仍然保持在一个稳定的数字范围，尽管在 2005 年有明显的下降（如图 7—4），似乎是由于在这一年之前出台的法律过于密集。而对于其法律产出来说，数量上也基本与改革前持平。1999—2009 年，欧盟每年采纳大约 200 项法律条款，在 2005 年有一个明显的下降（如图 7—5），但是这主要是由于在前一年有一个明显的增加量，这一结果在第二年释放出来了。而在 2005 年出台的法律条款中，有 2/3 是在前一年的最后 4 个月由新成员提案而被采纳的。显然，欧盟的扩大在 2005 年左右的加速对立法起到了重要的作用。而在 2005 年以后，下降的立法趋势又有新的回升，这意味着欧盟的运作比人们预期的顺利，而且，其决议数量的增加幅度也非常快。这种立法的稳定性，说明了原有共同体方法中的社会政策部分为新治理方法提供了较好的平台。

第二个实例是关于改革前后公众投票比率的稳定性。我们看到，改革后欧盟的公众投票比率一直保持在欧盟扩大前的水平上，这也体现了共同体方法的一个核心要素。扩大前，一直有一些关于 2004 年的欧盟扩大会带来欧盟理事会由于《尼斯条约》所确定的多数原则而变得陈腐、过时的论调。但是，如图 7—6 所示，在欧盟扩大后，注册投票的比率和合法行动被采纳的比率，都保持在一个稳定的水平上。投票的平均数字在 1999—2004 年是 20%，在 2006 年为 22%，在 2007 年达到 30% 的高峰，2008 年又降回 15%，总体上处于一个平均的水平。

---

① Jarle Trondal, *Agency governance in an Emergent European Executive Order*, Oxford: Oxford University Press, 2009, p. 77.

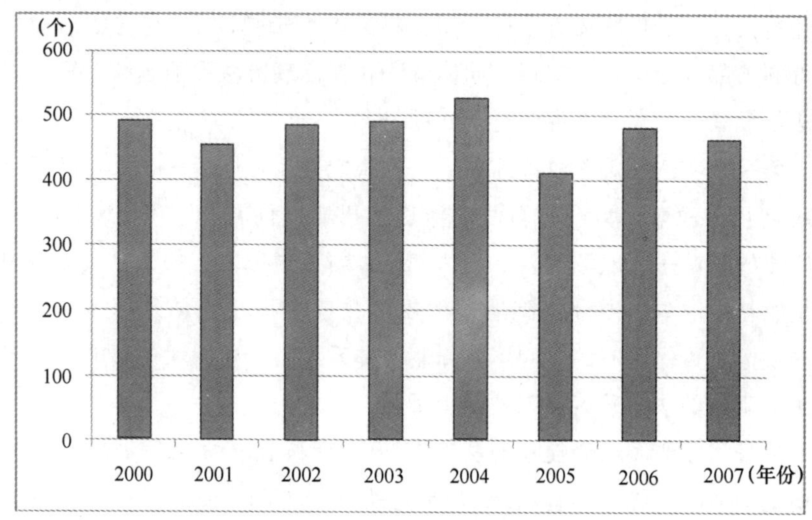

图 7—4　欧盟委员会各年度的提案数量

数据来源：OIE data 2000 - 2007.

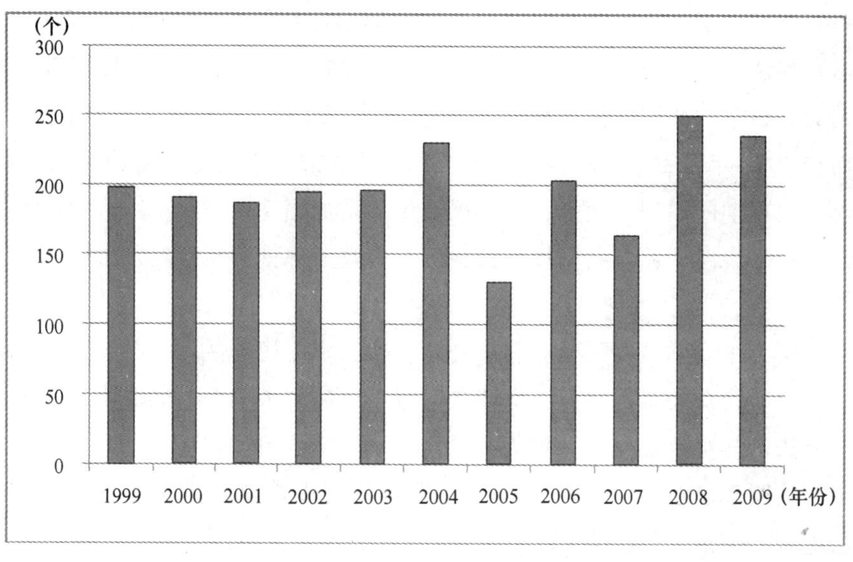

图 7—5　1999—2009 年的立法数量

资料来源：1999—2002 年数据来自 Council General Secretariat for 1999 - 2002；2003 - 2009 年数据来自 OIE data。

我们还注意到，投票前的决议期在缩短。在欧盟扩大之前，从一项法律提交给欧盟理事会部长会议到决定投票的时间大约为 475 天，而现在则下降到450天。这可以说明立法程序的加速。当然，在这一时期，相关的选票数量的限制也受到了更多的关注。无论如何，与2004年之前相比，扩大后的欧盟理事会比它的前任更不愿意去投票。也可以说，2004年的欧盟扩大对于欧盟的制度建设，在投票比例方面，没有发生大的变化。这一点与人们想象的有所不同。

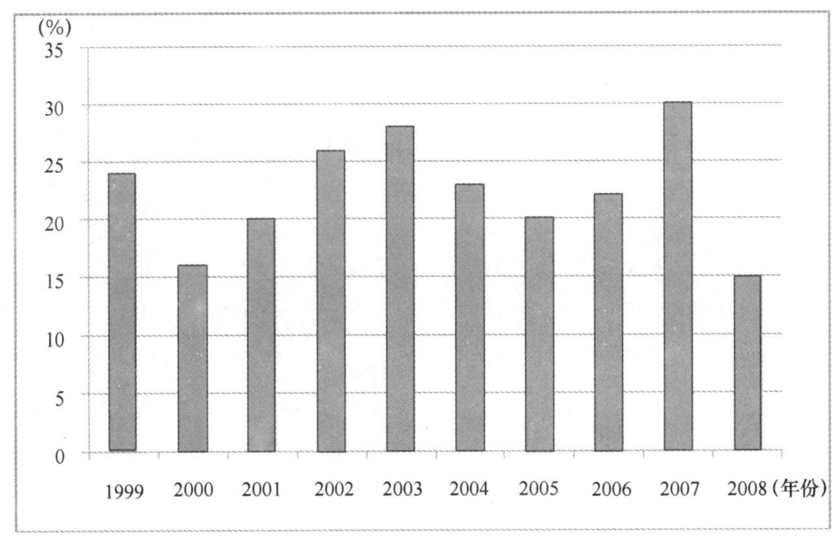

图7—6　1999—2008年公众参与投票的比例

资料来源：1999—2001年数据来自Hayes-Renshaw，F.（2006）；2002－2008年数据来自OIE data。

一般认为，新的欧洲治理有着多元的面孔，试图形成多层次的治理体系。为此，新的治理也有了一系列宽泛的工具和实践。但是，在治理实践中的核心层面（立法、投票）均体现出了与共同体方法时期的延续、相融。以上两个案例也说明，在欧盟的新治理方法中，并没有因为欧盟的扩大而相较共同体方法时代在立法与投票层面受到根本的影响。

共同体方法在新治理方法中得以转化、延续，或者可以在功能主义理论中得到解释。如同霍夫曼（Hofmann）在《民族国家的命运与西欧现实》中论述的，“高端政治，它在功能主义的各种‘外溢’中获得了自然免疫力”。[1] 霍夫曼认为欧盟政治与安全委员会仍然会是成员国代表的结合体，权力政治可能会为相互的信任和政府间合作带来“超国家”的结果。他同时认为，个人期望国家领导人有所作为，但是当权威的整个层面都被官僚主义所侵蚀的时候，群众的意愿就会大打折扣。为此，功能“外溢”本身也孕育了抵抗。[2] 后《马斯特里赫特条约》时代也是欧洲群众表达抵抗愿望很突出的时期，这无疑是后来的欧盟治理改革——新治理方法被采用的重要原因。

第三节　欧盟混合治理的本质

欧盟的新治理可以看作是欧盟围绕着合法性、民主化、透明度、更好的治理、更好的管理而展开的规则探索。《里斯本条约》也可以看作是欧盟在这些方面作出努力而产生的新规则。但是，后《里斯本条约》时代，在安全、欧理会的运作等领域我们又感受到共同体方法的重要性正在回归，尤其是欧债危机爆发之后，在开放式合作、财政一体化等领域共同体方法重要性的回归愈发凸显。本节所要探索的是，后《里斯本条约》时代共同体方法重要性的“回归”会是一种趋势吗？出现“回归”的原因是什么？如何看待这一现象？

一　后《里斯本条约》时代共同体方法“回归”现象

第一，在安全与外交领域。通过《里斯本条约》，外交和安全政策最高代表与欧盟委员会的关系越来越近，这已经是不争的事实。或者此前是非情愿的，而通过《里斯本条约》使之成为大家乐于接受的局面。按照乔利恩（Jolyon Howorth）的观点：共同体精神的基本因素在欧盟今天的安全领域仍然可以很清楚地看到，后《马斯特里赫特条约》时代的欧盟治理在司法和内部事务领域事实上已经被共同体方法所取代。[3] 我们看

---

① Stanley Hoffmann, “Obstinate or Obsolete? The Fate of the Nation-State and the Case of Western Europe”, *Daedalus*, Vol. 95, No. 3, Summer, 1966, p. 884.

② Ibid., p. 881.

③ Jolyon Howorth, *Security and Defence Policy in the European Union*, Palgrave Macmillan, 2007, pp. 280 – 291.

到，《里斯本条约》使欧盟在外交领域被共同体方法所取代的方向依旧。这在某种程度上说明，在欧洲人的观念中，政府间合作的结构还是虚弱的，在安全与外交领域仍然需要通过联盟这一传统的合作体系才能完成。

第二，在《里斯本条约》之后欧盟理事会的运作领域。《里斯本条约》对欧理会的运作做出了诸多调整，最典型的如扩大多数投票，将司法与内部事务列在第一支柱之下。这些做法扩大了共同体方法的范围，也在加大其影响。或者，阿尔伯特的观点仍然可以用来解释今天的这一现象，就是它可以看作是欧盟在“更民主的欧盟还是更有效率的联盟之间反复挣扎”的结果。对于欧盟理事会这一“政府间一体化的引擎”来说，“由于条约的连续性，并不是改革就联系着权力的再分配”。[①] 因此，《里斯本条约》中对欧盟理事会的运作所做的调整似乎都在平静地进行着，这只能说是欧盟理事会在司法与民主事务上对共同体方法的又一次默认。

第三，在开放式合作领域。在欧盟内部，开放式协调方法（OMC）有大量的热情支持者，但就此说欧盟迎来了开放的合作方法似乎还为时尚早，因为在某种程度上，它看上去还不够成熟。其中，最主要的问题表现在一个重要的案例中：在2000年，欧盟设立了一个富于野心的目标（欧洲2020）——将欧盟建成在知识经济基础之上的世界上最具动力的和竞争力的地区。要达到这一目标需要精心设计与执行，但是开放式合作领域至今没有见到富有成效的动作。在欧委会2010年讨论“欧洲2020”计划时，主要还是集中在目标上，而不是如何实现目标。故此，开放式协调方法的弊端显露出来了，就是难以有效地达成一致。欧债危机的蔓延，又使这一目标出现了破产的可能。这使人们自然而然地意识到：“共同体方法没有也不能褪色。欧盟要想实现如此远大的目标，共同体方法在欧盟决策中的应用只能比人们所预想的还要庞大。”[②]

第四，在欧债危机后的财政一体化领域。欧债危机的爆发说明，欧洲在缺乏财政一体化的前提下迅速推进货币一体化，非但不会促进成员国经济水平与经济周期的趋同，反而会加剧成员国的分化。欧元区要想彻底摆

---

① Alberta M. Sbragia, *The Future of Federalism in the Europe Union*, Keynote Address Delivered at the European Community Studies Association Canada 2004 Biennial Conference, May 27 - 29, 2004, Montreal, p. 7.

② Johan P. Olsen, *Governing through Institution Building: Institutional Theory and Recent European Experiments in Democratic Organization*, Oxford: Oxford University Press, 2010, p. 79.

脱欧债危机困扰并将欧洲一体化提升到一个新的水平，加快实施财政一体化是其必然的选择。一般认为，通过直接修改《里斯本条约》来实现财政一体化肯定是耗时耗力。仅仅针对欧元区17国修改条约，而其他欧盟国家可以选择在未来加入这一条约被认为是一个较好的方案，该方案被称为“货币主义申根国家提议”。[①] 还有就是通过建立跨国财政监测部门来增加欧盟委员会或欧盟理事会的权力，该方案实质上就是欧洲央行前行长特里谢提出的设立“欧洲财政部长”或“预算管理人”的倡议。这些无疑是对共同体方法重要性的再次召唤，是共同体方法在金融政策领域回归的重要信号。这一过程必然经历反复的博弈与冲突，也会是漫长和痛苦的。

二　后《里斯本条约》时代共同体方法重要性“回归”的原因分析

可以看出，无论推动者的目标是什么，《里斯本条约》后的欧盟治理都不是在证明共同体方法正在被取代，相反，共同体方法的重要性在凸显。在经济危机的处理过程中，共同体方法的重要性再一次被重申。究其原因，大致有以下三个方面的原因。

第一，欧盟的发展是有阶段性的，不同发展阶段的治理会体现相异的特征。

欧盟发展到今天，经历了不同的发展阶段。20世纪90年代以后，欧盟总体上发生的扩张、变化，必定会带来在领导层合作程度减弱的趋势。这要求欧盟治理工具的一些主要标志，如灵活性、分散性、决策的协商等，在治理方法中更加完善（事实上这些已经在最初共同体方法中有所体现）。为此，共同体方法向新治理方法的转变可以看作是欧盟扩大的必然结果。到了后《里斯本条约》时代，欧盟迫切寻求的是继续通过革新来提高其决策效率和增强欧盟政策机构的民主合法性。这说明新治理方法在某种程度上受到了抵制。当面临抵制的时候，自然的改变也会出现。出于内在的利益，合作有时候比保守是更有效的办法，一些冲突会因此而自然解决。以笔者看来，这是共同体方法在后《里斯本条约》时代回归的主要原因。

---

① 该方案在20世纪90年代由时任德国国务秘书的斯塔克（Stark）提出，目的是作为《马斯特里赫特条约》的补充条款，适用于欧元区国家。

欧债危机爆发后，人们期待的是危机中的欧盟如何能够顺利地应对，并且，在一些领域希望能够取得很快的经济效应。有章可循的内部制度可能也会解决这些问题，但是它需要更长的时间。《里斯本条约》的制度结构使其对改革的效用要比预期更长的时间才能得以释放，特别是，对于欧盟委员会和欧洲议会来说，它们在执行之初就必须面临金融危机并承担其后果。因此，从单纯的制度角度来说，条约对于解决现实的情势并无太大的帮助。并且，新治理方法要做的不仅仅是制度的建立，还包括建立欧洲社会与政治联结的密集而复杂的网络，共同工作的习惯、方法的形成，等等。这使新治理方法在某种程度上不能成为解决现实问题的良方。在这样的背景之下，以更强约束力、执行力为特点的共同体方法的回归也是一种必然。

第二，欧盟治理方法的采用是受具体情境因素影响的。

必须认清，从长期趋势来讲，在各个方面，欧盟要成为一个超国家的行为体都是不能够被接受的。从目标上来讲，最好的方法是开放式合作——其目标是为了建立一个强大的现代欧洲国家的欧洲化和建立福利体系。但这并不是与共同体方法相对立的，而且两种治理方法的初衷是相吻合的。具体方法的采用受欧盟治理阶段性的影响，也受到具体情境因素的影响——这使一些特殊情境下特定的事务会选取更合适的治理方法；也使许多目前情势下体现为模棱两可的东西可以从两种治理方法的相互转化中发展起来，并进一步扩大到欧盟的政策领域。尤其是在法律领域，今天的欧盟，相较 20 年前，成员国的数字已经翻倍，但欧盟委员会在决策方面遇到的困难似乎并没有增多，这说明了共同体方法原有的法律体系在现有规则中发挥作用之重大，可以说，已经成为情境因素在欧盟治理方法中发挥影响的调节杠杆。我们以法律体系为例：新治理方法中，与市民社会的对话部分，就必须通过欧盟法律来增加其影响，这必然是共同体方法早期的行动模式发挥重要作用的方面。再比如：欧洲法院的一系列规则，其在处理劳动者集体行动的权力和在国家间社会保护体系的竞争中始终存在争议，就暗示了欧盟的决策应该以司法为核心——这都是共同体方法会有非常强大作为的领域。从历史的经验中也可以看出，共同体方法的必要性还在于欧盟内部经常存在一些要求成员国做出改变的建议。例如，在《宪法条约》的草拟过程中，大多数成员国表示乐于接受共同体方法。

第三，共同体方法在欧盟新治理中的地位需要重新审视。

一般认为，欧盟新的制度行为体最显著的特征就是欧洲议会的出现和完善，它获得了立法权力，并且现在在很多领域发挥着政策制定的角色。但相较其他的政治体系来说，欧洲议会还没有成为政党政府的机构。欧洲议会保留了它的内部功能，保留了有限的正式权力，这又被看作与共同体方法的规则是一致的：就是避免任何层面的权力集中。① 议会的正式权力是有限的，但是如果这些权力都集中在委员会手中，又可能导致官僚机构的出现。因为此，共同体方法与新治理方法这两种治理方法，从本质上，都可以认为是成员国的政党政治和行政管理不愿意出现一个强大的欧盟对手，从而最终巩固了现有的欧盟的分散的力量。从这一点来说，它们在本质上的目标是一致的。

欧盟新治理方法是在共同体方法施行多年之后，欧盟的立法体系已经非常稳定之后的改革。因此，无论人们如何思考其政治方向，欧盟委员会的做法都只能是逐渐出台一些稳定的规划与建议。并且，共同体方法重要的力量来源在于它的制度弹性，它不必要受到一体化被假定为一种固定模式的约束。② 所以，自利的战略可以带来国家对主权让渡的有限度的支持，以推动国家间政策制定的效率。或者说，功利主义的视角可以解释后《里斯本条约》时代共同体方法范围的扩大。它体现了这样一种趋势：对于危机中的欧盟，共同体方法往往又被赋予了新的意义。

三 欧盟治理的本质是混合治理

在布鲁塞尔，经常听到有人抱怨今天的欧盟委员会与迪乐（Delor）时期，或者更早的哈尔斯坦（Hallstein）时期相比太过虚弱。但笔者认为，欧盟委员会权力的“衰落”不能与共同体方法的衰落相挂钩，其真正的原因在于权力的扩大就会产生新的规则使其分离。同理，对共同体方法出现的回归，我们也应该从欧盟治理的内部因素来思考问题的本质。

---

① Simon Hix, *What's Wrong with the Europe Union and How to Fix It*, London: Polity Press. 2008.

② Nils Ringe, *Who Decides, and How: Preferences, Uncertainty, and Policy Choice in the European Parliament*, Oxford: Oxford University Press, 2009, p. 33.

第一，欧盟治理是一个新、旧治理方法连结的过程。欧盟的治理体系应该由新、老两个结构来构成，它们由各自所处的时代设计，而今共存于欧盟治理之中。这种混合、共存的局面，证明欧盟治理是一个不断进化的过程。相较共同体方法，新治理方法更好地体现了欧盟作为一个政治体系的本质特征，但它不是一次彻底的革新。这两种治理方法都在治理体系内部最大限度地体现和回应了同样的需要：既能为成员国合作提供一个框架，又能满足他们不期望权力集中在欧盟的愿望。虽然，“这种方法曾经在100年前被美国人比喻为大理石蛋糕”，但是，我们必须面对这样的现实，“真正的治理革新在这个世界上是非常少见的”。从两种治理方法来看，“当人们聚焦于改革的实践，其核心是政府间秩序的重建，而非总体上实行的治理”。[①] 其本质目标不是去实现治理方法的革新。

第二，欧盟治理的程序与政策是两个方面的事情，不是更有效的程序就会带来最佳的政策结果。在政策制定程序和共同体感受之间不会自动产生一个直接的联结体，后者可能与一些象征因素或现有体系中的认同因素相关。如霍夫曼所说的，“要建立超越民族国家的欧洲，要做的不仅仅是建立程序”。[②] 这一论断也可以从另一方面来总结：如果人们希望在稳定的基础上建立合法的欧洲联盟，光有建立之初的统一欧洲精神肯定也是不够的。共同体方法的转化、延续与回归，并不是因为现有的治理模式还不成熟，也不是说新治理方法仍然处于一种过渡阶段，而在于欧盟政治的内在特征使其是一个“没有确定身份的政治体系”。[③] 正是这一根本原因，需要欧盟在混合治理的过程中不断做出整合。

第三，共同体方法重要性的回归并不意味着它会卷土重来，简单比较、划分的方法不适用于欧盟治理方法。欧盟治理过于复杂，它不适合被简单地使用的二分法。事实上，欧盟，像大多数现代治理体系一样，“通常是各种功能在复杂的形势下共存，包括一部分相互矛盾的组织和标准化

---

① Berthold Rittberger & Arndt Wonka (eds.), *Agency Governance in the EU*, by Morten Egeberg and Jarle Trondal, *EU-level Agencies: New Executive Centre Formation or Vehicles for National Control?* London and Newyork, Routledge, 2011, p. 90.

② Stanley Hoffmann, “Obstinate or Obsolete? The Fate of the Nation-State and the Case of Western Europe”, *Daedalus*, Vol. 95, No. 3, Summer, 1966, p. 862.

③ Simon Hix, *What's Wrong with the Europe Union and How to Fix It*, London, Polity Press, 2008.

的规则、参与形式、行为逻辑、程序运作水平和合法性来源”。[①] 在现在的研究中，应该避免的是将新老欧洲的治理形式进行简单的比较，它们应该被看作是有区别但不是相对立的欧洲层面的政策制定方法。这两种治理形式在结构上的相似性是存在的。相较去思考它们之间发生的变化，我们更应该去分析这些治理方法是如何联结在一起的，以及随着时间的推移这一混合体将如何改变。

第四，欧盟治理面对的真正问题不是如何改革治理方式，而是治理解决问题的能力能否回应欧洲公民的期盼。新治理方法在欧盟改革与扩大中发挥了重要作用，但在很多领域，共同体方法依然适合做出决策，也能够提供较好的执行方法。我们要正视欧盟已经发生的改变。从共同体方法来讲，它的动机需要改变，不应再作为限制国家行为体的权力而出现，而应是作为促成国家行为体更有效率地达成一致而存在，尤其是在背负巨大压力的经济领域方面。从欧盟的新治理方法来讲，它有这样一种不良的趋势，就是在追求灵活性的同时，反而走入了僵化的怪圈，它需要注意的是，不是所有的欧盟问题都能够通过合法性工具来解决。

---

① Ingeborg Tommel and Amy Verdun, *Innovative Governance in the European Union: The Politics of Multilevel Policymaking*, Lynne Rienner Pub. , 2008.

第八章 欧洲认同的理论与实践

随着欧洲一体化的深化和扩大，人们开始深入探究“何为欧洲?”“欧洲从何处来?”“欧洲向何处去?”等重大问题。欧洲认同是其中的一个核心命题。“欧洲认同”并非单一、固定的事物，而是具有多样性、复杂性和动态性的特征，兼具文化与政治的维度，可以说，欧洲认同的理论与实践对于欧盟未来的建设与欧洲政治来说都具有极其重要的意义。因为欧洲认同在欧洲辉煌和黑暗的过去扮演了重要的角色，对于现代欧洲来说，它又构筑着欧洲一体化的根基。

第一节 欧洲认同的理论

在长达五百年的历史进程中，欧洲观念（the idea of Europe）主要有三类话语形式，即“欧洲文明”观（the ideas of European civilization）、“欧洲统一”观（the ideas of European unity）和“欧洲认同”观（the ideas of European identity，此类欧洲观是新近涌现的）。这些观念的具体内容丰富多样，充分说明了它有着动态的变异性，这些动态的变异性出现于社会文化变迁、地缘政治和欧洲一体化的语境中。[①] 而“欧洲认同”是与欧洲政治化直接相联系的，它不仅将欧盟当作一个稳定的权力中心，而且被看作是对多元文化的一种威胁。欧洲艺术、科学、知识和政治文化的相似与差异，成为欧洲认同与认同变化的来源。

---

① http：//ies. cass. cn/Article/cbw/ozzz/200908/1565. asp.

一　欧洲认同的动力

对欧洲认同的研究，是在人类学、社会学和历史学的基础上进行的。这些方法可以让我们去捕捉一些在欧洲文化空间内相互渗透着的历史经验，积极或消极，流动或稳定的影响因素，等等。每个研究认同问题的学者，都试图在自己的研究框架下寻找认同的动力。而这种不停追寻动力的结果往往使欧洲认同像一个漂亮的挂毯而没有形成结实的现实框架。也可以认为，这个框架一直处于建构之中。

但是欧洲认同的建构没有停止过。欧洲认同的建构是在精英政治、市民政治、社会发展中同时进行的，同时存在于超国家、国家和地区的层面上，存在于欧盟的体制之内与体制之外，存在于公民每天的生活与实践当中。不能忽视的另一个背景是，它又是发生在被经济利益所驱动的，需要移民来推动发展而又对移民充满恐惧的一个渐趋“老化”的大洲。并且，认同不应该被认为是解释和解决任何问题的良药。下面这段话，在某种程度上形象地比喻了市民政治中所理解的欧洲认同，即便它存在一定的悲观色彩：

> 欧洲认同已经进入了不祥的水域。它被僵直的风吹着，水手们全副武装，但也有一些成员在大声地牢骚抱怨。酒水与食物非常充足，但是双筒望远镜与地图渐渐地找不到了。官员们为头衔和等级而竞争着，但是却找不到船长。考虑到缺乏方向且遇到很坏的天气，一些乘客在太阳褪去之后坐在椅子上回忆和思考过去的荣光，其他人则在挤成一团用反抗的情绪来贴近救生艇，提前做着最坏的打算。由于这次旅程的最后结果未知，前面的旅程似乎对于一些人来说极为艰难而痛苦，对于另一些积极者则充满风险。焦虑与不确定，无望与自信，交织在一起。①

很多欧洲精英，极力反对上面的观点。他们强调，欧盟作为一个解决问题的制度机构在过去的年代里已经解决了那些如破坏和平、繁荣，以及

① 笔者译自 Edited by Jeffrey T. Checkel and Peter J. Katzenstein, *European Identity*, Combridge Press, Preface, forthcoming, 2009, p. 1.

其他作为民族国家政府所难以处理的问题。他们也坚持认为，是欧盟点亮了欧洲，欧盟的诞生使欧洲 20 世纪的战争永不复返。只是这个联盟还没有成功地向世人阐释共同的欧洲情感——我们是谁。①

事实上，欧洲认同的政治在很早就已经被提及，包括被 19 世纪的浪漫主义情怀所想象。这种设想仿佛使欧洲栖息于一个拥有永久和平、社会福利、不可分割的人权的小山上，并向世界呐喊：这是欧洲人的欧洲。但是各种强制力和要求又使这种认同在比人们的设想快得多的欧洲经济一体化进程中被击碎了。欧洲认同被认为不仅仅是共同情感的产物，它又是根植于政治欧洲基础之上的。为什么欧洲认同会进入这样的境况？

第一，一般来说，人们把它归结为政治的原因。欧洲经济和政治的一体化被以政治方式技术性地向前推进。在最初时期，它被认为是一个可以理解的战略——为了解决德国问题以及处理冷战后的地缘政治问题而产生的战略。经过之后数十年的发展，我们看到了统一的欧洲市场、欧元、自由流动的护照以及欧盟的不断扩大。民族政治与经济的精英以及其他欧盟的受益者们为此而欢呼雀跃。接着出现了政治化欧洲，试图采用更隐秘的方式讨论和决定欧洲事务。政治化的欧洲带来了无休止的争论，在争论不断扩大的过程中，欧洲人又不得不回到他们的民族国家的理念中去以抵抗来自布鲁塞尔强加于他们的规则。

第二，欧洲认同有时被认为是民族国家和超国家的政治精英们所建构的理念。在这种理念下，认同的建构是一个政治工程，强调的是政治行为体与他们的政治选择。而有时候，在处理一些不同社会范围的政治事件时，由于这些事件可能发生在不同的层面，如欧洲、国家、次国家—地区层面，也可能会发生在全球层面。从这样的出发点来看，欧洲认同是为政治行为体创造特殊空间而建构的政治认同，并没有考虑过多关于欧洲认同的是非与成败。

第三，我们看到，在欧洲范围之内，欧洲认同的动力不是单一的。我们考察欧洲认同也不能单一从欧洲事务的视角去思考。欧洲认同应该包括现代欧洲的历史背景，世界其他地区的空间背景，与之相关联的政治文化背景，还应该考虑全球化以及它使所有国家的边界相互渗透，现代美国与

① 笔者译自 Jeffrey T. Checkel and Peter J. Katzenstein (eds.), *European Identity*, Combridge Press, Preface, 2009.

传统的欧洲帝国由商业联系而建立的军事连结，等等。然而，否定欧洲认同动力的唯一性，并不意味着否定欧洲的特殊性。欧洲的特殊性包括两个方面的情感，就是欧洲经历了由辉煌到黑暗的过去，它包容了美好的与丑恶的，也激起过希望与失望。欧洲人的这两种相冲突的情感在今天仍然保留下来。当欧洲再度被统一的时候，这种贮存已久的共同记忆产生的集体认同比欧盟扩大带来的认同要复杂得多。

但毋庸置疑的是，对欧洲认同的理解，用政治的和社会的概念要比精神理解更为有意义。因为认同包含了限定的群体与成员及被绝大多数成员所共享的理念。欧洲认同应该是社会实践与政治态度所体现的认同，它涵盖了社会和地理结构以及民族背景。

欧洲演进的历史与它的富于争议的认同，既不是总体上的完全断裂也不是不间断的一致的过程。事实上，这种演进一直将新、旧的因素结合起来，沿着很多奇特的弯曲路径，虽然，它总的趋势是非常相似的。在过去四十年里，新、老欧洲的结合有其深刻的利益原因。对于学者和政治家来说，这一点都是确定无疑的。他们也为此一直致力于如何去重新定义欧洲人，定义欧洲。为此，今天我们来谈欧洲认同的动力，它应该是欧洲应对全球化的政治化过程，在这样的框架下，帮助我们理解移民或者外国文化的价值和探寻欧盟的合法性。从这些意义上来讲，认同已经不再是纯粹的民族事务，虽然在过去曾经是。

二　欧洲认同与其他地区认同的比较

欧洲文明，与美国、中国、印度和伊斯兰文明一样，是世界文明中的一个分子。它的文明标签在18世纪中期以后得到迅速传播，并在广阔的领域开拓着文化认同。但是，无论在时间还是在空间上，文明理念和文化认同都是多元的。文明与认同，形成了一种文明与其他文明相对比的符号。因为文明理念和文化认同是相互不同的，因此是被选择性地植入的。从这个意义上讲，文明政治体制的实践与其所规范的人民共同形成了美国化、中国化、伊斯兰化和欧洲化的过程。也是这些政治体制在它们富于个性的实践过程中，帮助我们认识了这些国家与地区认同。

文明认同经常由制度化的历史记忆反映出来。比如，150年的屈辱历史之于中国、国内战争和为全球利益而战之于美国、两次世界大战和大屠杀之于欧洲。但是，这些事件被无数次地记起，并且在不计其数的认同构架下出现。即使是那些政治体制相同的国家，虽然教育与其他方式都试图使这些成为规则的东西，但不能够完全使这些记忆统一起来。为此，官方的行为只能是维护集体记忆的政治行为。

或者欧盟的政治制度过于复杂，使我们很难为之去建立一个与其他文明与认同相比较研究的背景。以希腊文明为例，希腊是欧洲文明的基础，希腊有着非常不同的历史，希腊文明作为欧洲文明的基本组成部分早已得到广泛的认同。希腊文明不仅仅影响了欧洲，也影响了非洲、埃及和东部地中海地区。“雅典娜不是白色的，不是黑色的，它是褐色的”。希腊作为欧洲文明的基础，又不能与伊斯兰文化完全隔离——它们共同点燃了奥斯曼土耳其 500 年的辉煌历史。

与此相似，中国和日本的概念对于世界其他地区来说，也不同于中国人和日本人的自我理解。在美国人当中，世俗主义和宗教观念的冲突，不干涉与帝国扩张所创造的政治传统也受到很大的争议。因此，面对文明的杂交的现实存在，民族国家试图抹去文明之间的冲突而形成政治合作，也产生了多元、不调和的声音。在这一点上，无论欧洲、美国还是亚洲都是相同的。亚洲的集体认同也是非常有特色的。这种认同也是多元的、充满争议的和相互补充的，而不是一种强烈的国家、次国家、超国家的或者内部的认同。同时，亚洲的地区制度也与欧洲有很大的差别。美洲的认同形式受到美洲历史发展的影响，由于美国在“二战”后对世界政治产生了突出的影响，拉丁美洲的政治长期保持了一种隐忍的特征。而且由于 19 世纪的美洲独立运动，拉美地区自然形成了一种联美抗欧的情结，而与美国的联合，恰好使其形成了一个独立的半球，形成了一种自然的联合力量。

冷战后，欧洲人努力改变他们的地区政治环境。他们也努力设想建立一个特别而又统一的欧洲：这被认为是能够将竞争与统一并存的设想。[①] 然而，在这个过程中，我们看到的欧洲作为一个地区来讲并没有太多的特别。在面对其他文明话语与行为体的时候，欧洲看起来既像一个积极的参与者，又像一个堡垒。在面对内部的冲突与矛盾的时候，欧洲则像一个迷宫。当然，亚洲与美洲的问题同样像一个迷宫，欧洲与它们相比较起来，

① Delanty, Gerard, *Interventing Europe*: *Idea. Identity*, *Reality*, New York: St. Martin's Press, 1995, p. 23.

其特色在于，将这些冲突集合在一起形成一种认同，然后作用于欧洲政治。几十年来，欧洲的发展是将一种愿望转化成为现实的政治体制。这种政治体制与国家联结，部分让渡成员国主权，沿着国家边界在不同的欧洲市民社会培育相互的联结。

欧洲认同确切地说与美国有关，欧洲人的反美主义情绪由来已久，尤其是在法国。美国一直是欧洲的梦想与噩梦，尤其是对欧洲文化和政治精英而言。[①] 在“9·11”事件之后，欧洲一度与美国站在一起。但是在2002年夏季美国在没有取得联合国的支持而发动对伊拉克的袭击之后，欧洲国家的反美情绪成为一种政治力量。2003年2月15日，反战与反美的情绪在欧洲的许多大城市达到高峰。但这不是欧洲第一次反美情绪的宣泄，20世纪60年代晚期的反越战运动和80年代早期的和平运动，都说明了反美主义情绪在欧洲不是一种偶然的政治现象。

一直以来，欧洲存在两种相互冲突的情感，在亲美与反美之间，在亲伊斯兰与反伊斯兰之间，在旧的民族国家与新的超国家联盟之间，在20世纪三四十年代的恐怖欧洲与现有的和平与繁荣的欧洲之间。就像卡斯特拉和贝拉米（Castiglione and Bellamy）曾经说的一样：大多数人确信欧洲联盟是有用的，只要不深入地触及它。[②]

欧洲人在过去的一些年里，寻求着宽泛的认同与价值，甚至这种认同已经超出了欧洲人的意愿和能够把握的限度。这和欧洲与他者的关系有关。在欧洲历史上，对它的东方和西方，都已经有了较为清楚的界定。对于大多数欧洲人来讲，联盟的欧洲仿佛又使他们回到久远的年代。随之，当遇到经济衰退，人们也会感受到一种类似从前的压抑。

基于对欧洲的记忆和对自由的追求，欧洲人接受了现有的权力制度和后国家认同，这也使很多欧洲人带着相当大的渴望而加入进来。这也代表了欧洲在全球范围内获得成功的渴望。然而，这一思想不仅包括欧洲启蒙运动而且还包括欧洲帝国主义的黑暗面，这两者之间，是欧洲达到认同最大的距离。

今天的欧洲认同已经成为可塑的，有多种解释。它不会被限定在某个

---

① Hannah Arendt, “Dream and Nightmare”, in Hannah Arendt (ed.), *Essays in Understanding 1930 - 1954*, New York: Harcourt, Brace, 1994, pp. 409 - 417.

② Mazower, *Dark Continent: Europe's Twentieth Century*, London: Penguin, 1998, pp. 138 - 181.

范围之内，也不会仅仅是一个政治化的问题。它的出现汇合了很多事务与过程。正如约翰·迈耶（John Meyer）总结的："欧洲和欧洲人的恰当定义是不固定的，是变化的，以及于大多数参与者来说，是未知的。"①

相较其他国家认同，由于欧洲缺乏内部的特性来产生集体认同，它的认同来源就要与其他国际因素结合起来。过去，欧洲的他者已经传统地被视为是"东方"的宗教与文明框架。历史上，从神圣罗马帝国时代开始，绝大多数欧洲人不知道他们是谁，欧洲认同是什么，但是他们知道他们不是谁，他们不认同什么，在他们看来，奥斯曼和莫斯科属于东方。但是，宽泛地将文明与帝国联结起来还不够，他们在地缘边界上也划定了自己与"他者"的距离。欧洲与俄罗斯联邦国家及土耳其的关系在今天备受争议，主要源于欧洲的历史认同。在冷战时期，与反共产主义和权力的作用有关，铁幕以来的东方与西方相似于欧洲的历史。因此，近代的欧洲认同，对于许多欧洲人来说都是新的困难的认知，他们必须面对的是：对欧洲来说，多元文化主义不是一个过去时，而是欧洲面临的新篇章。随着全球化进程的不断发展，多元文化主义也为欧洲认同带来新的问题与冲突——在英国、法国、西班牙、荷兰与德国，以至整个欧洲范围内都是这样。这就使学者和政治家们将认同置于多元世界和欧洲人的生活体验中，探求其细微差异并进行跨学科的讨论和研究。那么，如何在与其他地区认同的比较中解释欧洲认同？

佛罗伦萨大学哲学系政治哲学教授福里奥·塞鲁蒂（Furio Cerutti）对欧洲认同与其他地区认同的区别给予了较好的回答，他对欧洲认同的总结是有代表意义的。他认为，对合法性起界定作用的认同是政治性的，而非社会性或文化性的。② 政治认同（political identity）是一个政体的成员所共享的规范性规划。换言之，政治认同就是一套价值和原则，这个政体的成员根据这些价值和原则而把自己视为"我们"。在政治上，比这一点更加重要的是认同的过程，即通过自我认知而达到自我认同。在这一过程中，人们认识到自己属于同一个集体，因为他们分享、修正并重新解释那

---

① John Meyer, *The European Union and the Globalization of Culture*, paper presented at the Workshop on Institutional Approches to the Study of the European Union, 2000, Oslo, *Arena Center for European Studies*, University of Oslo, 2000, p. 3.

② ［意］福里奥·塞鲁蒂：《欧洲人的政治认同?》，马胜利、邝杨：《欧洲认同研究》，社科文献出版社 2008 年版。

些价值和原则。而且，他们在由那些价值和原则构成的框架内追求自己的利益和目标。因此，欧洲的自我认同过程更多地依赖于未来的政治发展，而非取决于文化上的先决条件。

塞鲁蒂还提出了一个经验性的问题：谁的认同？在民族国家中，答案是公民的认同。但是，在像欧盟这样的后民族型的准政体（quasi-polity）中，答案则有所不同。塞鲁蒂认为，在这一准政体中，公民只在一定程度上是该政体的直接成员。因此，在研究欧洲认同时必须研究精英、舆论领袖、官僚以及普通公民的情况。

塞鲁蒂进一步指出：欧盟具有双重性质，它一方面是高度一体化的受规制的单一市场（regulated single market），另一方面则是准政体。在这样的政体中，只有稀薄式的政治认同（thin political identity）是可能的。所谓稀薄式的政治认同，意指它并非同时既是政治的又是文化的认同，这种稀薄式认同不会抵消民族认同，也不会取代欧洲的文化多样性。如果从宽泛的意义上来理解合法性，那么合法性不仅仅基于经济绩效，也基于与良治模式（model of good governance）相符合，并且植根于共享的记忆和象征符号之中。因此，政治认同对欧盟自身及其政策的合法化来说就是必不可少的。

第二节　欧洲认同的内容与特征

欧洲认同的历史是一个公共制度先于身份认同的历史，它走的不是文化认同到国家认同的路线。它是被国家间的精英首肯，并在数十年之后发展成为欧洲公民的信任、自信和自发认同。学者们为认同下了许多不同的定义，并且试图从各个角度去理解与衡量，包括：是否在欧洲制度中体现了认同？如何培育和建构对欧洲人的认同？是否在欧洲人的生活、消费中体现了欧洲人的认同？而这些问题，都需要我们从欧洲一体化的进程中去理解。

一　欧洲认同的主要元素与基本内容

从最基本的元素来看，欧洲认同包含的基本元素是：自由、宽容和普世主义。这三个方面使欧洲认同这样呈现在人们面前：欧洲是世界上各种文明的组成部分之一；欧洲以巨大的内部变革为标志；欧洲在其全球征服过程中被认为是外部世界的威胁者而被贬低。

欧洲认同首先是对共同历史的认同。简单地概括起来，欧洲从 18 世纪晚期开始到现在，大致包含了对五种历史的认同。

第一种是对欧洲优越性的认同。认为它是世界上最先进的社会类型，在人类历史发展的各个领域，经济、政治制度、福利、技术、科学、城市规划、教育和艺术、生活方式和社会组织等方面都作出了巨大的贡献。欧洲被看作是世界进步的先行者，有时与文化相联系，有时指竞争概念。这是 19 世纪和 20 世纪早期最突出的欧洲认同。一些批评家认为，欧洲的这一段历史对于现代欧洲来说是不利的，或者是一个负担，对于非欧洲世界来说，也是一种威胁。对于非商业化的中国、印度和非洲来说，欧洲的竞争型文化有些时候并不占优势。在最近几十年中，欧洲的优越性不太被公开提及，它更多地存在于一种隐蔽的世界观中。

第二种认同是对于欧洲的劣势——欧洲文化、经济、政治与道德等在面对外部威胁时所存在的劣势有认同。在当代，这种认同有时候表现为外部世界对于欧洲殖民主义恐惧的下降。这种认同在欧洲内部经常被解释为一种感情，而不是对欧洲优越性的认同。这种感情在第一次世界大战前产生，在两次世界大战间最为强烈，在 20 世纪五六十年代逐渐变弱。虽然它在 20 世纪 80 年代后一直是减弱的，但欧洲人内部这种情感一直没有消失。亚洲和伊斯兰世界的快速发展使这种认同再次被忆及、提及。

第三种认同是欧洲作为现代世界的一部分和全球现代化先行者的认同。两次世界大战以前，是欧洲引领了世界现代化和全球化的脚步。虽然，二战后，非欧洲社会如美国在世界上处于领导地位，但欧洲仍然是必不可少的现代性的一部分。这种认同在 20 世纪 50 年代至 70 年代以后得到特别的认可。

第四种认同是欧洲被看作是世界上与其他文明共同存在的。在人类的历史进程中积极参与友好竞争，积极地向世界各地移民而创造了大量财富。这种认同也是在 19 世纪产生的。这种认同在欧洲作为一个跨大洋的帝国衰落之后，即冷战后的前 10 年得到了最为广泛的认知。

第五种认同是存在于欧洲内部的认同。它主要指欧洲内部的多元性，也被概括为“多元统一”。欧洲的多元统一经常被看作是一个吸引人的说法。在这里，认同被界定为不同国家、地区、政治方向和个人相互接受的一个核心要素。作为一种个人与集体相互独立、相互尊重的文化，对不同的“他者”的宽容，被认为是欧洲人的成就，欧洲文化中的成就，也是一种价值认同。欧洲认同被看作是欧洲人的成就，也是欧洲经济和文化革新的动力，对欧洲的民主制度产生了重要的影响。

二 欧洲内部认同的理解

前面提到了欧洲内部认同，欧洲内部的多元认同是对欧洲认同理解的难点。它将欧洲文明与世界其他文明区别开来，成为世界上的主要文明之一。内部的多元认同是否是对变化的欧洲的自我认同的全部解释？内部的多元认同使东、南、西、北不同的欧洲被“一体化”了吗？情况并非这样简单。

第一，欧洲内部的差异是巨大的。从欧洲历史上来看，并没有将差异演变为认同的传统。这种认同只是在 20 世纪 80 年代才刚刚开始。确切地说，欧洲内部的多元性已经存在很长时间，但相互间的直接身份认同是在欧洲被视为一个均质化的权力角色后才出现的。但欧洲的记忆中不得不包含这些历史：冷战、东部和东南部欧洲的不同历史，甚至包括欧盟在欧洲国家内部鼓吹自由主义的竞争。

第二，欧洲内部的差异不是在 20 世纪 80 年代才开始的。在过去的两个世纪的历史中，欧洲国家经历了长期的经济和政治改变，直到 20 世纪 50 年代才渐趋稳定下来。在 50 年代以后，也是经历了不同的汇集过程。首先是在西欧，然后东部欧洲的一部分加入进来，最后在 1989 年之后才成为一个完整的大洲。欧洲多元认同的过程走的并不是一条平行的道路，相反，欧洲多元认同的存在一直有些模糊，且内部的分歧在不再威胁统一的年代里汇集到一起。一些学者的讨论试图证明，欧洲认同在不同的权力中心有多种不同的表达，它体现的是欧洲在政治、社会、文化和经济上的不同，而不是统一，甚至认为，欧洲的多元认同是在近代史上出现的，依赖于特别的且可能是短期内存在的因素而出现的，它不可能长久。①

---

① Eisenstadt, *Comparative Civilizations and Multiple Mordernities*, Vol. 2, 2003. Katzenstein and Shiraishi (eds), *Beyond Japan. The Dynamics of East Asian Regionalism. Ithaca*, N. Y.: Cornell University Press, 2006.

那么，欧洲内部的多元认同应如何理解？

第一，它是欧洲生活方式与价值认同。

在欧洲认同渐趋政治化的年代里，欧洲生活方式与价值认同增多。现实生活中对生活方式的认同比政治程序中自我认知的被采纳要多得多。这种认同根植于人们的消费意愿、工作与休闲、家庭生活、城市与景观，以及其他发达的社会安全体系、世俗观念、人权和宽容，知识、文明的重要性，对私人与公共暴力的严格限制，男女平等、普及教育等。这些认同又创造了稳固的欧洲和欧洲价值观念，也是欧盟制度的社会基础。问题在于，欧洲认同是否是在欧洲的社会结构、生活方式、价值的刺激下，在媒体、欧盟政府的强化下而连结在一起的？

到现在为止，虽然欧洲认同被多方述及，但似乎仍然缺乏对欧洲认同足够多的实证研究。我们能做的只能是寻找在生活方式、欧洲规则及认同价值上的认同趋势。显而易见的是，从20世纪五六十年代开始，欧洲人的生活方式已经在国际化了，欧洲消费品在欧洲内部国家之间进口，比从美国和东亚的进口量要多。因此，在欧洲范围内，形成欧洲的消费风格更为容易。另外，在欧洲境内越来越自由的旅行、学习、通婚、工作使欧洲人更容易了解其他国家的生活方式和体验。虽然这种趋势不仅限于欧洲内部，但是它对欧洲人的影响更大一些。事实上，这些因素也是使东西欧国家间和地区间的分歧削弱的主要原因。战争记忆与战争宣传渐渐退去，也使欧洲人对欧洲有了更多的自信。

第二，欧洲内部认同可以理解为一种谨慎的认同。

许多欧洲学者认为，与国家认同相比，欧洲认同在数字统计上、政治上和象征上都表现得相对虚弱。从数字统计上，只有一半左右的欧洲人认同欧盟的积极意义；另外，在欧洲内部，政治上的联合对欧洲认同并没有取得太多的加固作用。《尼斯条约》及后来欧盟制宪的声明只对公民权与人权进行了阐释，而没有对公民的责任与义务进行规定。

欧洲认同的缺乏还体现在欧洲没有一个共同的“他者”——能够使它们靠近和连结的“他者”。因为传统上来说，任何认同都需要建立在一个或一些共同事务的对立面上。如美国在华尔街经济萧条时突出强调“他者”的作用；苏联时代对“他者”威胁的突出强调。而这些“他者”对于欧盟来说是不存在的。尤其在欧盟扩大之后，这种“他者”越来越不可能存在了。

对欧洲认同虚弱性的另一种解释是欧洲认同与国家认同关系的复杂性。人们看到，强烈的国家认同是欧洲认同变得虚弱的主要原因。比如，英国对欧盟的认同较弱，这是建立在其强烈的国家认同——单一的英国国家角色与成功击溃纳粹德国的历史基础之上的。而作为历史怀疑主义的国家，二战后的德国、西班牙则继法国之后，发展了强烈的欧洲认同。在社会科学领域，一些学者的研究证明，国家认同与欧洲认同是相互排斥的。①

对欧洲认同虚弱的最后一种解释就是，相对来说，欧洲对于公共领域的开发还比较少，而这些领域的认同是可以被创造、再协商和巩固的。欧洲媒体、知识分子、电影和畅销书、欧洲教育体系，以及政治争论、政治家的竞争和由候选人带领的选举运动还非常缺乏。

总之，欧盟不是建立在文化基础之上的，它是建立在政治基础之上的。就像 19 世纪的意大利、德国、波兰一样。到目前为止，欧洲还没有形成一个典型的国家范本。为此，许多社会学家和法律学家也在争论或努力证明，欧盟制度建立在欧洲认同的理论之上到底是可能的，或者是完全不可能的。并且，也有一些学者担心，对欧洲内部的认同及其对现代性发源地的认知会带领欧洲再次走向欧洲中心主义。

三 欧洲认同是有特色的国家间认同

面对 19 世纪、20 世纪欧洲存在的多种认同，我们可以想象到，历史发展的所有状态汇集在一起，最后形成了一种认同。最近几十年的历史与过去几百年的历史往往得到如下相同的认知结果：欧洲认同，是一种与国家认同相区别的、有特色的国家间认同。

第一，欧洲认同与国家认同不同，它不以取代本地区或本国的认同为目标。

我们要看到，欧洲共同生活方式与价值的认同并不代表国家认同的下降，二者是可以并存的。并且，欧洲价值的认同并不一定就意味着对非欧洲价值的拒绝与否定。欧洲认同以多元认同为标志，因此，在一般情况

① Eisenstadt and Giesen, "The Construction of Collective Identities", *Europe Journal of Sociology*, 36: 1995, pp. 72 – 102. Risse Thomas, "European Institutions and Identity Change: What Have We Learned?" in Herrmann, Brewer, and Risse (eds.), *Transnational Identies*, 2004, pp. 247 – 272.

下，欧洲认同与国家认同是相互补充而不是相互竞争的。

当然，20 世纪 80 年代以来，欧盟的公民与政治决策者的关系出现了新的现象。欧盟内部开始注意通过欧盟的政治身份来加强欧洲公民对欧盟的忠诚。包括建立欧洲象征，也包括对欧洲社会前景的勾画，加强欧洲法院的人权建设等。这些行为可以认为是欧盟加强地区认同的标志。

第二，欧洲认同与国家认同不同，它不具有外扩性。

在 20 世纪下半叶，欧洲认同包含的是武力和战争的特殊关系，这是两次世界大战的结果。欧洲认同常常被理解为避免武力与冲突的道德群体，而不是许多民族国家所尊崇的独立战争和前殖民时代的光荣。发展到今天，欧洲认同仿佛已经与武力、战争和死亡无关。欧洲认同表现为欧洲内部和欧洲外部同时试图去克服欧洲殖民主义的过去和殖民主义等级的影响。因此，欧盟成员国，无论大小、强弱都相互平等，没有权力的等级划分，它更像是一种认同的制度，特别强调的是欧洲身份。越来越多的小国加入到欧盟中来，欧洲认同就越来越不是以大国为中心。另外，欧洲认同的模式与国家认同不同，它不代表世界其他地区对它的认同，它仅限于欧洲内部的认同。

第三，欧洲象征还远没有国家象征那样明确。

不可否认，欧洲已经在这些方面做出了很多的努力。20 世纪 40 年代至 50 年代的战后，是欧洲一体化被强烈推动的年代，欧洲在那时就开始讨论如欧盟的旗帜、邮戳、人权章程等，而这些都被后来的欧盟所采纳或改进。80 年代和 90 年代，是欧盟被政治化的年代，欧洲产生了国徽、欧洲日、欧洲旗、欧洲人的两个权利章程（1989 年和 2000 年）、欧洲议会大厦以及欧元货币。但在这些象征中，只有欧洲旗帜和欧元是较为成功的，其他的欧洲象征都显得作用不明显或者模棱两可。如，战后的法国和德国重新诠释了查里曼，以此作为欧洲的象征，但是，没有得到英国、波兰、瑞典和葡萄牙的认同。

并且，欧洲共同的历史，作为欧洲统一的象征，没有被欧洲的教科书作为必须的内容，而是作为可以附加的阅读内容。缺乏国家历史的基本因素——共同的独立战争，共同的抵御与灾难的年代，共同的边疆历史，共同的历史记忆。确定地说，共同欧洲的地缘和事务是可以被追溯的，但是缺少共同的民族印记。欧洲缺少一个像伦敦和巴黎那样的象征城市，布鲁塞尔只是一个行政中心，却不是一个被欧洲共同认同的首都，缺少人们心目中对首都的想象：欧洲议会、欧盟委员会、欧盟理事会的大楼、欧洲博物馆、欧洲大剧院、欧洲科学院、主要的欧洲大学、欧洲图书馆、欧洲纪念碑，等等。

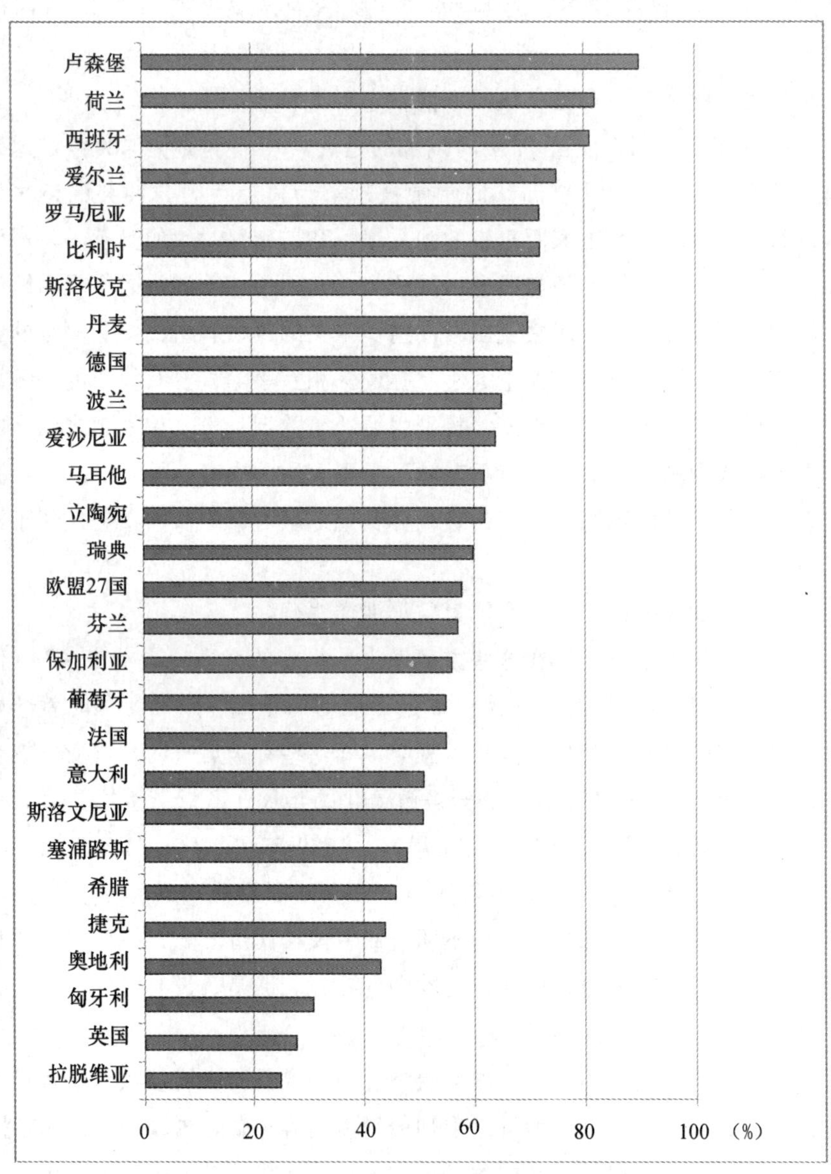

图 8—1　欧盟成员国公民对欧盟的认可度调查

数据来源：European Commission，Eurobarometer 71，September 2009.

第四，欧洲认同渐渐发展成为一种对制度的信任。

在欧洲层面上对制度的信任与认同也是非常有特色的。在最近一些年里，欧洲公民对欧盟各种政策的期待与信任有超过对欧盟本身认同的趋势。欧盟也在加大外交政策、安全政策、环境政策、反恐与反犯罪斗争的力度。欧盟的这些政策一直以来比教育、健康、住房和退休政策要弱。欧洲人在政策领域对欧盟的信任度要超过本国政府。

图 8－1 是欧盟成员国的公民对欧盟的认可度调查。调查题目为：你认为你的国家作为欧盟成员是一件好事吗？

可以看出，欧盟绝大多数国家的公民认可度在 50% 以上，这项调查可以看作是对欧盟制度的信任调查。

第三节　欧洲认同的政治化

在过去的 50 年中，欧洲发生的变化如戏剧一般。一个大洲被战争几近摧毁，而后，在争取和平、繁荣和自信的政治制度的基础上确立了新的国家间关系。这也是欧洲认同逐步政治化的过程，政治学者们对欧洲认同的讨论从 20 世纪五六十年代的欧洲一体化理论开始，到多层治理的分析，再到 90 年代的欧洲主义的研究。这一过程，也被认为是欧洲认同政治化的建构过程。

一　欧洲认同政治化的理论发展过程

欧洲认同政治化的理论发展经历了 20 世纪 60 年代的新功能主义、90 年代欧洲作为一个多层政治体制的认同、近年来的欧洲化（Europeanization）三个发展阶段。

（一）新功能主义与欧洲认同

在 20 世纪 60 年代，欧洲认同最重要的讨论集中在欧洲的未来，包括欧洲认同的发展方向。新功能主义建立于两次世界大战的战争年代，理论的主要发展者是哈斯（Ernst W. Haas）和多伊奇（Karl W. Deutsch）。他们总结出了两个完全不同的欧洲一体化理论，也推进了欧洲认同理论的发展。

哈斯的新功能主义理论是当时欧洲新的政治精英和群体中的核心政治理念，他特别强调推动欧洲一体化向前发展的各种功能动力。同时，强调政治压力对于政治领导人的作用。新的利益驱使领导人采纳新的政策，这构成了一体化的功能动力，而将自己置于一体化之外将使政治领导人付出超乎想象的代价。就像一个骑自行车的人，精英们被一体化驱使着让自己与自行车处于同一平行位置。认同在哈斯的理念中并不占有重要的地位，他认为，一体化进程的驱动力在于功能压力与行为体利益的再定义。并且，哈斯认可利益的变化，他的理性主义的本体论，认为欧洲的认同不太可能发生变化。

相比较而言，多伊奇与他的伙伴们发展了地区一体化的研究方法①，他们将研究集中于欧洲共同体内部信息和物资的流动。多伊奇用数字论证了控制论，在欧洲内部，交流与交易的统计数字绝对要大于各民族国家范围的交易量。在他的统计研究中，欧洲人相互依赖的程度被民族国家间的相互依赖的程度所拖后。关于欧洲认同，他比哈斯的观点更明确，也更为悲观。事实上，他常常对民众的忠诚度从民族国家向超国家层面的转移感到忧虑。

然而，在新功能主义与控制理论中，欧洲一体化在政治领域没有被看好。新功能主义依赖于多元主义理论，历史的和反制度主义的观点使其对认同问题的研究不可能成为主流，但正是他们的理论，为理解政治化的欧洲认同打下了基础。

（二）多层治理理论与欧洲认同

欧洲在20世纪90年代开启了新一轮的发展浪潮，欧洲一体化和欧洲认同的理论研究又繁荣起来。这其中包括多层治理理论、历史制度主义理论和建构主义的框架。多层治理理论的研究者分析了在后《马斯特里赫特条约》时期的超国家、政府间、国家间和地区层面的政策制定。然而，由于它的理性主义基础，这一理论派别的学者们没有为我们提供太多关于改变欧洲认同的动力研究。

历史制度主义学者们集中研究欧洲和欧盟的问题。他们不同于理性主

① Karl W. Deutsch, *Nationalism and Social Communication*, New York: Wiley, 1953. *France, Germany, and the Western Alliance, A Study of Elite Attitudes on European Intergration and World Politics*, New York: Scribner 1967.

义和社会学者对制度的理解，[①] 在欧盟发展的背景之下，他们讨论的是不可预期的后果、改革的制度障碍，并在理性主义的预期之上对一系列问题给予假定，其中，欧盟的制度都是其考察与研究的范围。但是，皮尔森（Pierson）的历史制度理论为欧盟制度建设提供了一个固定的微观基础，他的理性主义破坏了制度分析与社会洞悉的联结，在他看来，理性主义只是一种可能性的评估，是对欧洲制度如何影响欧洲认同的评估。[②]

建构主义可以帮助我们理解欧洲认同的动力构架。但是，一些学者的理念仅能帮助我们理解欧洲认同发展的偶然性动力[③]，如阿德勒、托马斯和贝斯、帕森[④]。而托马斯、布鲁尔、柴克尔、马克[⑤]等人则是重点研究欧洲认同的建构，涵盖了欧洲认同的政治动力，随着时间的推移，转移到今天的欧洲研究中来。

最近以来，一些学者对于欧洲认同的政治进行了进一步的研究与讨论。[⑥] 这些讨论与哈贝马斯的社会理论基础相联系，特别通过是对制度爱国主义的探索，描绘了欧洲认同是属于后国家时代的。然而，他们的研究避开了哈贝马斯所讨论的概念问题，而是将社会理论用于政治之中，竞争、权力、冲突成为他们探索的核心问题。[⑦] 而这些制度都是建立在《罗马条约》的设计方案基础之上的。

---

① Hall and Taylor, "Political Science and the Three New Institutionlisms", *Political Studies*, 1996, p. 44 (Dec.).

② Pierson, *Dismantling the Welfare States? Regan, Thatcher and the Politics of Retrenchment*, New York: Combrige University Press, 1994.

③ McNamara and Kathleen, *The Currency of Ideas: Monetary Politics in the European Union Ithaca*, N. Y.: Cornell University Press, 1998.

④ Adler Emanuel, "Constructivism and International Relations", in *Walter Carlsnaes*, Thomas Riss and Beth Simmons (eds.), *Handbook of International Relations*, London: Sage. 2002; Parsons Craig, *A Certain Idea of Europe*, Ithaca, N. Y.: Cornell University Press, 2003.

⑤ Risse Thomas, "European Institution and Identity Change: What Have We Learned?" In Hermann, Brewer and Risse (eds.), *Transnational Identities*, 2004, pp. 247 – 272. Checkel, *Constructivism and EU Politics*, in Knud-Erik Jorgensen, Mark Polack and Ben Rosemond (eds.), *Handbook of European Union Politics*, London: Sage Publications, 2008.

⑥ Eriksen and Erik Oddvar, "The EU-A Cosmopolitan Polity?" *Journal of European Public Policy*, Vol. 13 (2), 2006, pp. 252 – 269; Pensky, *The Ends of Solidarity: Discourse Theory in Ethics and Politics*. N. Y.: State University of New York Press, 2008.

⑦ Hyde-Price, Adrian. "Normative power Europe: A Realist Critique", *Journal of European Public Policy*, Vol. 13, 2006, pp. 217 – 234.

（三）欧洲化与欧洲认同

欧洲化为重塑欧洲勾勒了一幅新的画面。这个概念超越了原有的传统学者对欧洲国家间利益关系的解释，对欧洲认同也提出了新的认识。[①] 它转移了人们的注意力，使欧洲研究从国家政策、体制、社会关系如何影响现代欧洲转向集体认同上来。

欧洲化描绘了欧洲民族国家间相互作用的复杂动力。它不是将欧盟与成员国间的差异进行叠加；也不是认为欧盟主导了欧洲并具有相当的稳定性就扫清了成员国间的交流障碍；民族国家也没有因为欧盟而牺牲了本不受限制的部分主权。在欧洲主义的理论中，欧盟与成员国同样扮演了重要的角色。

欧洲化催生了关于欧洲认同的经验研究。其中，最复杂的莫过于对欧洲本质的积极的叠加与总结。它基本上是沿着这样的路径：如一个法国人的观点，同时也是欧洲人的，然后是形成认同。这样，认同就是属于欧洲和民族国家的，没有在彼此的价值中发生变化。研究者也经常用复杂和变化的方式来为不同的个体与人群进行认同研究，以证明特殊的案例可以带来不同种类的政治。[②]

然而，这样的分析偏好限制了学者们去探究现代欧洲的认同动力。主要原因是，欧洲化过于集中于对欧盟制度的研究。从方法论上讲，它过于依赖像欧洲民意测验这样的工具。诚然，跨国间的民意测验有助于帮助了解欧盟与欧洲公民间在政策执行方向上的沟通。但是，民意测验具有不确定性。它将统一的概念用于一个多元化的政治进程之中，而这种多元又意味着不同背景下的不同事务。现实中，数据推测出来的结果可能只是代表了他们报告的观点，因为只有愿意为他们提供答案的民意才被征集上去。

---

① Olsen Johan P.，"The Manay Face of Europeanizaton"，*Journal of Comon Market Studies*，Vol. 40（5），2002，pp. 921－952，*Europe in Search of Political Order*：*An Institutional Perspective In Unity/ Diversity*，*Citizen/Their Helpers*，*Democratic Design/Historical Drift and Co-existence of Orders*，Oxford：Oxford University Press，2007；Graziano and Maerten Vink（eds），*Europeanization*：*New Research Agendas*，London：Palgrave Macmillan，2006.

② Herrmann，Richard K.，Thomas Risse（eds），*Transnational Identities*：*Becoming European in the EU*，Lanham，M. D.：Rowman Littlefield，2004，pp. 248－253；Caporaso and Kim，*The Dual Natural of Euopean Identity*：*Subjective Awareness and Coherence.* Unpublished Mimeo，Seattle：*Department of Political Science*，University of Washington，December 7，2007.

另外，欧洲化一直在描绘一幅由上而下的图画：欧盟制定制度和政策，成员国具体执行。这使其研究集中在欧盟层面，集中于对精英政治和制度的分析。对于欧洲化的认同问题，学者们存在一种强烈的趋势，就是为欧洲的精英政治和欧盟官方提供特权。[①]

最后，研究中的很多重要政治因素有待检验。由于其集中于对制度的研究，欧洲主义的研究者经常将政治冲突与改革的动力混为一谈。一位中东学者这样评价说："在你们的研究中，认同是一件好事情，它是对制度、讨论和精英而言的。但是我在哪里研究认同，哪里的人们就会死于认同!"[②] 虽然，欧盟的认同研究还没有出现生死存亡的问题，但它的确直接作用到了政治中。

二　欧洲认同政治化的内容

传统上，对于欧洲认同政治化一般被宽泛地理解为西欧制度规定在欧盟内部的实践。通过 2004 年和 2007 年的扩大，认同政治化的研究也开始了制度化进程。人们开始在政治科学基础之上，去研究欧洲认同的动力。欧洲认同政治化的内容，主要包括以下方面。

（一）"我们是谁"的政治化

2005 年法国与荷兰对欧盟制度的争论，使欧洲认同成为政治学的一个集中话题。它还使欧洲认同的研究分为两个截然不同的分枝，其一是外向度的世界主义的欧洲认同，建立在欧洲制度条约精神的基础之上；其二是内向度的欧洲内部的认同研究，建立在民族主义和民粹主义的基础之上（主要是由"波兰水暖工事件"和"伊斯兰头巾事件"所引起的经济和文化威胁），[③] 两者又体现为"我们是谁的政治化"的讨论。

世界主义和民粹主义的认同概念在内容和形式上都有很大的不同。世界主义的概念主要是由精英层面的政治所驱动的。民粹主义的概念反映的是草根政治的结果。世界主义的概念集中于政治上的公民权利，民粹主义

---

① Hooghe Liesbet, "Several Roads Lead to International Norms, but Few via International Socialization, A Case Study of the European Commission", *International Orgnization*, Vol. 59, 2005, pp. 861 – 898.

② Jeffrey T. Checkel and Peter J. Katzenstein (eds.), *European Identity*, Combridge Press, 2009, p. 10.

③ Fossum and Menendez, *The Constitution's Gift? A Deliberative Democratic Analysis of Constitution-making in the European Union*, Working Paper, 13/2005; Oslo, *Arena Center for European Studies*, University of Olso, March 14, 2006.

的概念集中于讨论社会公民权和文化的真实性。世界主义的欧洲认同是在国家市场自由主义的基础之上，由欧洲统一市场所唤醒，在全球开放市场的形成过程中形成的。认同回答了市场发展对经济自身利益的影响。其中一些人，如尼尔·弗里格斯通（Neil Fligstein）强调欧洲认同是属于欧洲高层的策略，试图通过认同来使欧洲获得更多的支持。也有人则倾向于认同来源于国家市场的自由化，认为认同根植于市场发展而引起的利益的盈亏圆缺。

考量世界主义和民粹主义认同，除经济原因之外，欧洲也在忠诚与责任感、联系个人与共同体方面进行了重新塑造。与民族国家时期相比，一体化对于战后惨淡的欧洲而言，并不是一个政治实验。欧洲人通过一体化建立了一个强大的和平共同体，其最显著的发展就是欧洲安全委员会，它是建立在集体认同的基础之上，而不是建立在强大的情感认同基础之上。

民粹主义的欧洲认同概念则包含更多的文化和伦理内容而不是政治内容。欧洲人在一体化的进程中经历了多种族、多文化和各种形式的认同。特别是很多欧洲年轻人，在今天欧洲政治背景下改变了原有的生活方式，这与欧洲领导人所要建立的欧洲可能在意愿上并不完全相符。但与此同时，欧洲福利社会网络黑洞的存在，使处于社会边缘和反对现实政治的人口激增，对社会的“整体性”发展的呼吁仍然根植于欧洲政治之中。① 这种少数人在伦理与文化层面上对政治与社会一体化的要求形成了民粹主义的认同概念，某些时候也被视为是一种威胁。在民粹主义下，“欧洲人的欧洲”是作为一个偏狭的政治理念而出现的。

18 世纪，最早出现的世界主义的概念，指的是对世界固有差异的宽容。今天，这个概念指向了人类的规则。可见，这些都不是用于现代欧洲的政治术语。欧洲的世界主义经常指的是跨界的交流与接受，不仅是物品和商品，还包括欧洲人。但是什么是欧洲，谁是欧洲人？欧盟的扩大在全球意义上说，也更加强调了欧洲社会的异质性。属于欧洲的老的陈规还在，新的制度正在打造。

民粹主义的欧洲政治勾画了欧洲与“他者”的边界，尤其是在土耳

---

① Holmes, Rouglas R., *Integral Europe: Fast Capitalism, Muticulturalism, Neofascism, Princeton*, N. J.: Princeton University of Chicago Press, 2000.

其的入盟问题上，更困难的是在欧洲与伊斯兰的关系问题上。“欧洲人的欧洲”对于欧洲的边界有着深刻的政治敏感。匈牙利就是一个典型的例子，匈牙利传统的国家沙文主义现在又加上欧洲人的披风。令人瞩目的是，少数匈牙利人的伦理观认为，周边国家加入欧洲就是为了对欧洲施加政治影响。

由世界主义与民粹主义所形成的欧洲认同政治化的特点也在改变。在20世纪80年代和90年代，世界主义显然要超过民粹主义。然而，在过去的20年里，通过讨论欧洲制度与欧洲扩大过程中形成的政治环境，仿佛把两者在欧洲认同中的对立问题解决了。今天，增长的移民被欧洲社会的繁荣与和平所吸引，仿佛阻碍欧洲认同的社会因素已经不存在了。在不同记忆层面认同的政治实践变得活跃起来，这应该是认同政治化带来的力量。

同时，在现代欧洲，自由思想带来了移民政治的景观，这与斯大林、希特勒和二战时期所带来的移民完全不同。铁幕与冷战阻止了20世纪欧洲大规模的人口变迁，但是从20世纪90年代起，合法与非法的移民还是在没有预见的情况下产生了，甚至出现了美国式大批移民的趋势。大批的非洲移民为欧洲带来了相当大的政治冲击。“欧洲人的欧洲”作为一个政治议题与多种族和多文化的现代欧洲的社会进程同时并存，这是认同政治化带来的挑战。

（二）宗教政治化

随着欧洲边界的改变，宗教与宗教认同开始成为鲜明而深刻的政治角色。对于很多欧洲人来说，宗教历史像制度一样似乎合情合理地限定了文明的边界。然而今天，这种合情合理大部分已经被改变。这种现象被认为是世俗的欧洲认同。而许多欧洲精英，试图与美国进行比较，以证明宗教并没有被明显的地理边界所限定。

一些人认为欧洲认同政治化扩大了宗教的政治影响。欧洲基督教徒已经建立了世俗的普世主义，能够使他们的宗教在影响范围内包容其他信仰的存在。并且，欧盟的建立具有不可否认的基督教民主的历史基础，它具有包容的政治传统，一个典型的案例就是保守的政治天主教和社会天主教在过去的一段时间内得到了显著的发展。

也有一种说法是，欧盟扩大使宗教与欧洲认同之间的连结具有了政治重要性。[①] 比如，保罗三世（Pope John Paul）不仅希望波兰再一次加入欧洲的阵营，而且希望其能重返基督教欧洲。按保罗的观点，波兰与其他中东欧国家，不仅仅是对布鲁塞尔的补充，而且，也能够帮助中东欧国家理解欧洲和强化欧洲认同。

宗教不仅影响到欧洲与其新成员国的关系，而且影响到其与外部世界的关系。欧洲福利国家在左与右之间都能够获得广泛的支持，它的理论源于基督教民主的教义与政治实践。美国和英国新自由主义的政治与经济全球化思想对福利制度提出了很大的挑战。欧洲的反美主义不仅仅是对美国的对外政策存在分歧，而是两种社会类型的存在价值的冲突。[②]

另外，天主教和伊斯兰教与现代欧洲有着复杂的联系。例如，保罗·本尼迪克特（Pope Benedict）试图在 2006 年秋季的演说中就其曾经对穆斯林的冒犯进行道歉，其主要目的是取得世俗的欧洲人的支持。因为穆斯林已经渐渐渗入欧洲人的心中，成为了欧洲的一部分。[③] 事实上，在欧盟宪法被法国与荷兰否决之前，欧盟成员国对于如何平衡欧洲认同的基督教根源与世俗认同的关系也发生过激烈的争论。这些充分说明了宗教政治化已经成为欧洲认同政治化的重要内容。

（三）国家政治的政治化

在欧洲国家选举中，主流政治党派避免用简单多数的原则来表决是否支持欧洲。这样的政治化战略使欧洲认同与国家认同的分歧不再成为分流政党的力量，也进一步使 50%—65% 的欧洲人，或者拥有绝对的欧洲认同，或者在国家认同的基础上去接受欧洲认同。而政治党派则将他们的目光集中于欧洲能够带来的利益上，主要来自社会、环境、民主、自由资本主义、对外国的恐惧、普世主义、法律规则、民事和军事的领域。欧洲政党在过去的 20 年间一直面对精英和草根政治的竞争。从 1991 年的《马斯特里赫特条约》至 2007 年 12 月的《里斯本条约》草案，精英们一直聚焦于欧洲一体化的扩大与深化，这增强了欧盟制定决策的能力与权力。在

① Byrnes and Katzenstein (eds.), *Religion in an Expanding Europe*, Combridge: Combridge University Press, 2006, p. 1.

② Atzenstein and Keohane (eds.), *Anti-Americanisms in World Politics*, *Ithaca*, N. Y.: Cornell University Press, 2007.

③ Byrnes, Byrnes and Katzenstein (eds.), *Religion in an Expanding Europe*, Combridge: Combridge University Press, 2006, p. 2.

这些年里，精英们努力地从接纳统一的德国作为欧盟的领导国之一，到提高欧盟的政治合法性，再到欧盟扩大并提高效率。而草根公众，则在这一时期对欧盟扩大发出了反对的声音，主要是他们看到从20世纪90年代中期开始的欧洲经济下滑，被老龄社会与国际竞争所侵蚀的福利国家，由于欧盟扩大而带来的大量移民。

从90年代起，欧洲政治的断层开始加大。精英政治开始集中于欧洲的去政治化战略，主要是通过建立欧元区和建立欧洲中央银行。同时，草根政治对欧盟政治规则的制定开始施加影响，在地理边界、货币、公民权、基本权利等方面，用新的特定的方式向欧洲施加影响力，从而使欧洲政治的断层出现了一定的弥合，实现了权力从国家议会到布鲁塞尔机构的转移。这是欧洲国家政治的政治化的突出体现。

诚然，欧洲、欧盟和欧洲认同已经成为欧洲政治讨论的焦点问题。它们不再仅仅是专家们探索的命题，民主政治也不仅仅在技术政治的层面上盛行，它有时候也带来严重的政治影响，很多时候它体现为去政治化和政治中立。政治化及其讨论在现代欧洲是一个复杂的问题，但它不代表一种危机，它使欧盟的权力构架不再像是一个联邦或者邦联。它让人们深刻感到，欧盟依然处于一个正在制定、发展中的政治体制当中。

第四节　欧洲认同前瞻

欧洲认同，是一个多元的概念。但是，若没有一个统一的欧洲认同，就不会有一个相同的欧洲概念。从政治学的视角，欧洲认同可以理解为社会进程与政治议题。当理解为社会进程的时候，认同就被理解为创造新的身份的多元网络；当理解为一项政治议题的时候，认同就被认为是精英与创业者的任务，在布鲁塞尔与成员国之间进行运作。我们也已经认识到，认同对于欧洲来说，已经是发散的、富于争论的、存在于多种选择之中的一种，它在不同概念中争论与共存，它是变化的历史与多元政治的认同，而不是一个已经存在的、不变的、只强调领导权的欧洲认同。

一　多元的欧洲认同

欧洲认同的政治化没有以欧洲认同的弱化为终结。并且，关于欧洲和欧盟特征的讨论又给了欧洲认同一个强烈的政治肖像。然而，欧盟的政治化不仅仅是一个进入现代历史的过程，这一过程有它的特殊性。知识分子、新闻界人士、政治家对欧盟政治化的关注比欧洲政党和利益集团还要多。媒体在其中发挥了重要的作用，应该说，是媒体而不是欧洲议会或欧盟理事会为欧盟政治化提供了讨论的平台。除此之外，欧盟的媒体政策又显得非常克制与谨慎，即不试图去控制现在的传媒也不想建立新的由欧盟来引导的媒体。欧盟对其政治化的主要回答还是建立在欧洲公民与欧盟间的忠诚上，其方式就是无数的象征、社会、经济和制度政策。

并且，欧盟选择了控制政治化发展的政策，比国家行政管理部门还要频繁地邀请专家去听证、开会、做报告。欧盟也采纳了去政治化的政策，比如建立了欧洲中央银行、欧洲法院和欧洲听证法院。欧洲议会的选举和欧洲内部社会事务也被置于政治化进程之外。

另外，政治化是在特殊的环境下产生的：苏联的瓦解，欧盟权力的扩大，在很大程度上导致了德国的统一；全球化和第三世界的逐渐分解，又使西方资本主义发展模式的政治设想影响渐弱。在这样的背景下，欧盟试图去证明，欧洲的政治化不是一部政治发动机，它不会像过去在许多国家发生的那样，导致特权、独裁、殖民制度，或者威胁到其他国家的权力。

在20世纪80年代以后，欧盟认同的政治化受到了强烈的推动。它使欧洲认同在公众中成为讨论集中的问题，并且出现了多元化与富于争议的特点。对于二战后的民主重建，民主欧洲的身份曾一度被置于与纳粹德国时的欧洲相比较的平台。后来，由于共产主义在欧洲失败了，被欧洲自由主义支持的政治化取得了民主胜利。近年来，自由主义的观点也受到了挑战，进而影响到了人们对现代欧洲的看法。在这样特殊的环境下，欧洲认同由于其具备欧洲特色的内部多元化得到支持。欧洲的政治化运动有别于内部的独裁或者外部的威胁，它使欧洲更加同质化。内部的多元还深刻影响了欧洲的政策制定，或者，它还起到了另外的作用，就是使欧盟的政策制定者——欧盟委员会越来越独立。

政治化还导致了公众的讨论越来越集中在与社会安全相关的欧洲价值和生活方式上，如，反对私人拥有武器与国家暴力（死刑与战争）、欧洲多元世俗主义背景下的宗教角色、保护环境、严格区分就业与失业、家庭亲密关系、男女平等、特殊的欧洲消费模式及在社会活动中强调欧洲的不同，等等。作为其结果，欧盟在身份认同的某些方面变得更为谨慎，否则，欧盟几乎不再可能腾出时间去面对外部的威胁。

欧盟的政治化也有助于强化欧洲的身份。它使欧洲的公民权利潜在地扩大。由此，人们对欧盟在对外事务、国际与国内安全、失业和环境问题上有了更高的期待，欧盟的身份也得到进一步的认可。但是同时，政治化也使精英政治与市民政治之间的关系更为紧张，这一点反映在欧盟宪法公投的结果上。欧盟的政治化在特定的时间里突出了欧洲认同的脆弱性，似乎使认同失去了弹性。也正由此，从 20 世纪 80 年代早期开始，政治化与认同成为了欧洲历史的主题，并且只是刚刚拉开序幕。

社会进程与政治议题有公众与精英的参与，他们的利益代表了成员国的利益，他们可以通向目标却不会预先知道结果。欧盟的官僚描绘了欧洲权力集中于布鲁塞尔的图画，但看起来却排斥国家主义者、普世的欧洲主义者、反全球化的欧洲怀疑主义者和欧洲公众。当这些都被卷入欧洲认同中来的时候，欧洲认同中也包含了几十年来对欧洲的政治体制的消极因素。

通过 2004 年和 2007 年的扩大，西欧与欧盟的政治一致性在渐渐消减，而一个松散但是容量更大的欧盟逐渐兴起。欧洲不再是冷战时的欧洲，不再是一个反对共产主义的联盟。从中东欧国家寻求建立他们自己的民主与资本主义的未来这一目标来说，重返欧洲是他们不能逃离的宿命。全球化与统一市场，共同的外交与安全政策，来自伊斯兰的威胁与对欧洲的未来的担忧，让中东欧国家努力寻求自己的归属。他们对归属感的寻求来自于伊斯兰正统派、基督教、美国单边主义和东亚竞争的威胁——它又使欧洲成为一个有共享价值的共同体。威胁与恐惧成为了认同的工具。威胁使人确定立场，并且在威胁面前大家是平等的，共同的威胁与恐惧是欧洲认同政治的一个方面。

作为一个政治议题来说，欧洲认同对于政治、经济和学术精英及部分中产阶级是一个重要的命题，他们需要首先将欧洲建构成为一个国家共同体。然而，在市民社会的层面，欧洲并不意味着地理扩张带来的国家认同，市民社会希求在欧洲认同基础上寻找归属感。

各阶层中这种对欧洲认同的不同需要已经影响了现实的欧洲认同，在欧盟层面上，他们每天都在进行着认同的建设，从各方面的法律制定中可以略见一斑。这就是我们看到的，欧盟无论是在制宪还是在选择宗教继承的过程中，经常反映出自身处于一个尚不明确的共同体的状态。

二 新欧洲的认同

老欧洲 15 国的时代已经不再继续，但是西欧现在还在扮演着东欧现代化的强大代理人的角色。但这并不意味着欧洲的新成员在欧洲政治中的角色是从属于西欧成员的。在欧盟扩大的年代里，我们看到，在新欧洲认同过程中带来了政治竞争。

东欧与西欧，新成员国与老成员国，打造着一种新型的政治联结，这需要老欧洲不断调整与布鲁塞尔的关系。欧盟和欧洲认同的研究者对于欧盟扩大的现实已经改变了欧盟的许多核心元素这一点需要有更多的理解。1990 年以前的欧洲认同是一种世俗的认同，这已经被理论家们如哈贝马斯（Habermas）所证明。后来的实证研究者则试图证明，欧洲制度正在扮演创造新的欧洲归属感的角色。

然而，在 2004 年的欧盟扩大过程中，波兰天主教徒又一次将宗教问题引入欧洲政治中。波兰的宗教对政治的影响力被带到欧盟的政治中来，这似乎又一次结束了人们对世俗欧洲的思考。事实上，自 1945 年以来，西欧的基督教民主运动一直支持欧洲一体化，但是他们的这种支持不包含对波兰天主教的支持。并且，正统基督教也是欧盟官方宗教认同的一部分。它的结果是，宗教认同神奇地与世俗认同结合起来。受该动力的驱使，2003 年至 2005 年的欧盟宪法开始争论其内容是否应该包括对欧洲基督教的继承，继而在之后欧盟内部的政治冲突中，欧洲与伊斯兰的复杂关系一直是讨论的议题。

前面谈到，民族历史或者国家历史已经不能为现代的欧洲认同提供足够有用的材料。欧洲认同的政治不像那些民族国家，政治一体化与文化同质化的进程是一致的。有数据显示：相对于需要强烈的文化归属感的欧洲人来说，明确对欧洲人感到认同的只占 10%—15%，只是人口总数中的一小部分；民族主义者的数量占人口总数的 40%—50%；剩下的部分（35%—40%）则保持着一个基本的国家认同，也被认为是欧洲认同的基本组成部分。[①]

可见，是欧洲的支持者与反对者们，共同使欧洲认同成为一个议题并

---

① Jeffrey T. Checkel and Peter J. Katzenstein (eds.), *European Identity*, Combridge Press, 2009, p. 214.

且改变了认同的进程。欧洲认同的支持者有很多，并且这些成员也在不断地扩大，包括西欧、欧盟的民族精英、年轻的欧洲移民、中产阶级及中产阶层以上的精英。他们是理性派的代言人，以启蒙运动和理性主义的宽容思想为标志。而反对派们则来自社会底层，包括缺乏教育和在一体化中失去利益的一些人，还包括一些民族主义者，即那些认为在欧洲从南到北，从东到西的移民威胁到了他们的国家和自身安全的人们。与专家政治论者们不同，这些反对者更希望拥有真正的国家或后国家时代的认同。对他们来说，这意味着一种回归，向民族价值与民族文化的一种回归，而且不会被国际和国家间的运动所危害。在他们看来，欧洲是一个国家共同体，这是欧洲认同的基本前提。对于他们来说，无国家和宗教界限的欧洲是无法接受的。

但应该看到的是，欧洲认同的政治并不是与民族认同的政治相似的，政治一体化的进程也不是与文化同质化的进程相一致的。一些学者认为，在几个世纪的时间里，欧洲精英们所建立的民族国家是由浓缩的种族、语言、宗教和地区差异的个体构成的。然而通过具有学校、军队等经历的共同的制度和训练，或经过经济特权集团与经济劣势地区的联合，在某种程度上，集体的国家认同已经取代了个体认同。关于如何看待这样的集体认同，他们则认为，欧洲市场一体化的加速，使欧洲集体认同成为可能，并为其提供了可能性的重要组成部分。但相对于国家认同来说，这样的欧洲认同还显得不够强壮，以至其不能复制国家认同的形式。

三　代表共同价值与权力的欧洲

对于大部分的欧洲历史，尤其是对于 1648 年《威斯特伐里亚条约》到法国大革命之间的这段历史来说，欧洲形成了文化的、经济的，甚至政治的统一体。当然，它是作为统一体的特殊形态而出现的。在建立统一体的过程中，战争时有发生，欧洲不是一个统一的帝国，而是一个多元的统一体。威斯特伐里亚体系本身是一个在国家间充满了竞争与合作的体系。这样的一个体系，一方面使欧洲在国际竞争中通过制定政策来获取利益，另一方面将欧洲打造成一个经济帝国，而这两个方面使欧洲成为世界上强有力的部分。而欧洲一体化使欧洲的现代历史成为从欧洲共同体到欧洲联盟的历史。直到今天，仍有很多学者的研究沿着不同的路径多元统一、竞争与合作。这样，渐渐形成一种倾向，一体化进程中的欧洲，代表了共同价值与权力的统一。对于20世纪70年代的欧盟委员会来说，给欧洲下定义是一个重要的问题。作为欧盟委员会发展的一个部分，1973年12月，在希腊申请入盟后的18个月，欧共体9个外交部部长共同发表了《欧洲认同的声明》（在部长理事会1973年的会议上），这一文件的主要目标，是建立欧洲新的政治合作，提供一个总体的欧洲外交框架，包括将欧盟委员会建成一个与美国国家联邦有“渊源”也有明显差异的实体。这一声明没有将欧洲认同宣布为是建立在共享利益的基础之上，也没有将其限定为有共同血缘与领土的联合体，但声明提到了欧洲“值得珍视”的共同文明，这些共同文明包含了欧盟委员会提出的所要保卫的民主制度、法律规则、社会公正与人权。

对这一问题，我们想从希腊入盟的案例进行分析。道德争论、民主规则、人权重要性的讨论等问题在20世纪70年代希腊入盟时讨论得非常火热。事实上，希腊入盟的问题一旦被纳入民主层面，由于经济管理和行政管理的原因，如果拒绝其入盟就会使欧盟委员会的合法性造成缺失。而在那个年代，欧盟委员会对其合法性又非常重视，这为后来的西班牙与葡萄牙的入盟埋下了伏笔。随着欧盟相关改革的进程，新成员国通过讨价还价改变了地位，并为重新限定成员国利益做出了艰难的政治决定。

从希腊入盟我们可以看到，老欧洲认同与对希腊的认同属于两种不同路子。从历史上来看，对于希腊与欧洲的关系一直有两种不同的观点。第一，对强调雅典文明的继承。雅典文明是欧洲文明的一个重要的组成部分，因而希腊是欧洲精华的一部分。这种观点尤其被18世纪和19世纪的文学先哲们所认定，而19世纪20年代的独立战争更是作为一个强有力的催化剂。像英国诗人谢莉（Shelley）所说的：“我们有无数的事例可以表明：希腊不仅仅属于欧洲，并且，它作为欧洲文化的奠基，希腊可以被看作欧洲的典型部分。”第二种观点来源于近代的希腊社会。由于希腊两次加入东方帝国，以下因素被视为欧洲的对立面：巴尔干、拜占庭、东正教和奥斯曼。在希腊入盟的问题上，第二种观点一直是讨论的焦点。由此可以看出，如果欧洲认同仅是文明的认同的话，文明又是分阶段性的。希腊，一方面被认为是古代欧洲文明的渊源，另一方面，又被现代的欧洲邻居们视为“巴尔干魔鬼”，是欧洲的侵略者。因此，在20世纪70年代对希腊入盟的讨论中，希腊一直被视为“他者”而不是欧洲固有的一个部分。因此，在1975年11月欧洲议会的讨论上，当社会主义党派强调希腊是欧洲文明的根源的时候，基督教民主派感叹道，这让我们看到了欧洲理念中真实的欧洲的面孔。法国总统德斯坦（Valery Giscard d'Estating）在希腊入盟的谈判结束后，对希腊在文化上与欧洲之间的认同的总结是有见地的：希腊重返了它的欧洲之根。

从希腊入盟我们可以看出，一方面，从希腊文明的意义与影响上来讲，希腊取得欧洲认同是毫无争议的。另一方面，也可以认为，这是欧盟委员会获得合法性的战略需要。德斯坦的话表明了对希腊的承认，代表了对欧洲经典教育与文化的一种共鸣，是作为一种特殊的历史标记出现的。这样的理念意味着，希腊入盟将加固对欧洲自身本质的认同。作为现代民主诞生地的欧洲具有它古老的欧洲价值传统。反过来，这也可以重新定义欧盟委员会——它是冷战后被欧洲“创造”出来的，它不仅仅能汇集一部分欧洲国家的意愿，它还可以代表整个欧洲发言。从这个意义上讲，希腊的入盟不仅仅是一个对欧洲文化认同的问题，它也是欧盟委员会所倡导的欧洲认同的直接产物。

但是，1967—1974 年希腊陷入军事独裁的统治，这是欧盟的价值认同所无法接受的。而恰恰在 1974 年，当希腊的政体发生变化的时候，欧盟委员会认为希腊具备了欧洲民主的价值基础。这使欧洲真正认为，希腊回归了它的本来面目，可以作为一个民主国家加入到欧洲的民主集团中来。我们从中看到的是，欧盟委员会不仅仅是建立在共同价值基础上的实体，它还是一个建立在权利基础之上的实体。

必须注意，在欧洲议会接受希腊入盟的声明中，没有提到古希腊文明与欧洲的关系，而强调的是希腊的民主问题：希腊与希腊人民通过它们自己的民主成果而加入到了欧洲一体化的进程中来。我们很明确地看到了希腊的民主体制，这不仅仅是希腊人民最为关注的，而且也是欧盟委员会和成员国最为珍视的基础，是希腊的民主体制将其与欧盟委员会联结起来。从这里可以看出，希腊的入盟最直接的原因在于它的民主制度的建立。土耳其入盟也有相类似的因素。欧盟对土耳其提高人权记录有着关键的刺激作用——使之民主化程度有了超出预期的发展。

从希腊的入盟我们还可以看到，欧盟作为一个解决问题而使其利益最大化的实体这一说法是不能够成立的。在其扩大的过程中，它更趋于一个建立在共同价值基础上的共同体和建立在权利基础上的后国家联盟。从希腊的入盟中还可以看出，欧洲一体化在逐渐发生变化，它不仅仅反映了，而且推动了一个新的特征的出现，就是欧盟委员会自身在推动欧洲认同，欧洲一体化将不再以贸易和农业合作作为边界，而成为建立在共同价值和权利基础之上的“贵族”项目。

当欧洲以民主作为其扩大联合的基础的时候，就意味着它要对成员国与候选国的权利、责任与义务进行重新排序。可以认为，希腊的入盟，是欧盟委员会和欧洲议会加强其合法性与权力的开始，它成为欧洲一体化的新的发动机，希腊的入盟，使之后的西班牙与葡萄牙的入盟更加顺理成章。从这些方面来说，希腊的入盟，对欧洲一体化进程具有里程碑的意义。①

从欧洲认同的角度来说，在此基础上认为欧洲是代表共同价值与权力的统一似乎还不够充分。原因是下面一个问题的答案还不够明晰，就是如何来界定欧洲的所谓普世价值与规则？

单从宗教、道德、语言的角度来说，欧洲还不足以产生厚重的认同，欧洲认同最终要以共同的制度来显现。共同的制度将代表欧洲及欧盟成员国共同的认同。欧盟的东扩，也暗示了欧洲对共同遗产的继承，它是对冷战时代所造成的人为分割欧洲文化的一种修复。这一过程也让人们对未来的欧洲充满遐思。正如西班牙总理冈萨雷斯（Gonzalez）所言：在新世纪的起跑线上，欧洲联盟的扩大对于整个大洲来说，是对历史的和解，成为安全与稳定的因素。这对欧洲带来的挑战将不仅仅是经济和金融的，更是历史的和地缘意义的。

传统上认为，欧洲一体化范围的扩大会阻碍一体化向纵深层次的发展。但是结果却不尽然。一方面，扩大本身没有影响一体化的深化，扩大的欧盟仍然聚焦于一体化进程，它产生了关于一体化更清晰的发展目标。扩大已经使新老成员国都感受到了现有的规则制度的约束，这种约束也为未来的一体化进程提供了规则基础。不止如此，新成员国对欧盟本质的作用，不仅是通过内部的讨论与意见交换来产生影响，它们还通过向欧盟要求“权利”，使欧盟的规则发生了一定的改变。如前面所说的，欧盟不再仅仅是一个解决问题的实体。它试图通过公正地处理谈判事务重新制定欧洲的规则与规范，力图使成员国在欧盟的发展中获得平等与尊重，而这些并不完全出于成员国或欧盟自身的利益。

---

① Jeffrey T. Checkel and Peter J. Katzenstein（eds.），*European Identity*，Cambridge Press，2009.

对于现在的欧盟来说，谁也说不清它最后的边界在哪里。一旦欧盟的扩大只与成员国的民主要求结合起来，就会对候选国的政治产生重要的影响，也会对欧盟未来的发展提出挑战，这种压力在未来会持续下去。在这样的背景下，欧盟如何能够合法地拒绝新成员国的加入？因为申请国仍然处于将欧洲制度作为普世制度的热情之中。在欧盟的扩大过程中还存在另一种风险，就是虽然我们观察到至今为止的欧盟扩大是一个持续的定义和再认定欧洲特殊性的过程，但是存在已久的普世价值观核心最后会击碎这些特殊性。如果这样，欧盟可能要在很长的时间里去面对这样的形势：如何捍卫成员国对欧洲的忠诚，如何实现欧洲安全的集体行动。欧盟的扩大，如果简单地归结为向民主欧洲的过渡，那么最后可能会威胁一体化本身。为应对这样的挑战，恐怕欧盟必须将自身置于全球层面，按照全球的逻辑，来考虑自身在本地区的功能。这样，一体化的目标就不应仅仅放在单一的地区体系之中。

认同的一个重要特征是，它是不稳定和变化的。当我们将欧洲认同看作一个过程，它同样也有变化的路线。

第一，欧盟的内部市场已经创造了一个新的国家间网络，以联结精英们的思维，这些人享受着自己作为一个欧洲人的身份。但是这部分人的绝对数量还很少，在欧洲民众中建立欧洲认同无疑是一个重要的社会过程。在欧洲，这一社会过程是由统一市场的逻辑所推动的，不断的契约的到来，使这些个人的意愿形成了共同体的意愿，进而，共同体超越了经济利益本身，从地缘意义上，形成了“泛欧洲”。

第二，共同市场的逻辑还激发了其他的社会过程，如尼尔·弗雷格斯坦（Neil Fligstein）所论及的，就是成员国会以低于竞争者的价码出售货物或提供服务。尤其是在2004年和2007年欧盟扩大之后，从东欧向西欧的移民，他们同为欧洲人，而从相互间的角度，他们又是外国人，这使欧洲认同的政治化被释放出来。因为，人们遇到了这样的问题：波兰人在法国，捷克人在英国，罗马尼亚人在意大利，他们是移民还是欧洲人？他们的迁移是强化了还是削弱了欧洲共同体的感受？我们看到认同的现实是：强化民族归属感比创建欧洲公民形态的认同建设还要多。

这里还涉及另外一个重要的问题，即如何研究欧洲认同。从欧盟的制度入手去解释其在社会和政治生活中对欧洲认同的影响已经远远不够，仅仅从民族主义的运动来使他们与欧洲的制度建设相分离也是远远不够的。

并且，挑战还来自那些通过研究认同，进而用规则来贬低认同作为一种政治现象的研究者。但也正是这些批评者，让我们看到了更清晰的关于欧洲认同的画面。

毋庸置疑，东欧的回归使欧洲认同更加复杂化了，无论从理论上，还是从实证研究上。更为重要的是，我们的分析需要通过与东欧政治联结才能作出。历史经验与政治记忆已经留给了研究者一些线索，但是对于今天的东欧来说，它肯定是不足够的。在多元的现代社会，现代化和政治改变都将是多向度的，而不是单线的。[①] 原教旨主义是宗教政治化的现代形式，它形成了与宗教世俗化的竞争，反欧洲化的冲击也带来了现代政治对欧洲化的一种对抗。在这些现实面前，欧盟就不可能继续像一部运转的现代化的机器，使它的东欧成员像在流水线上生产的产品一样适合西欧的口味。这就使自由主义的欧洲认同受到了较大的肯定。从自由主义的历史来看，它在近代欧洲和欧盟的政治化上，发挥了重要的作用。事实上，自由主义在很大程度上带有后殖民主义的倾向，它包含着对欧洲帝国主义历史的怀念，也不断地从欧洲殖民主义的历史中总结出对于欧洲现实的新的意义。但是，自由主义强烈的欧洲历史意识把欧洲作为政治上的“他者”又是受到现代欧洲反对的。因为，对欧洲漫长历史的讨论不能将欧洲直接带入现代的自由主义的认同之中。它使欧洲认同循环地再次驶入追求共同价值与权利的新入口。

① Shmuel Eisenstadt, “Multiple Modernities”, *Dedalus*, 129 (1), 2002, pp. 1 - 29.

第九章　欧洲一体化的制度困境与改革限度

1993年1月1日，《马斯特里赫特条约》正式生效，它开启了欧洲一体化的新时代。之后的一些年里，欧盟一直在过渡、扩大、寻求政治地位和不断改革。冷战结束后，欧洲一体化不断面临着新成员入盟的压力。这就有了后来我们看到的结果：就是20年后，欧盟的成员国比以往增加了一倍多，由1992年的12个增加到2013年的28个。一直以来，尤其是东扩以后，欧洲的政治领导者们为三个矛盾的目标，即合法性、效率、一体化，进行着不断的努力，[①] 至今，这三个方面仍然是他们努力的目标，也代表了欧盟的制度困境。

第一节　欧洲一体化的制度困境

在一体化早期，欧洲的政治领导者们就发现欧盟面临着多边的制度困境。只是在欧盟东扩的过程中，这种制度困境变得更为复杂，由三边困境变成了金字塔形。我们试着将此困境用金字塔形来表示，如图9－1所示。在合法性、效率、一体化这三个方面，任何一个目标的改革，都会波及其他方面。并且，从政治意义上来说，并不是每一个目标都是同等重要的，也并不是与要达到目标的所有相关的政治因素都在同一水平上。可以说，也正由此，欧洲一体化进程面临着更加严重的制度建设困境。

---

① Daniel Finke, *European Integration and its Limits: Intergaovernmental Conflicts and Their Domestic Origins*, Colchester: ECRP Press, 2010, p. 7.

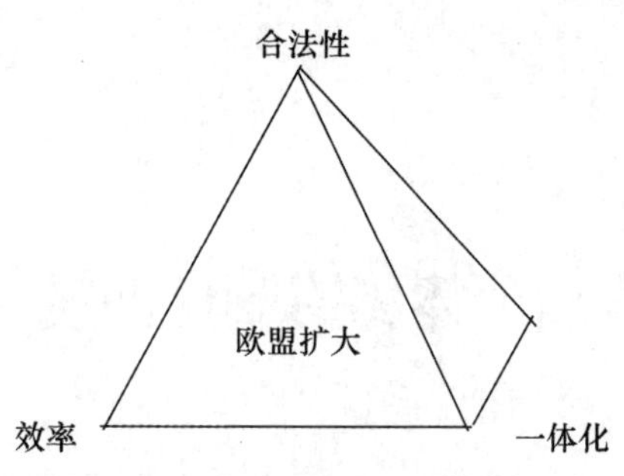

图 9—1　后《马斯特里赫特条约》时代的欧盟制度困境

一　欧盟的制度缺陷

欧盟的制度缺陷是我们必须承认的现实，也可以说，欧盟的制度缺陷是导致欧债危机的内在原因，并且，短期内难以化解。因为，从表面上看，国际金融危机是欧债危机的外部诱因，但从深层次看，欧盟内在的结构性问题才是引发欧债危机的根本矛盾。我们试从以下几方面进行分析。

第一，如经济学家和政治学家们所讨论的，欧洲统一市场应该与政治一体化平行发展。受联邦主义经济理论的激励，一些人要求增加共同的外交、安全、防御与对外政治能力，而另外一些人则热衷于讨论统一市场与增强社会合作、环境、金融及法律和内部事务的协调。《马斯特里赫特条约》签订 15 年后，这些事务中的绝大部分被提上了议程。然而，这些也并不意味着一体化是事无巨细地前行的。比如，我们看到，《里斯本条约》之后，政府在条约框架中增加了就业和社会章程，在对外防御中增加了永久合作框架，这说明，政治与社会改革的过程依然是缓慢的，其发展是在现有的条约框架下进行的，从总体来说，它与最初欧盟改革的目的是一致的，但在统一市场与政治一体化的发展上并不协调。

第二，欧盟在政策制定上阻力重重。从 20 世纪 80 年代晚期到 90 年代，欧盟凸显了其在政策制定上的能力，但是也遇到重重的阻力。纵观欧盟的政策制定改革，核心问题体现在政策制定方式的改革上，表现为降低政策阻碍，尤其是扩大有效多数投票权和降低投票门槛。这种方式的选择在很大程度上是由于两个方面的原因：其一，避免由于成员国的增加而使议程陷入停顿；其二，避免被反对意见控制局面而陷入被动。经过十几年的努力，欧盟的政策制定已经从规则一致转向了有效多数投票和适当比例制度。显然，欧盟的决定权没有向主权国家决定的方向发展，而是采用了威斯敏斯特方式，即人口多数的原则。但是与其他国际组织相比，欧盟在政策制定上主权国家的集中度还是非常高的。这实质上是欧盟在政策制定过程中遇到的最大的阻力——不断向主权国家妥协。特别是，欧盟同意降低投票门槛，即到成员国的55%和人口的65%，并增加了有效多数投票，不包括重点领域如税收、社会安全、金融和外交事务。另外，他们设计了欧盟理事会主席的职位来作为欧盟的政治领导人。然而，伴随爱尔兰人在2008年6月否决了《里斯本条约》，欧盟撤回了削弱欧盟委员会的决定，且保持了部长理事会的正常运行。这些都体现了欧盟在政策制定中向成员国的妥协，这些妥协又转而成为欧盟政策制定的阻碍。

第三，欧盟的政策制定从积极共赢、经济合作向部分再分配、复合推进转变的过程引发了成员国之间关系的恶化。《马斯特里赫特条约》被丹麦人投票否决，在法国以微弱优势通过（55%通过率），就标志着欧盟选举中“一致准入”原则的终结。这带来了欧盟的政策制定从积极共赢、经济合作向部分再分配、复合推进的转变。从次级层面的法律规则来看，这一转移就更为明显。这样的改革制造了赢家和输家，也引发权力争夺①。作为其结果，欧盟政府减少了欧盟政策的否决投票，而从政府间的层面来说，这些做法在成员国之间因投票权而导致了关系恶化。并且，由此引发了关于欧盟民主赤字的讨论，欧盟政府顺势增加立法，扩大整个欧盟层面的选举权。特别是，在此之后，扩大了欧洲议会在政策领域的决定权，也推进了各国议会在欧盟决策过程中的权力。在这一过程中，新增了欧盟理事会主席和欧盟外交部长等职位，试图使欧盟在政治上拥有更大的自主权。然而，这一战略包含了两个危险的缺陷。其一，与制度缺陷相一致的是，欧洲议会权力扩大就会与提高欧盟决策效率的目标相悖②；其二，这些改革存在过多表面性东西而被认为是避免否决政治决策的出现。至少，在从“一致准入”原则向欧盟式民主过渡的过程中，欧盟内部掀起了“欧洲怀疑主义”，它不是针对欧盟政策的内容，而是抗议国家主权

① Hix, S., *What's Wrong With the Europe Union and How to Fixed it?* Wiley & Sons, 2008, 1st.

② Golube, J., "The Study of Decision Making Speed in the European Union: Methods, Data and Theory", *European Union Politics*, Vol. 9 (1): 167–179, 2008.

的弱化，它最终为实现权力的平衡而放弃对欧盟改革的支持。法国和荷兰对《欧盟宪法条约》的否决就是其中的案例。爱尔兰否决《里斯本条约》，也是其中有代表性的个案。

上面的三点分析，又使我们回头思考以下几个问题：第一，《马斯特里赫特条约》之后，欧洲政府间谈判的日程表是怎样的？在这一时间段内，政府间冲突的最普遍的方式是什么？第二，政府试图去解决制度缺陷的机制是什么？如何来理解《阿姆斯特丹条约》和《尼斯条约》以及《里斯本条约》的改革？第三，如何理解欧盟政府在改革中的地位变化？这些问题，也凸显了欧洲一体化的复杂性。上面这些问题需要结合《阿姆斯特丹条约》和《尼斯条约》以及《罗马条约》来分析。这些条约也证明了存在于《马斯特里赫特条约》之后的政府间争论是两种制度模式选择带来的。一方面，争论是成员国与欧盟政府间的竞争，这基本上是在政治一体化的目标层次上发生的；另一方面，是成员国政府间的权力分配，这基本上与决策效率的目标相关。

在欧洲一体化早期，普利文计划的挫败使以上两个方面都陷入困境。同时，欧盟的条约改革被政府间经济合作的利益所充斥。经济利益的需求使政府间希望通过法律来对条约进行改革。因此，他们希望按主权来进行选举并提高欧盟决策的效率。这意味着强力而高效的超国家组织如欧盟委员会和欧洲法院（European Court of Justice），通过欧盟立法而成立。为实现这些目标，受益人达成了金融方面的协定。结果，人们看到了欧洲一体化进程是在稳步推进的，也被认为是制度生产者在利益与经济权力方面的分配规则的确立。①

二　欧盟走出制度困境的努力

《马斯特里赫特条约》标志着欧盟在经济领域的合作相对成熟。以此为起点，欧洲一体化进程开始了一个新的时间表，它包含政治一体化、决策效率和民主合法性。这是因为伴随经济一体化的推进，欧盟条约改革中的政府间矛盾逐渐显现。《马斯特里赫特条约》以后，成员国政府仍然不完全支持政治一体化，但是愿意降低投票门槛，由此使更多成员国拥有投

---

①　Moravcsik's, *The Choice of Europe*: *Social Purpose and State Power from Messia to Maastricht*, Ithaca: Comell University Press, 1998.

票权利，以增强欧盟的决策效率。

显而易见，这两个层面的框架与三个目标中的两个相一致，就是政治一体化与决策效率，但是这与民主合法性之间却存在矛盾，而民主合法性是后《马斯特里赫特条约》时期在欧共体日程表上讨论的最基本问题。为此，欧盟的制度建设陷入了困境之中。

一般来说，民主合法性可以通过三个渠道来获得。第一，民主合法性与欧盟层面的竞争相关。由成员国层面向欧盟层面的决策转移和竞争强化了投票人和选举代表之间的联系，但从其他方面来看，这也自然限制了欧盟政府的民主合法性。因为在确定民主合法性之前，需要弄清楚的是，积极的一体化是否确实推动了投票者的经济福利和生活水平。第二，民主合法性需要在欧盟层面上因选举代表的权力扩大而推动。特别是，需要增强欧洲议会和成员国议会的权力。从政府间的矛盾来看，目前，民主合法性在成员国政府间和垂直一体化方面都显得不堪一击。在垂直一体化层面的矛盾斗争集中在合法性的转移上，最突出的是在劳务、环境、金融、对外政策和司法及内部事务方面，并且，它有一个前提条件，就是通过政府间谈判来讨论欧洲政治的领导人，如选举欧盟理事会主席和欧盟外交部部长。第三，民主合法性要求欧洲政治进一步增强领导人权力与决策程序的透明度。

它在程序层面有一个要求，即在欧洲出现一个公共的空间，所有成员国在同一时期讨论同一个欧洲政治的政治主体（或者人物或者事件），但这是很难达成一致的。

欧洲条约谈判，既是欧洲层面的，也是成员国层面的，因此，在《马斯特里赫特条约》之前，政府间讨价还价的游戏是不能被控制的——没有程序，也没有超国家的角色，并且一些小的成员国只能扮演有限的角色。特别是，在《马斯特里赫特条约》条约之前，欧盟改革的问题甚至被认为是德国、英国和法国之间的事，要看这几个大国有多大的愿望来赋予小的成员国以权力，当然，这还与小的成员国愿意付出的经费有直接关系。

然而，《马斯特里赫特条约》签订之后，这样的程序基础受到了挑战。因为欧盟委员会成员国自从 1986 年经过两次扩展增加到 12 国，1991 年，“马约”签订时，德国、法国和英国的 GDP 是其他 9 国 GDP 总和的 1.8 倍，人口则是 1.32 倍。所以，三个最大的成员国拥有的经济实力几乎是其余国家经济实力总和的2倍，如今，英国、德国、法国的经济实力几乎等于其余25国经济实力的总和，但是它们只占欧盟总人口4.85亿中的2亿。[①] 这种经济实力的差距使各国在欧盟的经费支出上不尽合理。

也有人认为，根据《阿姆斯特丹条约》和《尼斯条约》，小国作为公分母在决策中的作用要超过核心大国法国、德国和英国。至少，一些实证分析证明，对于欧盟来说，小的成员国政府与大的成员国政府同等重要。[②] 我们可以理解为，"马约"之后的欧盟条约改革是所有成员国政府相互平衡的结果。欧洲的政治领导人和学者们为这些温和但不是最佳方案的改革发明了政府间谈判的标准程序。根据这些程序，理事会主席需要通过双边的往来外交解决一些小的矛盾，以减少在最高层的争论。在这样的方法下，尽管讨价还价耗时耗力，其结果也往往是否定作为公分母的小国的意见。欧盟政府试图提高工作效率，以及在成员国政府间讨价的时效，为此，通过了《欧洲未来公约》。事实上，这一公约是在欧洲大国倡导下通过的，如法国、德国、意大利，因此，它得到这些国家的支持。作为公约主席，瓦莱里·吉斯卡尔·德斯坦（Valery Giscard D'Estaining）论证的似乎是一个有利于谈判议程处置的方案。然而，他的方案遭到了部分成员国政府的限制与反对。他预料得过于乐观，低估了小的和新的成员国的力量。这些国家使公约没有发挥作用。意大利的理事会主席在2003年12月推动24个成员国政府一致通过了《尼斯条约》。

政府间的垂直一体化与决策规则的制定是密不可分的。特别当面临的政府间竞争比预期要大得多的时候，经济实力强大的国家倾向于降低投票范围，相反，经济实力较弱的国家愿意提高投票的权力。经济实力强大的国家拥有他们自己影响欧洲政策的方式，特别是，它们是欧盟主要的"钱包"。也正由此，它们不害怕在欧盟层面上犯规，但是它们担心欧盟过多的决策会导致投票规则的改变而波及其他的政策领域。相反，经济实力弱的国家则期望通过投票规则的改变来扩大自己的发言权。

在2005年荷兰和法国先后否决了《欧盟宪法条约》之后，欧盟进入了一个反思阶段。2007年，德国理事会主席宣布这一阶段结束并在同年9

---

① Laffan, B., *The IGC and Institutional Reform of the Union*, in A Pijpers and G. Edwards (eds), *The Politics of European Treaty Reform*, London: Pinter, 1997, p. 289.

② Slapin, J., "Bargaining Power at Europe's Intergovernmental Conferences: Testing Institutional and Intergovernmental Theories", *International Organization*, Vol. 62, 2006, pp. 131 – 162.

月于里斯本提出进入一个折中方案的协商，这就是后来的《里斯本条约》。相较《欧盟宪法条约》，《里斯本条约》发生了以下几个方面的变化。

第一，《欧盟宪法条约》放弃了投票的权重而将投票门槛设置为成员国的55%（包括至少15个国家）代表欧盟65%的人口。在《里斯本条约》中，欧盟政府同意推迟这一改革直至2014年，并延长了过渡期直至2017年，在此期间，单独的成员国可以按照《尼斯条约》来表达诉求。

第二，《欧盟宪法条约》强化了前面的两个和三个支柱的机构，规定了欧盟委员会的职责与权利，以及成员国间在民事与刑事法律领域的相互承认，共同的欧罗巴发展前景。然而，在《里斯本条约》中，欧盟政府同意单个成员国可以忽略这一层面的权利与职责而选择后面的阶段。

第三，《欧盟宪法条约》包含有基本权利章节，其内容与2003年的第一个欧洲公约的内容相一致。在《里斯本条约》中，各国政府没有同意将这一章节加入条约内容之中，而是将其作为法律约束的参考而出现的。并且，《里斯本条约》使单独的成员国如英国和爱尔兰可以做出不同的选择。

第四，《欧盟宪法条约》预见到需要成立一个“辅助的前期预警系统”，以使欧洲议会担负起监管欧盟的职责。《里斯本条约》强化了国民议会的角色。首先，它通过了使国民议会拥有长期向委员会提出建议的权力，其次，简单的国民议会多数可以使欧盟委员会收回建议。

第五，《里斯本条约》中，各国政府同意将《欧盟宪法条约》中设立的外交部部长的头衔，由“欧盟外交与安全政策最高代表”来取代。

第六，《里斯本条约》废除任何用于保留国家主权以及政治主权体系的术语。因此，它不是一个单一的宪政条文。与《欧盟宪法条约》相比，它没有明确地提及欧盟的国旗、国歌与国徽，取而代之的是法律与法律框架，是作为真正的“欧盟宪法条约”的前奏出现的。

至2009年10月，已有27个国家通过了《里斯本条约》，这以2009年10月7日，爱尔兰以67%的多数通过为标志。从2001年12月开始的“制宪”动议经过近八年的议程似乎形成了一个框架，但这不是终点。对照初期的改革框架，人们看到，在欧盟范围内的“制宪”要比政治家们预想的要漫长和复杂得多。

综上所述，相较欧洲一体化的初期阶段，欧盟的制度困境问题从

《马斯特里赫特条约》开始逐渐变得复杂化了。欧洲条约改革包括了成员国和欧盟两个层面，并且，它发生在一个以全球化为特征的时代背景下，欧洲面临着经济的、环境的和政治的挑战。虽然，欧洲一体化的法德引擎仍然强势，但是随着欧盟成员国的增加，它们也面临许多新的问题。但这并不说明它们将改变方向，而是欧盟及成员国需要一定的时间去调试，调整到一个共同的方向上来。

第二节 欧盟改革的限度

从前面的讨论可以看出，欧盟一直在改革中寻找和完善一体化的路径，并试图弥补制度上的缺陷。但是，欧盟的改革也是有限度的，改革也有它的盲区或者不能解决的矛盾，主要表现为以下几个方面。

一 民主赤字与合法性的改革限度

欧盟制订一系列条约的程序反复受到批评的几乎都是关于其合法性的问题，[①] 尤其是对于其低透明度和责任规定方面的否定话语。这往往使人感觉到，欧盟一体化中的政治议题似乎是让公众舒服的，即在努力满足选举人的政治愿望。[②] 条约中增加了关于提高透明度的方法，目的在于使参与者能够对欧盟的政策及决策有更为清晰的了解，而不是仅仅停留在精英政治的层面之上。实际上，那些规定对于表达选举代表的不同意见是有益的，但是却很难提高其在公众中的透明度。[③]

无论如何，不断更新的欧盟条约至少在提高合法性方面进行了一系列的改变，只是它还没有得到更大范围内的公众认可。而成员国的政府代表必须在本国政府内部向其政党或反对党就自己在欧盟的表态进行解释。欧

① Moravsik, A., "Is there a Democratic Dedicit in World Politics? A Framwork for Analysis", *Government and Opposition*, Vol. 39, pp. 336 - 363; Follesdal and Hix, "Why There is a Democrataic Deficit in the EU: A Response to Majone and Moravcisk", *Journal of Common Market Studies*, Vol. 44 (3): 533 - 562, 2006.

② Risse & Kleine, "Assessing the Legitimacy of the EU's Treaty Revision Method", *Journal of Common Market Studies*, Vol. 45 (1): 69 - 80, 2008.

③ Tsebelis & Proksch, S. O., "The Art of Political Manipulation in the European Conceention", *Journal of Common Market Studies*, Vol. 45 (1): 157 - 186, 2007.

盟制宪中的法国、荷兰、爱尔兰危机就可以见到其中的问题。总的来说，欧洲一体化进程的矛盾集中在对选民的负责任程度上。它对成员国议会在其中的参与程度要求较高，特别是，这能为欧盟的合法性提供合理性的工具。如果在欧盟条约的改革中，成员国政府的地位是关键的，那么，这些结果就意味着条约改革是建立在公众观念的基础之上的。简言之，《马斯特里赫特条约》终结了成员国一致原则。从那时起，人们在欧洲看到了一种新的政治方式。作为其结果，政府对欧盟内部规则的辨别力变得有限了，包括他们的选民、政党和议会。

然而，民主赤字的观点在欧洲一体化进程中并没有被淹没，它的呼声随着欧洲一体化进程的发展而被推进。比如，欧洲流动的劳动力市场的发展，[①] 它为2008年金融危机中的欧洲货币联盟提供了一个安全的港湾，但是它却一直不能得到欧洲公民的最普遍支持。欧盟在这些方面获得的支持要比它在政治制度上获取的支持大得多。当然，公众观点或者选举行为不能完全以这样一个简单的结果来计算。选民实际上不能明确地知道欧洲一体化给他们带来的利益与损失。最后，他们的评估能力仍然为本国政府所左右，很大程度上仅仅局限在政治领域。经济理论的作用在于它可以确切地预算出经济结果，且能够使人确切地知道他所做的选择对于事情的结果有多大的影响。[②] 而在政治上，如民主赤字等问题上，却做不到，选民的意志常常为政治领导人的观点所左右。

二　欧盟扩大的限度

另一个限制一体化深化的问题是欧盟扩大带来的贸易问题。欧盟东扩对于欧盟条约框架并未产生大的改变，欧盟扩大也没有改变欧盟的内核，并且，相较《欧盟宪法条约》，无论是老成员国还是新成员国政府，都更青睐《尼斯条约》。当然，大多数欧盟核心国反对降低选举门槛。然而，新成员事实上与老成员作为平等的欧盟参与国并未有太大的差别。波兰和匈牙利对一体化持有怀疑态度，但是斯洛伐克、塞浦路斯、斯洛文尼亚对一体化却持友好的态度。

---

① Luetgert, B., *Distangling the Roots of Public Support for European Integration: Exploring the Effect of EU Policy*, Deutscher, 2009.

② Luetgert B & Dannwolf, T., Mixing Methods: A Nested Analysis of EU Member State Transposition Patterns, *European Union Politics*, Vol. 10 (3), 2007.

更重要的是，欧盟扩大可能通过改变老成员国的地位而对条约改革产生间接的影响。值得注意的是，欧盟扩大导致了老成员在决策规则中地位的改变。为了避免降低效率，欧盟扩大随之而来的是降低了投票门槛。根据制度理论，这会扩大一种风险的概率，就是单独的政府其过去在联盟中的地位会被政府间的合作所取代。[①] 从长远来看，这会使欧盟政策的质量降低，而导致民众对一体化的支持减弱，最终很可能会使欧洲怀疑主义者的比例高于一体化的支持者。当然，欧盟扩大的积极影响在于它带来了更大范围和更快的经济增长，更稳定的欧洲边界，提高了欧盟对外事务的发言权。简言之，欧盟扩大对于欧盟条约改革的影响是不确定的，因为我们无从推测如果是 12 国的欧盟或者 15 国的欧盟，欧盟条约改革的结果会是什么样子。因此，从经验主义来看，人们无法推导出欧盟扩大对欧洲一体化的真正影响。

我们试图追溯和解释从《马斯特里赫特条约》到《里斯本条约》的改革，从欧洲的制度维度分析政府间如何为政治一体化目标而进行斗争，解释决策效率民主合法性与欧洲一体化的关系，以及其在欧盟东扩过程中受到的影响。《里斯本条约》是向这些目标挺进的重要一步，但不是终结。尤其是，一体化不能被终结，因为欧洲在外交、安全、对外防御和金融政策领域对一体化还有更高的合作要求，并且，欧盟的扩大也没有完结。欧盟的候选国中还有克罗地亚、马其顿以及土耳其的名字。在西巴尔干，塞尔维亚、阿尔巴尼亚、科索沃、波斯尼亚等以及东部的一些国家，尤其是乌克兰一直在试图敲开欧盟的大门。最后，欧盟的制度设计显然以《里斯本条约》的通过而得到成员国的认可。在未来，欧盟委员会的规模不可避免地会继续扩大，并且，政治一体化的深化要求欧盟沿着扩大合作的逻辑进行制度创新。这一创新的结果应该是欧盟政府对内部规则更具有责任感。[②]

三 认同的限度

欧盟，作为一个特殊的不仅仅是经济的或政治的联盟，从建立之初就

① Pahre. R. , *Politics and Trade Cooperation in the Nineteenth Century*: *The Agreeable Customs of 1815 - 1914*, Combridge: Combridge University, 2007.

② Antinio vmenendez-Alarcon, *The Culture Realm of European Integration*: *Social Representations in France Spain and the United Kingdom*, Londen: Praeger, 2004.

引发人们的各种思考，如欧盟是一个什么样的社会组织，在国家间确立着怎样的关系。事实上，没有国家愿意将主权让渡给一个超国家组织，欧洲的统一是一个新的进程，它试图将欧洲从一个集权的国家主义向着更国际化的和世界化的视域发展，它重新定义了欧洲的边界。[①] 欧洲的发展也没有现成的模式，它不同于其他联盟模式，如美国、瑞典、加拿大、印度、澳大利亚，或者南亚，这些都是建立在各自组成部分基础上的联盟。在欧洲，大多数国家都有着相当长的独立历史，并且有着独立的精神和骄傲的主权与国家认同。欧盟的发展恰恰是建立在这些情感基础之上的。

以法国、西班牙和英国为例，欧盟是多维度的，欧盟的多元化特点，为各国反对或支持欧洲一体化找到各自的理由。各种事务、政策和结构安排都是从认同的角度来进行的，而这些认同又并不一定是欧洲走向一体化的决定因素。由于欧洲国家具有强烈的国家象征，有着自身的历史和制度认同，这些象征和制度也会使成员国反对一体化进程过快地发展。如英国，其对自身国家象征和制度的认同使其对一体化的态度要比法国、德国、西班牙都疏离得多；西班牙就没有如法国、英国一样强烈的特殊地位的观念；法国与英国也有不同，法国强调其地位的特殊性，认为自己更具有欧洲色彩，而英国则骄傲地将其既立于欧洲，又处于与美国的联盟之中，并且更强调他的英联邦身份。那么，国家认同又是如何影响欧洲认同的呢？

国家认同没有明确的人口界限。[②] 像国家、联邦、伦理、文化、语言和地缘政治这些概念的交替一般来说是公民思想和政治家的话语。并且，认同、公民权和民族在人们的思维中与政治归属、国家边界一样，往往是混杂的，很多人也使用民族作为种族的象征，尤其是在英国。在这里，仍然有很多人强调自己的出身与血统。在这种观点下，种族与基因及文化特征交合在一起了，形成一种特殊的自然特征，仿佛人们从特殊的出身发展出一种特殊的文化。种族被设想成为一种自然的差异而影响现有的社会与文明的发展。

但无论怎样理解，国家认同保持着强烈的国家——民族感受且经常与

---

① Moss G. L. , *Fallen Sodiers*: *Eshaping the Memory of the World Wars*, New York: Oxford University Press, 1990, p. 224.

② Menendez Alarcon, "National Identities, Nationalism, and the Organization of the European Union", *International Journal of Contemprary Socioligy*, Vol. 35, No. 1, 2009.

一体化持相反方向。欧洲一体化没有削减国家认同，也没有产生一种欧洲情感，[1] 虽然它具有对一种共同价值的分享，而这种感觉有些时候是模糊而遥远的。人们谈起国家认同，更容易去理解法国、英国和德国，而不是欧洲，因为通过教育、媒体和它们的对外交往，这些国家更能积极代表它们自身，只有在欧洲联盟的文件和官方采访中我们才能够试图去限定欧洲认同。从前章的论述中我们得出，欧洲认同更代表政治民主、人权和法律规则，对不同国家与地区文化的接受，生活方式的共享，共同的历史继承（基督教、古希腊的文明渊源、共同的神话与民间故事等），一些共同的政治和历史印迹（如工业革命和技术进步），等等。事实上，大多数市民并不是那么重视欧洲这种历史根源对欧盟的重要性。许多欧洲市民，尤其是农民、工人和老人仍然认为欧洲认同与国家认同是相对立的，甚至他们认为成员国的文化差异是对其国家的威胁，这是由多年的民族优越感和社会化过程所决定的。民族国家的儿童故事、教科书、电影、报纸和杂志（包括传统的阅兵仪式、纪念日、国庆日），等等，在强调着民族——国家的特性，使人们具有特殊的民族心理特征。

另外一个现象是，在欧盟，有一种被广为接受的理念，就是关于"上帝的子民"的观念，这一点与美国和其他宗教国家如中东国家的社会基础是一致的。但是这种理念被大多数人理解为个体对民族—国家的忠诚，而不是从欧洲的视角去理解。可以说，从欧洲理念上和相互关系的行为方式来理解欧洲认同是有一些牵强的。

首先，认同不仅包括特定的、抽象的和情感的依赖，而且也包括个人和社会权利的理念受到的保护。因此，关于欧盟之根的设想在某种程度上是一个复杂的问题，欧洲国家对民族国家的认同仍然不会改变。因此，很多人建议忽略历史印迹，对欧洲进行持续的文化改变，将欧洲作为一个认同的复合体，以避免偏见和误解。[2] 也有一些人坚持着这样的现实，就是每一个成员国都有它对欧洲认同不同的理解。而这些不同理解的原因在于各国不同的文化特质，欧洲的文化认同不是一个二元制的自然认同，因为，欧洲不同的成员国之间能够找出相似性，也存在差异性。

---

① Antinio V. Menendez-Alarcon, *The Culture Realm of European Integration: Social Representations in France Spain and the United Kingdom*, London: Prager, 2004, p. 143.

② Menendez Alarcon, "National Identities Confronting European Integration", *International Journal of Politics, Culture and Society*, 8, No. 4, 1995, pp. 555.

其次，人们对国家认同与欧盟认同的理解也是不相同的。欧洲认同的概念是一个新的理念。对于大多数欧洲的市民来说，欧盟只是在 20 世纪 90 年代才刚刚开始，是从媒体和报告讨论欧盟条约时开始的。相较国家认同，欧洲认同一直是在成员国间存在利害得失的讨论，这种讨论体现了其比国家认同更为集中、更具研究性和影响力。[①] 由于缺乏强烈的文化附加值，欧洲认同与全体欧洲人的关系似乎并不太大，但是作为一项新鲜事物，得到了区域内群体的高度关注。事实上，欧洲联盟已经逐渐被视为欧洲各国政治秩序中的一部分。[②] 无论如何，欧盟现在已经被欧洲人认为是对他们产生了深刻影响的政治制度。换句话说，人们可以认为欧盟是在欧洲范围内影响了欧洲人的一种政治方面的制度，它使欧洲人了解布鲁塞尔如何处理欧洲层面的问题。欧盟的领导人必须去处理超国家组织层面的制度与程序规则。同时，欧洲认同的推动又不仅仅停留在制度与规则层面上。这在 2002 年的欧元区是有一个生动的体现。欧元作为一种在区域范围内不用兑换的货币，比其他认同更加直接、简单而有效。它对欧洲一体化产生的影响不只是经济上的，如果欧洲认同作为情感上的依附还不够的话，那么，欧元会使它在公民认同和政治认同方面得到发展。事实上，欧元区包括的人口比预期的要多得多，随着时间的推移，欧洲会成为一个欧洲人心目中真正共同的欧洲。[③] 欧元区，只是欧洲的一个部分，但人们每天都在持有欧元，事实上，它比欧洲人与欧洲联盟之间的联结更为直接和紧密。

再次，欧洲传媒体系与民族国家领导人的喜好影响着欧洲认同。由于欧洲一体化是使欧洲各国首先在经济上认识到一体化的重要性，这导致了不同国家对联盟重要性的不同理解，同时，也影响了各国对国家主权和国家认同的理解。传统理论将国家的概念定位在一个特定的民族国家，甚至是与其他民族国家相对立的，当把欧盟作为一种历史文化发展的透视，生活在欧洲国家的人们正试图在每天的生活中去改变形成已久的旧的国家主义。在欧洲，人们对欧盟的接受或者说认同依赖于一体化进程的实践与发展，也包括传媒及领导人在其中的影响。我们已经看到的是，欧洲传媒有

① Smith, "National Identity and the Idea of European Unity", *International Affairs*, 68, No. 1.

② Antinio V. Menendez-Alarcon, *The Culture Realm of European Integration: Social Representations in France Spain and the United Kingdom*, London: Prager, 2004, p. 144.

③ Ibid., p. 145.

一个趋势，喜好抱怨欧盟。当讨论欧盟问题的时候，传媒常常将对欧盟的报道与本国的报道独立出来，这事实上是民族国家理念已成为媒体心理支撑的一种表现。另一个重要的特征在于即便媒体对欧盟的宣传报道是积极的，一般也把欧盟事务作为非本国事务来报道。这一点在英国表现得特别明显。除了一些特殊的媒体，一般来说都是将欧盟视为一种将各个不同的国家连结在一起的外部制度。

此外，大多数政治领导人也愿意将欧盟和民族国家进行二分法。他们反对一体化进程向更深层的发展，或者说不希望布鲁塞尔更具有政治野心，他们仍然愿意将欧盟及成员国作为竞争者而不是合作伙伴。他们中的绝大多数支持欧盟作为一种国家体制的外部力量而存在。一个重要的原因在于，成员国政治领导人非常重视他们的国内选举，这样，他们就必须表现为一个国家利益的捍卫者，这种制度催生了他们之中代表本国民众利益的民族主义。虽然，这些政治家明白，试图将欧盟置于本国之外，从长远来看，对于他们的国家并无益处，但是他们不能在其任期内让国民感到作为一个民族国家向欧盟这个超国家组织让渡了太多的权力。例如，他们不会去讨论欧盟对于国家的强大有多重要，作为一个民族国家的政治领导人，他们一般强调的是本国在国际上的重要性和特殊性，以及更好的经济前景等。由此，欧盟被表述为这些国家的利益所在，因而要强化本国在欧盟的地位与角色。另外，他们也会时常改变对欧盟的政策，以便获取更多的支持者。这样，政治领导人事实上终结了民众对欧盟未来的想象。

四　主权的限度

现实欧洲的矛盾不在于是否成立一个联邦欧洲，或是否成立欧洲层面的组织，而在于是否期望进一步深化欧洲一体化。这本质上又是对欧盟在国家主权层面的讨论。从更深入的层面来讲，一体化水平的讨论已经不是欧盟未来思考的主体，取而代之的是过去曾经认为的辅助性的问题：哪些方面应该留在欧盟层面来解决，哪些方面应该由民族国家来解决，特别是在统一的外交与安全政策、统一的安全与内部事务政策、共同的税收体系方面。其主要的争论在于，欧盟一体化和欧盟制度如何在成员国与欧盟层面进行权力分配，这也包括成员国间的权力与利益分配。这涉及的是欧盟主权的限度考量。

欧盟与成员国的主权摩擦，以及矛盾的结果是滋生了大量的机构：委员会、议会、部长理事会、欧盟理事会以及国家和国家间的议事机构。在这一过程中，无一机构具有绝对的权威，只是赋予了欧盟委员会更多的权力，特别是在经济一体化、外交与安全事务和政治一体化进程之中。它兼备立法与执行功能，与成员国主权让渡直接相关，故而有人认为，“我们一直在做的其实是民族国家的欧洲政策”。①

事实上，在全球化时代，经济已经越来越向超国家的方向发展，欧洲央行作为代理，也是影响欧盟国家间合作的主要经济机构。事实上，民族国家在地缘政治上自治能力的弱化与其说与布鲁塞尔权力的扩大有关，不如说与这一地区主要的经济公司和经济联合体的发展有关。因此，将欧盟主权作为国家主权的对立面是有失公允的，即使没有欧盟，民族国家也将失去更多的主权，这在欧洲以外的其他国家已经可以看到。或者也可以这样理解，20 世纪 90 年代以来，欧洲国家的领导人强调对欧盟的主权让渡在某种程度上也是为弥补自身国家主权的弱化。如一些领导人期望通过欧洲层面的统一来扩大自己国家在世界范围的影响力。还有一个不可忽视的问题，就是当欧盟是一个松散的联盟的时候，欧洲国家会更为民主，因为民主与民族的历史文化统一是相关的，超国家机构权力的增大会使民族国家的民主程度变得脆弱且会削弱欧盟制度建设的合法性。欧盟委员会作为一个超国家机构的存在对民主合法性不能提供保障，这就使欧盟治理的合法性受到一定的质疑。

国家主权意味着在与其他国家对话中的平等权利，它包括主权国家范围内的经济政策、国家边界、御敌入侵的能力、公民教育的权利，等等。全球化的世界使法国、英国这样的老牌资本主义国家不能再完全依赖自身的能力来行使这些功能。欧盟成员国的经济由大的跨国公司和国际协定所控制，如世界贸易组织和欧洲中央银行，在这些组织里，国家只是大的经济集团的代理人。我们知道，新自由主义引领的世界驱使民主政府变得沉默以扩大全欧洲的和平。

并且，绝大多数的欧盟成员国在单独面对世界政治的时候不愿意发出单独的声音，也不愿意单独使用武力来反抗外部的威胁。正规教育在某种程度上仍然在受民族国家的控制，但是文化的交流与发展却在民族国家的

① Schild, J., National V., “Europaen Identities? French and Germans in the European Multi-level System”, *Journal of Common Market Studies*, Vol. 39, (2): 331 - 351.

掌握之外。民族国家主权受到全球化进程的挑战远远胜于来自欧盟的挑战。

由于主权意味着通过政治合作控制国家的命运，所以，另一种观点是欧洲各国通过一体化强化了各自的主权。而事实上，无论哪一种观点，都无法用具体的尺度去衡量。所以，当我们面对21世纪的欧洲的时候，必然要思考的问题是：新时期的国家主权剩下的是什么？人们依然在寻求着这一问题的答案。反对深化欧洲一体化，认为其是对国家主权弱化的论调已经不再适用，因为如若政治精英们反对深化一体化，其行使的政治权力也可能变小。而到那时，他们仍然要面临一个问题：是否继续统一欧洲、如何统一欧洲。若如此，欧洲必将面临更为复杂的现状。

五　对外政策的限度

从欧洲一体化开始，政治家和学者们就在探索一个统一的欧洲对外政策，但是至今为止还未完成这个目标。从乔治·布什开始，美国强调与欧盟成员国的单方面的政治合作与交往，这曾经使欧盟的领导人感到忧虑：一方面，欧盟权力会渐渐被美国分解为两种力量——欧盟与成员国；另一方面，欧洲的其他国家由于美国是世界上唯一的超级大国而将美国作为其唯一的资深伙伴。为此，欧洲在政治与经济方面唯一的矫正方法只有：更深入的一体化和欧盟的扩大。如法国一位社会主义的领导人的观点是，无论关于战争与和平，发展与稳定，反对不平等与犯罪，或为世界的公正经济秩序，当今的世界都面临着一个决定命运的问题，这就是单边主义的美国决定着世界其他地区的更广泛的合作，对欧洲也是如此。这说明美国在经济与政治方面的挑战不是一个冲突问题，而是一个世界政治与经济领导者的争夺现实。一些欧洲人则认为，美国实行的不是单边主义，它只是为实现自身的经济利益而采取的手段。这不是单边主义的方式，因为它需要其他国家的帮助，但是却拒绝其他国家的建议与多边协商，这将限制别国的进步、主权和自由行动。伊拉克战争使欧盟成员国认识到，欧洲不得不屈从于美国所做的决定。令人遗憾的是，欧洲对此发表了很多意见但却没有什么实际行动。就在2002年春季，欧盟国家包括英国也反对美国单边主义做法的时候，欧盟也没有产生任何应对华盛顿的有效措施，而美国却可以在任何时候明确发表反对欧盟的意见。

法国被认为是传统上最明确地反对美国政策的国家，但是大多数政治家都局限于通过政治宣讲来表达对美国的不满。德国、荷兰、比利时、西班牙的领导人也是如此，更何况传统上与美国结好的英国。从国际关系的现实情况来看，这是使欧盟在国际外交与安全事务上势微的主要原因。近几年来，我们看到的美国似乎比布什时期要温和一些，但在对外事务上，美国与欧盟的立场都没有发生任何改变。

欧盟与美国在媒体覆盖上的差异也可以说明其对外事务的权重问题。欧盟各国的报纸与电视经常报道的是各种会议，他们的领导人出访中东、中国、非洲，等等，同样也会报道美国领导人出访的新闻。但是美国的报纸，包括《纽约时报》在内，很少报道欧洲领导人的行踪（除非他们的活动与美国有关）。美国媒体人的回答是主要由于两个方面的原因：一是美国人不关注在世界上其他地方发生了什么，除非该事务对他们有重要的影响；二是对于欧盟来说重要的事件不一定对于美国也同样重要。

得出的结论是，如果欧盟不情愿接受美国现行的单边主义，他们除了更紧密的联盟之外没有另外的选择，而实现完整的外交与安全事务能力，需要欧盟能够独立行使更多的主权。这对于欧盟来说，却是艰难的问题，从一体化初期到现在，它仍然处于矛盾之中。人们都看到：要避免欧盟屈从于个别国家或领导人的情感，只有在制定出统一的对外政策并牢固执行的时候才能实现，否则欧盟不会有真正的效率。只有这样，欧盟的领导人也许才能任意地发出抱怨，而美国政府也才会对其抱怨发出让欧盟满意的回音。这样的回答同样适用于国际贸易体制。比如，当美国对欧盟由于肉类激素水平存在分歧而诉诸经济处罚的时候，欧盟可以给予回敬，这样才能使欧盟与美国在世界贸易组织中成为平等的合作伙伴。

第三节　欧盟面临的主要挑战

今天的欧盟再一次面临前所未有的挑战。从大多数成员国迟缓的经济增长，到一体化的范围正在试图从欧洲扩大到亚洲穆斯林地区。在这样的背景下，很多人认为，欧盟面临的挑战仿佛是不可克服的。也有人认为，按照这样的路径发展下去，欧洲可能会失去自己的成功。虽然，欧盟今天面临的挑战有现实的原因，但是一般来说，艰难的政治任务经常是留到最后的，最有争议的问题往往发生在当欧盟作为一个成熟的个体出现的时候。从这样的角度来看，欧盟今天面临的挑战似乎又是不可避免的。总结下来，欧盟今天面临的挑战主要包括以下方面。

一 壮大的欧盟机构

欧盟机构问题是一个从欧盟建立之初就已经存在且持续至今的问题。欧盟机构的任务在于“支持建立一个更加紧密的联盟”，这是在《罗马条约》前言中就提到的。可以说，在过去的几十年间，欧盟的治理结构也在慢慢变化，它的变化是温和的，所以常被指责没有重视效率问题。从欧盟机构的复杂性和行政管理的繁冗上，我们可以清晰地看到，欧盟机构的建立是在政治讨价还价的艰难中赢得的。当然，在某种程度上欧盟的领导人希望将欧洲一体化带向一个更深层次的政策层面，这些机构也体现出了它们作为平衡新任务与改变政治现实的调节能力。

然而，欧盟的政治斗争是围绕着不同的政治讨论来进行的，这自然也包含政治赌注在其中。在20世纪90年代晚期，许多分析人士和政治家开始对欧盟的机构问题产生争论。认为6个初始成员国于1997年设计的《阿姆斯特丹条约》方案，已经不能够再适应到2004年新增10个成员国时的欧盟。人们看到一个由25个成员国组成的欧盟注定会使机构变得紧张起来，一些欧盟机构体系的核心特征，如轮值主席和非正式的否决权等，对未来的这些成员来说是不够的。因此，成员国在欧盟东扩之前进行欧盟机构改革上达成了一致。然而，2000年的《尼斯条约》谈判，却证明了欧盟的机构改革是乏味和富于争议的，谈判最后以对条约改革的有限热情而告终。

虽然如此，《尼斯条约》的谈判还是取得了突出成果。一是成员国同意改变选举方式和讨论《欧洲未来公约》，以解决条约改革的僵局。在“公约”中，涉及了以往没有解决的问题，包括成员国与欧盟的分工，国家议会的角色，欧盟决策程序的简化与透明度提高，轮值主席的协调，《基本权利宪章》的地位和欧盟的外交代表职位设定等。另外一个向合理方向的改革是欧盟民主从政府间的讨价还价向支持欧盟的方向改变，试图通过公民投票方式对“公约”进行修订，或者通过议会程序，通过全民公决来修订“公约”，这是欧盟机构改革中的重要步骤。

同时，“公约”也隐隐体现了宪法的虚弱，从一开始它在欧盟机构的设计方面存在的失误仿佛就掩盖了它对欧洲一体化的推动力。宪法的修订发生在欧盟扩大了10个成员国之后，而不是之前，这是因为欧盟在扩大之后采纳制度改革，这比强制出台一些不成熟的政策要谨慎得多。

2005年5月法国和荷兰对宪法的否决，也使欧盟陷入巨大的机构危机中，以致再没有得到复元。事实上，欧盟的确需要重新设置机构，制宪似乎意味着机构改革的开始。全民公决运动又使欧盟的民主合法性受到高度关注。政治精英们不能，至少在短期内不能在公众反对的情况下推动改革，但是在这之前他们是可以的。然而，尽管欧盟的成员国增加到了28个，但是欧盟机构的持续治理仍然遭到了失败。

欧盟在机构改革中有两个核心问题留给了未来。

第一个问题是关于欧盟的制度改革。即在欧盟扩大过程中，欧盟面临着更大的制度危机吗？在公民投票中失败，对现在的欧盟是个威胁吗？欧盟是否进入了一个制度漂浮的年代？对宪法的否决是不是一次欧盟的政治机会？当前欧盟机构的结构是在一个稳定的平衡中吗？

第二个问题则是欧盟的民主合法性问题。经验证明，人们更愿意接受在他们看来全部决策程序公正的法律。在这样的思路引领下，欧盟的政治和民主合法吗？当至少两个以上的成员国不接受其决议的时候，欧盟将发生内爆还是外爆？欧洲一体化的进程，像过去一样，是精英政治推动的，它会一直得到公众的默许吗？或者相反，欧盟应该发明一种新的在国家之上的民主形式吗？对这些基本问题的争论将会随着欧盟的发展而不断地继续下去。而事实上，这是一个持续了很长时间，几乎从一开始欧盟就已经在面对的问题。

二　欧盟经济下滑

现时欧盟经济存在的问题，不只是欧债危机带来的负面影响。欧盟的经济管理也一直面临着挑战，一方面是因为具体的政策，一方面是因为政治压力的提升，如在食品、资本、劳力市场等方面。并且，有三个相关的领域受到了特别的重视，包括如何处理增长放慢与就业问题，一些公众担心从欧盟其他成员国涌入的低成本劳动力取代本国工人，如何提高在全球化进程中的管理水平，等等。

许多欧盟内部和外部的观察家认为，欧盟经济增长的降低及其带来的持续低就业率在过去的十年里显得尤为严重。尤其是对于老成员国来说，它们已经对欧盟未来的经济竞争力产生了恐惧。相应地，它们中的一些人对欧洲社会模式的持续性也存在怀疑。这些原因推动了《里斯本条约》的改革，欧盟为此提出了到2010年将欧盟建设成为世界上最具有动力和效率的知识经济区，但这却使欧盟面临一个具体目标的挑战，由于这一目标未能实现，加之欧洲债务危机的蔓延，欧盟在经济危机的基础上又增加了信任危机。

但是，也不能因此将欧盟的经济描述得没有丝毫生气。在其他方面，从现有的一些宏观数据来看，我们应该肯定地评估欧盟的经济、福利、增长和就业，另外，欧洲公民在医疗保险方面的待遇比美国要好，虽然它们也面临着改革。

在欧盟经济发展中正在讨论和难解的深层次问题包括：

学者们使用历史制度主义方法论证欧洲政治经济已经有一段时间，尤其是关于资本主义变化的问题，以及在全球市场中国家政治经济进展的问题①。这些历史制度主义的分析研究帮助我们去了解和回答与欧洲经济危机相联系的如下问题：为什么欧洲持续的改革没有为经济发展获得更大的动力？对欧洲来说，是否存在最理想的社会经济模式？如果有，这个超国家的权威体为什么没有一系列战略为增加利益而改变经济政策的决策与执行？是否是由于一些国家的刻板的制度历史，如法国农民坚持多边贸易谈判必须有利于法国的出口商这一类型的因素是导致欧洲经济低迷的主要原因吗？历史制度主义的工具应该提供更丰富的资源来理解欧洲经济变化的原因，以及经济发展受到怎样的限制。

另外，一般认为，是欧洲人向全世界输送了经济全球化的理念。到现在为止，经济全球化的影响是积极的还是消极的，这也是学术界与政治家们讨论的重要问题之一。这一问题在欧洲的讨论更为广泛，因为在这里，经济全球化的讨论一直与欧洲一体化结合起来。一方面，欧洲一体化可能只是经济全球化进程中的一个地区变化。传统上将欧洲一体化与全球化联系起来是从20世纪80年代晚期统一市场行动开始的。欧洲一体化甚至被称作全球化进入欧洲中心的“特洛伊”木马；另一方面，欧洲也被看作一个执行经济全球化的工具和反抗经济全球化负面影响的盾牌。因此，接下来的挑战应该是：欧洲化是否会持续成为经济全球化的标杆，或者能够

① Hall and Soskice, *Varieties of Capitalism*: *The Institutional Foundation of Camparative Advantage*, NewYork: Oxford University Press, 2001.

成为抵制经济全球化最坏影响的缓冲器？更进一步地说就是，欧盟作为一个地区组织会对经济全球化的深度、广度和未来持续其巨大的影响吗？

三　难懂的欧洲认同

与欧盟未来发展相关的难题还有欧洲认同。欧洲认同带来的最大挑战就在于：欧洲一体化是否能够在缺乏明确的欧洲认同的基础上继续下去？欧盟的扩大和经济区，是否受到了欧洲认同的威胁以致欧洲认同阻碍了欧洲一体化的进程？

首先，欧洲认同是欧洲治理结构的法律和秩序基础，它确实是稳定的欧盟体系的重要组成部分。政治理论与实践经验都保持着这样的观点，即如果缺乏基本的政治认同，治理就不能够继续维持发展，更无助于建立政治合法权威和加固权力。欧洲所追求的认同并非欧洲整体的认同，没有任何问题的认同或者完全牢固的认同，但是共享的共同体感受为将欧洲公民连在一起共同遵守欧盟制度并使其运行良好提供了可能性。但是，如果没有政治共同体感受，民众对政策的接受不会体现为社会的直接利益。

其次，欧盟制度与欧洲认同是连在一起的，并互为反馈。为了达到合法性，欧盟的制度需要为欧洲政治认同提供更大的特性：将自由主义、中央集权和议会制度等结合在一起。我们能够看到的是，欧盟制度不仅仅反映也创造了欧洲认同——它通过一些民族国家的主权让渡，使欧洲公民以新的方式社会化，由此创造了新的欧洲认同。[①]

再次，如我们看到的一样，欧洲认同在实践中受到了许多批评。由于欧盟扩大，流动人口的不断增加，在种族与宗教群体中紧张情绪和暴力已经显现出来。欧盟能否解决这些问题，对于个别地区政治行为体来说，还是不太清晰的，比如苏格兰人和巴斯克人的问题。

欧洲认同的问题也在扩大的过程中体现出来。1973 年至 1995 年的欧盟扩大，其间隔较长，可以认为是一些新的成员重返了原本相似的欧洲文化区，而 2004 年的扩大却显现了明显的不同，如此多的国家在同一时间内迅速加入，使“老欧洲”的人们开始警惕这样的问题，即这些国家是

---

① Chekel, *Nationalism and Bounded Integration*, Working paper RSC, 2000/34, Fiesole: European University Institute, 2005.

想改变欧洲文化还是要加入欧盟的文化中来。[①] 2004 年、2007 年以及以后的欧盟扩大，使人们不禁会想到前面我们论述过的一些问题：欧洲的边界在哪里？欧盟的东扩在改变着欧洲地理中心的同时，也改变了欧洲认同吗？要成为欧盟的成员国是否一定要在欧洲的地图上？这些问题围绕着土耳其加入联盟展开了激烈的讨论。伊斯兰问题也成为一个直接的必须面对的欧洲认同问题。在《欧洲未来公约》中，就欧盟的基督教特性与继承开展了广泛的讨论。这些问题在现代欧洲政治中显得特别棘手。在今后的一些年中，欧洲人必须在两种欧洲认同的观点中给出明确的定义。[②] 一种欧洲认同的观点是，欧洲认同建立在历史、文化和继承基础之上。如此，欧盟就会为应对外界的威胁而保护这种认同，无论是来自于全球化或者来自于不同地区的移民。这种观点认为，在没有共同文化遗产的背景下，土耳其不应该成为欧洲成员，否则就会威胁到欧洲的多元统一。另一种欧洲认同的观点是，欧洲认同是由共享的价值和目标所决定的，在这样的思考下，土耳其应该成为欧盟的成员，因为它与欧盟具有共享的目标。从这些意义上来讲，欧洲认同的问题很难解决，相反，却成为分裂欧洲的关于欧盟未来的潜在的因素。

欧洲政治学者通过很多方式来研究欧洲政治认同，有的通过投票，有的通过社会调查，有的搞个案研究。这也表明欧盟在其权威实践中还缺乏合法性的支撑。但是，欧盟的学者和政治家们都在积极地为这个目标而努力——主要采用的是建构主义的理论，近年来历史制度主义也使用得较为广泛。历史制度主义试图从制度中寻找这些理念的根源，探寻这些观点的改变有着怎样的历史根源，只有深入探索欧盟如何灌输和贯彻这些制度，才能使民众更深层次地理解欧洲的制度与文化共享。而欧盟政治机构的运作方向也正在转到如何通过何种方式来改变不利于共享的制度与文化。

---

① Cameron, "The Challenges of Accession", *East European Politics and Societies*, 2003, 17/1: 24 – 41.

② Berman, S., "Europe's Choice", *Dissent*, 2006, 53/1: 100.

第十章　欧洲一体化的未来展望

《罗马条约》签订五十年或者统一欧洲行动二十年后，我们再来看今天的欧洲一体化进程，它已然成为一个历史趋势。如果再去分析它的偶然性或者历史特殊性，对于欧盟的研究来说，就已经显得过冗了。在过去的几十年中，欧洲一体化与欧盟都面临过不可克服的困难，如“空椅子”政策，英国的加入，冷战的结束，《马斯特里赫特条约》后的公投，欧元的采用，以及欧盟的扩大，等等。用历史制度主义的方法来看，一体化的进程事实上是成员国的领导权付出巨大代价的结果。同时，也是一场艰难的斗争，是政治创新。那么，我们应该如何展望历史进程中的欧盟及其未来呢？本章将从欧盟的外部角色、欧盟的内部角色和欧盟的制度改革三个方面来进行分析。

第一节　欧盟的外部角色：规范性权力的运用

欧盟的对外力量，至少包括三个方面的内容：对国际社会性质的判断、对自我与国际社会关系的认定以及与外部世界打交道的方法选择。为此，欧盟面临的挑战首先是欧盟如何确立相对于世界上其他地区或国家的地位。其次，现在来讨论欧盟是否在向世界的强大权力集团迈进似乎也不过时，因为，只要欧盟存在，它就具有权力及其实践的本质。但是，面对当前的欧盟，人们不禁会想到：欧盟能否或者是否应该成为世界上的一个强大力量？如果回答是肯定的，那么，它的基本特征是什么？特别是，它在当今世界上如何处理与美国和其他大国的关系？而这要从欧盟力量的本质谈起。

一 欧盟力量的本质

在国际关系体系里，主权国家规则已经建立几百年了，从这个角度说，欧盟挑战了现代国际关系模式。也一直有些人在讨论，作为一种新的国际关系模式的结果，欧盟会不会成为现代世界一股重大的力量？对此，有人这样回答：欧盟永远不会成为现代国际关系中的一股重大的力量：它缺乏军事力量和共同的安全原则，它目前的机构从国际视野上来看还只能提供一个虚弱的基础。[①] 事实也表明欧盟在成为国际舞台上重要力量的路上还有不小的障碍。各成员国在对外政策目标上的差异与分歧导致了它们很难在国际事务上发出同样的声音。欧盟的扩大对此也没有帮助，相反，成员国越多，由于这些国家的历史背景与联系各不相同，与不同国家有着各种不同的纠纷，矛盾更为复杂。然而，我们也注意到，虽然新老成员曾经在过去的年代里，在对外关系上存在着巨大分歧，却也并没有因为欧盟扩大而使其在对外政策方面产生剧烈的分歧。

另外一种观点则认为欧盟已经作为世界舞台的一支重要力量出现。因为，从传统的观点看来，作为一个外交弱者，欧盟一定要具备两个因素才能使自己变得强硬起来。首先，在当今世界上，很清晰的是，欧盟影响力的核心在于它的非军事化和非强制性特征，特别是它的规则与价值的扩散。从其对成员国的吸引力来看，欧盟已经有了巨大的影响力，也就说明，它已经作为一个重要的力量在国际舞台上展现。其次，近年来，欧盟的外交政策在能力和实力上都有较大的提升，虽然这些发展还没有使其成为最重要的国际力量。在他们的讨论中可以看出，欧盟的对外政策直接指向全球的每个地区，使用的是其一直在扩大的民主、经济和军事工具。它包括欧盟在16次国际危机中进行军事、外交的危机管理，包括从北约手中接管波黑，并为其提供安全。

欧盟能够取得上述这些成功的原因是：第一，欧盟是世界上第一个地区一体化的成功模式，因而具有强大的影响力。欧盟通过经济、政治、社会等领域的合作，形成了世界上最稳定、最密切的区域联合。其发展模式

---

① Kagan, Paradise and Power, *America vs. Europe in the New World Order*, New York: Knopf, 2003.

像磁石一样吸引着周边国家的追随和加入，也为其他地区合作提供了丰富的经验和样板。第二，欧洲地区通过自身一体化建设成功地重构了区域内国家之间的关系，推动了国际体系的和平转换。二战后欧洲一体化从根本上改变了欧洲次国际体系内部的关系，各国之间承诺放弃使用武力或以武力相威胁来解决它们之间的矛盾和问题，从而形成了地区安全共同体。第三，欧盟作为世界上最大的软权力对世界秩序的建设发挥着不可替代的建设性作用。欧盟为世界贡献的基本理念是有效的多边主义和协商合作的外交文化，它强调共同利益、权力分享，以有约束力的共同游戏规则和合作为准则。欧洲的多边主义与美国的单边主义形成了鲜明的对比，以至于国际社会普遍期待欧盟发挥制衡美国的作用。因此，欧盟是世界上独一无二的新型力量，其和平与合作文化对国际体系构成了积极的建设性影响。

在这两种观点的背后，人们也不禁思考：欧盟的这些对外政策与权力反过来影响了欧盟制度与政治的本质吗？这些政策与权力对于欧盟作为一个政治组织来说意味着什么？从合法的层面来说，欧盟的确有附着的主权地位并且作为国际上一个独立的政治行为体而存在着，比如在国际贸易与环境保护条约方面，它的地位相当突出。然而，它的对外角色又是一个特殊的实体，就是它既不是一个国际组织，也不是作为一个明确的准联盟存在着。为了在这些领域发挥作用，欧盟需要政治意愿与合法性加上强制力资源。然而，加深的紧张关系与大量变化着的规则——如地区主义和多边主义、西方霸权和变化的权力、贸易自由和内部优先的偏好又使欧盟面临着不可逾越的合法性问题。[①] 既然合法性是权力规则的核心支柱，欧盟需要向世界其他地区证明的是，如何很好地处理这些在外界看来还不能获得足够支持的矛盾问题，这也决定了欧盟力量的本质。

二 欧盟的“规范性权力”及优势

如果我们接受欧盟在国际舞台上作为一个合法主权的政治角色，下面的问题就是与之相关的权力与目标问题：通过什么样的途径欧盟可以建立起这样的权力关系，并且在目前的状态下，如何进行转变？欧盟是否可以通过其他方式转变为一种国际性的权力，在贸易、金融、援助和对和平、

---

① Meunier & Nicolaidis, “The Europe Union as a Conflicted Trade Power”, *Journal of European Public Policy*, Vol. 13/6: 200 - 232, 2006.

民主的促进等领域？如果欧盟转变成为一种非传统性的对外权力，它是否会成为美国的对手？最后，欧盟是否可以顺利渡过现时的危机，顺利成为国际舞台上的一股重大力量？这些问题都涉及欧盟的“规范性权力”的讨论。

欧盟在国际上扮演着重要的“规范性权力”的角色。在可预见的未来，欧盟仍然是个由其成员国主导的国际组织，因而欧盟不可能具有任何军事强权所需的管理与控制能力。换句话说，欧盟因其自身状况与运作方式而不能成为一个主要的军事强权，在将来的任何时间这似乎都不太可能发生改变。欧盟和平与合作的国际观念是在二战后欧洲一体化的历史进程中培育和发展起来的，有着深厚的实践基础和内在的规范特质。正是这种规范性，使得欧盟在国际体系中发挥着与美国不同的积极作用。为此，欧盟所能够做的就是：确定全球（经济）交往中的标准；制定规范。也就是欧盟扮演的“规范性权力”的角色。[①] 这些规范性权力都涉及了标准的确立，它表明了“规范性权力”对于欧盟的特殊意义，其优势主要体现为：

第一，标准确立的能力表达出欧盟重要的商业与政治优势。一般而言，标准是由政府制定的，如果我们要使主权国家间的标准协调一致，这通常需要政府间的谈判。即使主要行为体是公司或其他非国家行为体，它们仍然试图寻求政府对其各自标准的支持，从而使标准的制定成为国内乃至国际政治问题。标准的制定涉及技术与政治层面，因此标准反映了优先的拥有权或更大的便利、优先的市场或调节性权力，通常意义上，是两者的结合。如果标准反映了较好的性能，那么标准的调整将会建立在相互学习与游说的基础之上。

第二，巨大的内部市场使欧盟明显具有确立标准的能力。同样，欧盟有能力把其行为标准强加给其公民、国外公司或与欧盟有商业往来的国家的公民或公司，这极有可能赋予欧盟施加影响的能力。在此意义上，欧盟能够以资源为基础体现出其真实的能力，尤其是在特殊的政策领域。“行为体角色”并不是欧盟面临的主要问题，相反，这却是欧盟规范性权力运作最具影响力的地方：欧盟委员会（European Commission）提出必要的

---

① Ian Manners, “Normative Power Europe: A Contradiction in Terms?” *Journal of Common Market Studies*, Vol. 40, No. 2, 2002, pp. 235 - 258.

法律规范和规则，部长理事会做出决定，成员国负责执行。欧盟委员会通常负责全球标准的协商。

第三，欧盟的“规范性权力”也受到特殊的欧盟治理体系的支撑，使其治理体系适应现存的全球治理结构。共同标准的存在，反映了所有成员国受制于共享权威所确立的一系列规则。但是，与全球治理体系一样，欧洲治理体系也涉及标准协调一致的问题，从而迫使成员国把其国家标准纳入某种程度的协议范围，这将强有力地限制而不是彻底消除国家主权。所谓的“公开协调原则”（Open Method of Coordination，OMC）意指成员国确立共同的政策目标，每个成员国自己去实施共同目标。显然，这些标准必须由强有力的规范支持以达到其效力——这也表明标准和规范是如何密切地交织在一起的。

第四，欧盟的“规范性权力”在本质上是一种“软权力”。欧盟的这种“软权力”是与全球市场相关的，如商品或服务市场、金融或技术与知识产权市场。欧盟具有影响与引导欧盟公民行为的能力，也包括居住在欧盟或在欧盟从事商业活动的非国家行为体。此外，欧盟也能够在其范围之外推行其标准，通过与成员国进行谈判，或与其他国家建立伙伴关系与协定。相对应的是，那些为成员资格而与欧盟谈判的国家期望接受全部或最低限度的欧盟法律条文（the so-called acquis communautaire），当然这包括欧盟的标准。总而言之，所有这些都使欧盟在有关标准的国际谈判中占据有利地位，这是在目前的国际关系中可以与美国相抗衡的力量。当然，作为一个“规范性权力”的欧盟，当欧盟没有强大到足以改变国际秩序与价值的时候，它必须面对权力不断消长，以及与它价值选择不同的其他行为体。

三　“规范性权力”的限度

我们看到，在欧盟“规范性权力”具有优势的前提下，它又是一个缺少足够“硬实力”的共同体，其“规范性权力”的“软实力”终究还是难以在非欧盟邻国区域发挥其希望的功能。当国际政治与经济重又回到以民族国家为核心的威斯特伐利亚世界秩序时，当其他政治体愿意暂时离开多边国际机制而去选择双边关系时，欧盟却无法跟随，因为欧盟毕竟不是一个威斯特伐利亚体系下的权力主体。甚至，欧盟自己的主要成员国在处理安全议题时，有时也绕开欧盟现有的机制，去寻求欧盟之外的解决之道，这不仅显示出欧盟内部的向心力不足，更是对其多年来在制度发展上的努力的一种讽刺。以英国为例，现今的卡梅伦政府不仅缺乏深化共同安全与防务政策的意愿，甚至拒绝支持德国、法国与波兰关于在布鲁塞尔设立欧盟常设军事总部的提案，却在 2010 年底同意单独与法国加强双边防务合作。这显示出英国不是缺乏对安全合作的兴趣而是缺乏在欧盟内部进行合作的意愿。然而，不再信仰多边机制，等于也否定了欧盟自己存在的合理基础。此外，欧洲主权债务问题也引发了欧元区统一的适当性问题，因为欧元区的经济繁荣与市场秩序不但是欧盟发挥影响力的重要凭借，也是欧盟深化一体化的关键基础。当欧盟更深层的统一正当性开始被质疑时，欧盟国际角色的重要性就会下降。[①] 欧盟“规范性权力”的限度主要表现为：

第一，作为一个民事权力，欧盟的最大问题是其不确定的“行为体特性”。欧盟的最严重缺失在于其经常无法采取连贯一致且有效的行动，以寻求共同的政策。这在很大程度上反映了共同意愿的缺乏。即使在具有共同意愿的情况下，欧盟也难以形成一致的目标与行动，仍然会受到此困境的制约。这或许是多边外交背景下的一个特殊问题，因为“有效的”多边主义需要积极引导联盟的发展。“联盟的建设”（coalition-building）或许是全球化政治背景下主要的温和技能之一。但是欧盟在实践上似乎在很多政策领域受到自身困境的限制，从而难以实现其自身的（和他者的）期望。

第二，“双重标准”以及实现其承诺的失败更有可能严重地影响欧盟的影响力。欧盟“以榜样的方式来进行领导”的能力存在不确定性，并且，迄今仍然是不明朗的，这包括其对内与对外的领导力与影响力。如，欧盟是否能够按照《京都议定书》（the Kyoto Protocol）实现二氧化碳排放削减的目标还没有定论，更不用说它是否会按照后续的协议来执行。“双重标准”以及实现其承诺失败的可能严重地削弱着欧洲的影响力，因为这将威胁到欧盟的一些主要权力来源，诸如信任、合法性以及仰慕之感。

第三，主权的部分让渡存在障碍。当下欧盟或许由于其他原因经受着

---

① 张亚中：《欧盟的全球政治角色：目标与限制》，《欧洲研究》2012 年第 3 期，第 28—38 页。

其能力的弱化，特别是欧盟成员国资格的吸引力在下降，无论是对目前的成员国还是成员国候选者都是这样。对于欧盟来说，要在世界上发挥更重要的作用，必须要清楚地表达出欧洲的利益，而不是一个国家的利益。在国际关系中，欧盟应该处于第一位。所以，主权的部分让渡是必要和必需的。欧盟国家的政治权力只有在联盟用同一声音对外的时候才能够得到加固与保障。这样，欧盟应该赋予委员会更大的权力，并产生强有力的领导人，以代表欧洲，而不是在欧盟理事会的领导之下。但是，绝大多数欧洲国家的领导人不愿意出现这样的情况，他们也不情愿增大欧盟委员会的权力。这就使欧洲一体化面临巨大阻力。

第四，欧盟还是一个在国际上缺乏强有力的表达共同意愿的联盟。尽管欧盟与其他行为体的“战略伙伴关系”在不断扩展，然而欧盟实际上渐渐难以找到有意愿且有能力的合作者、强大且有活力的国际制度支持者，而这些在欧盟变革国际关系的努力中作用巨大。另外，国际事务如何对其发生影响，得到社会成员对它的肯定与否定，也是具有决定作用的因素。一个强大的欧盟，应该是能够在国际上强有力表达共同意愿的联盟，这样才能够得到成员国及民众更多的支持。这需要一股统一欧洲的力量，显然，这是现今的欧盟还没有完成的。欧盟扩大最大的冒险在于其扩大了市场而放弃了其在世界上的发言权：它包含了越来越多的不同，让人民不得不思考和重新定义欧洲，欧洲的共同主权问题被进一步搁置了，使欧盟处于一个由众多拥有国家主权的成员国构成的邦联的形态之下，而我们前面提到过，邦联的状态必然是一个过渡的状态。

第五，与其他主要国际关系行为体相比较，欧盟也缺乏基本意义上的战略灵活性。我们试想，如果国际关系不转向欧盟所期望的那种全球治理，欧盟应该怎么办呢？当其他行为体仍旧具有可以“退化”的选择时，欧盟却不能这样做。问题在于：个别的欧盟成员国难以产生任何重要的影响，而欧盟整体上又没有强大到实现成功的地步。在有敌对存在的国际环境之中，有效的团结也是非常困难的。在诸如此类的环境下，欧盟内部的离心力在未来将变得比现在更加严重。

第六，欧盟扩大对欧盟的对外政策形成了另一股挑战力量。欧盟委员会的官方文件表示，欧盟扩大不会让欧盟付出什么代价而只有更大的获益，但是在外交与安全方面却不是如此。它需要欧盟越来越多的成员国在重大的国际问题上具有相同的立场，并执行一致的对外政策。这对于不同历史背景、民族、传统的国家和民族来说，无疑难度进一步增大了。因此，欧盟的对外政策看起来更像是仅仅产生了一个指导各独立国家对外政策联合的框架，而不能取得更多的实效。简而言之，如果欧盟不能够为对外政策制定一个超国家的制度，它的“规范性权力”也会成为成员国的负担。

第二节 欧盟的内部角色:超越解决问题的欧盟

欧盟建立之初，其明确的目的在于建设一个统一、和平的欧洲。在欧盟扩大过程中，有一些评论认为，欧盟已经成了为解决欧洲问题而出现的政治行为体。但是，如果欧盟被看作是一个解决成员国问题的实体，成员国的主权让渡就仅仅是为了功利主义的目标：或者为经济的，或者为安全和政治的，那么，成员国间就不会形成共同遵守的规则。同时，欧盟在运作了几十年后，其内部政治与经济都面临着越来越多亟待解决的问题。此时，欧盟应该如何确立自己的角色?

一 欧盟扩大与超越解决问题的欧盟

如法国外交部部长埃沃·德（Herve de Charette）所言：“我们这个大洲的历史第一次面对这样明确的机遇：和平而统一的欧洲。能够以谁的名义来拒绝这样的脚步？这一脚步会激励很多人——他们中的大多数已经在其他国家制定的规则下生活了几十年，几乎所有的人们已经被意识形态摧毁过——他们只为一件事鼓舞，就是在我们的桌子边坐下来，分享我们的繁荣与民主。我们能以谁的名义，谁的自私的名义，只为我们的利益而拒绝去鼓舞他们?”[①] 这被认为是欧盟扩大的原动力。

我们也看到，被称为欧盟扩大进程中的另外两个主要的“驱动国”，德国与丹麦，则被认为是在欧盟扩大过程中攫取了最大的自身利益。这两个国家有时候被认为是通过富于战略的规则讨论，使一些国家不情愿地遵守它们所倾向的规则。为此，一些人认为德国和丹麦对于欧洲扩大的强烈

① Helene Sjursen, “Enlargement and the Nature of the EU Polity”, in Helene Sjursen (ed.), *Questioning EU Enlargement*, London: Routedge, 2006, p. 151.

支持是属于功利主义的。有些学者认为，德国期望通过欧盟东扩来加强它在全球经济中的影响力，因为德国是中东欧最重要的贸易伙伴。并且，它期望通过扩大来扩展德国文化圈以加强其在欧洲的地位，并成为与邻国关系稳定的媒介。但是，对于丹麦来说，从功利主义的角度来分析其支持欧盟扩大并不是太合理的解释。欧盟扩大后，并没有看到丹麦从其中获得巨大的国家利益，现有的一些材料还显示，丹麦的经济因欧盟的扩大而受到了一定的拖累。正如丹麦的政治家所说：为和平的努力是需要付出代价的，西欧的富裕国家必须为此而付出代价。相似的讨论在20世纪90年代晚期的德国也同样出现过，当时德国对欧盟扩大的讨论从德国在欧盟的位置的变化转移到了德国要为此而付出的代价上面。欧盟扩大在丹麦国内的讨论，不是一个仅仅需要进行争论的问题，而是被视为一个价值一致和责任行为的问题。在德国，传统的多边合作与调和也是重要的因素。在德国人的哲学中，这不是一种简单的理想主义的无私牺牲精神，而是我们在前面提到的价值基础的问题。根据这一理念，相互协作与多边主义必定是最好的解决方式，这不仅仅对于德国，对于整个欧洲都如此。①

西班牙被认为是欧盟扩大过程中损失较大的国家，即便这样，西班牙的政治权威们从未对东欧入盟施以否决权。同样的，法国通常被认为是反对欧盟扩大的国家，一般认为欧盟东扩会改变法国与德国在欧洲大陆的政治平衡。所以，按照一些人的观点，对于法国和西班牙来说，承认欧盟扩大的原因似乎在于拒绝会付出巨大的“社会代价”。

但是，以上这些事实充分说明欧盟的扩大不仅仅是为了解决欧洲的问题，欧盟也不仅仅是一个为成员国解决现存问题的实体。对于成员国来说，将其置于欧盟之外比解决现实问题的意义会更大。那么，这是不是说，在后《马斯特里赫特条约》时代，当政治一体化对制度结构和共同政策产生影响的时候，欧盟除“解决问题”之外又加上了一些新的特征？或者是在欧盟东扩过程中，对成员国问题的考虑是在纯功利主义的基础上触发了一些新的思考？

欧盟的扩大让我们看到了它围绕欧洲发展而做出的努力：《巴黎条约》与《罗马条约》，首先是强调欧洲的经济合作，其次产生“统一市

---

① Helene Sjursen, “Enlargement and the Nature of the EU Polity”, in Helene Sjursen (ed.), *Questioning EU Enlargement*, London: Routedge, 2006, p. 89.

场”。现在的欧洲，在经济领域已经形成了稳固的成员国联盟，它使成员国因此受益并共享经济安全。欧元是欧盟经济统一最好的见证。

但是，从欧盟的发展来看，欧盟在新的世纪里面临的重要问题还有民族主义。欧盟或者会因深化一体化而将一个统一的欧洲带入太平盛世，也或者，它会实现国家主权从成员国向欧盟的转移，至少在一些关系到欧盟前途和发展的领域。

我们认为，只要成员国在欧盟层面上持续拥有过多的对欧盟事务的决定权，欧盟就不会成为真正意义上欧洲公民的联合体。而实际上，欧盟的成员国政府将根据所处形势与面临的问题，进行持续的谈判。除此之外，各成员国内部由于政权的更迭也会在不同时期对同一个问题有不同的表态。政府间主义的坚持者会将问题讨论一直持续下去。在这样的背景下，成员国政府将在特定时期根据自身的利益不断变换合作伙伴，民族国家之间的竞争仍然是具有普遍性的。在这些国家中，最强势的国家自然会作为持续强势的领导者，将他们的观点强加给相对弱势的国家。欧洲的历史就是一部强势国家试图征服弱势国家的历史，由此而形成的国民心理仍然存在。由此，相互的讨价还价只能在一个小范围内进行。政府间主义还在阻止欧盟在世界政治中发挥作用，这也会在欧洲民众中再次引发反对的声音。反对政府间主义的人认为，只有超国家的组织才能使欧洲各国在权力共享、投票程序中拥有平等的规则，使欧洲小国在进步的世界中发出自己的声音并决定自己的命运。这意味着欧盟不是一个大国的权力指挥部，如德国、法国和英国，这些大国会中止将超国家的欧洲转向政府间的欧洲。

欧盟条约将欧洲引向了更深入的一体化进程。欧盟的核心制度（三个支柱即理事会、委员会和议会）应该具有独立处理事务的能力。对于欧盟来说，对外政策、共同防务、统一市场和能源政策等都应该是在欧洲层面上来解决的（这些应该通过平等的法律和金融体系来平衡，通过形成精细的管理制度来提高效率）。现在看来，教育和文化方面的政策、立法对于欧洲来说更具有长远意义，相较无休止的谈判来说，它们更能使语言、宗教、少数民族的关系与国家间政治紧密联系起来。

在欧盟内部，国家利益的助推者们强调的是国家价值，认为欧洲认同只是建立在民族认同的基础之上，但欧盟与人们的生活有着相当的距离。实事求是地说，一个强调历史和传统价值体系的民族国家不会去阻止欧洲的统一。

由上面的分析我们看出，欧盟的扩大决不完全是为了解决欧洲的问题，但欧洲的确有一些问题必须解决。理解这其中的关系，有两点至关重要：

第一，对于欧盟扩大来说最重要的问题是欧洲未来的建设。欧盟的扩大同时也是欧洲一体化的深化。它将欧盟从一个经济实体扩大为一个政治实体，它有更广阔的边界，就不可避免地要面对更复杂的情况与未来，所以，解决当下的问题是欧盟的重要任务，但更重要的是着眼于欧洲未来。

第二，超国家体制的角色，包括欧盟委员会和欧洲议会在20世纪70年代以来的欧盟扩大中发挥了重要的作用。在它们的影响下，特别是在欧盟委员会的影响下，欧盟东扩和得以实施。同时，超国家体制的角色也强调了欧盟作为一个“解决问题”的实体的限度。就是哪些问题是欧盟应该解决的，哪些是其不必做或者完成不了的。

但是，这两点并没有使欧盟完全超越一个解决问题的实体，主要原因体现在以下两个方面。

首先，从现有的条件来看，欧盟在处理欧盟小国权利的问题上，更注重欧盟内部与外部的稳定而不是将小国的利益放在首位。因此，在欧盟的规则与政策实践之间存在一个鸿沟。虽然，由于欧盟扩大，内部与外部的规则、标准都在重新排列，但产生的往往是不能够完全解决问题的双重标准。

其次，欧盟老成员国（15国）虽然在对待扩大的问题上并未完全本着“解决问题”的视角，但是对新成员来说，这不能满足它们的需要。欧盟的新成员国，期待着欧盟能够为它们解决更多的问题，因为，为了加入欧盟，它们已经进行了或者是正在进行着制度结构的创新，包括向老欧洲学习，采纳他们的政治方式或者改变了原来的立场。

二　欧盟处理内部角色亟待解决的问题

目前的形势使欧洲一体化的进程面临这样的道路：统一的欧洲要建立在共同的文化认同基础之上。在欧洲一体化的道路上，由统一市场到统一货币发展顺利，政治一体化也取得了一定的进展，而文化一体化至今仍然处于讨论之中，至少还没有切实可行的方案。相对于经济一体化来说，欧洲政治一体化面临了很多困难，但是，对于欧洲公民来说，忠诚于统一的政治制度或者是可能的，但是文化认同在短期内却很难达成。但也应看到，欧洲有普世的人权观念，它可以扩展到欧盟版图所能拓展到的地方。欧盟的法律也可以鼓舞欧洲市民进一步团结在一起，“人们对法律达成一致并被法律统一在一起的景象是可以设想的”。这就是哈贝马斯所谈到的“制度爱国主义”。[①] 其意图是在缺乏民族认同、缺少同质性的欧洲市民中发展政治联合。这一观点认为欧盟公民首先应该建立在对制度的忠诚基础之上，在此基础之上才能形成进一步的认同。[②] 并且，欧洲层面的公民认同不是一个“全体范围”的认同，在欧盟层面之下，它允许个体的其他认同的存在。[③] 在这样的背景之下，欧盟处理内部角色就需要解决如下问题：

第一，公民权问题。欧洲公民权是与欧洲政治的特殊性联结在一起的。这要求欧洲议会增大权力，拥有更多立法权的欧洲议会可以加强对欧盟委员会和理事会的民主监督。这并不意味着议会将取代欧盟委员会和理事会，但实际上它在欧盟机构中成为最主要的角色。通过赋予欧洲议会更多的权力，成员国将成为欧盟体制内的一部分而不仅仅是在理事会里聚合在一起的立法成员。欧洲公民也会因此提高对欧盟选举的兴趣，从而提高公民的参与能力。总的来说，欧盟不可能真正成为建立在共同历史之上的联合体，但是它能够让欧洲人具有对共同命运认同的感受。它可以通过一个稳固的经济与政治共同体的建立发展起对欧洲共同事务的支持，进而使更多的欧洲公民具有欧洲联合统一的意识。从长远来看，这样才能培养出欧洲的文化认同。另外，欧洲理念的传播应该在社会制度和组织内部进行，尤其通过教育来实现。事实上，历史教育，尤其近代史的教育对于欧洲的文化认同来说并不具有太多的积极意义。而把共同体思想带到课堂上，例如，对共同命运和共同利益的认识，才会强调欧洲意识。

第二，媒体的发展问题。欧盟的机构应该为媒体提供更多的信息，建立欧洲市民对欧盟制度的认同感，让他们充分了解制度本身和制度的制定过程。欧盟应该直接向它的公民解释政策和制度并提供更多的信息，而不

① Habermas, J., “Citizenship and National Identity: Some Reflections on the Future of Europe”, *Paxis Intrnational*, Vol. 12 (1): 643 - 651, 1992.

② Marshall, T. H, *Class Citizenship and Social Development*, *Citizenship and Social Class*, New York: Doubleday & Co., 1964, p. 92.

③ Delgado-Moreira, J. M., “European Politica of Citizenship”, *The Qualitative Report*, Vol. 3 (3): 8, 1997.

仅仅是向成员国公布。另外，在人们的日常生活中，进一步强调欧洲人的荣誉感。多元的欧洲应该是欧盟文化的核心。让人们了解欧洲的意义比在宣传上强调欧洲作为一个共同体来说更有价值。这样会形成一个观点，即欧洲认同与民族认同、地区认同是一致的，民族认同、地区认同正是欧洲认同的精髓所在。民族的自身认同不应该建立在对其他民族的不认同之上，欧洲各国是一个命运共同体、利益共同体。欧盟文化只能被想象为一个超国家、国家和地区文化相互补充的集合体而不是其他形式。

第三，正确看待欧洲未来的问题。对待欧洲未来的态度最重要的是对于《尼斯条约》精神的更深刻的理解。事实上，它是期望每个成员国都更加接受一体化。如法国、西班牙的政治家们都更期待政治一体化，而英国的政治家们对欧洲的政治一体化一直持谨慎的态度。这些政治家们都期望在 12 国集团或更小的范围内建立起共同的外交和防御政策，设立外交代表或外交部部长来使欧盟用同一的声音来面对国际事务。我们看到，后来的《里斯本条约》体现了他们的意愿。这样就避免了欧洲一体化经过三十年之后，欧盟再次直接讨论主权让渡的问题。

现在看欧洲的未来，不能回避目前的危机。欧盟今天面临的经济危机，是欧盟六十多年历史上从未有过的，对一体化进程破坏力最大，对一体化前途信心动摇最为严重的危机。更令人担忧的是，即使没有足够证据表明危机将进一步恶化，以至于最终拖垮欧元，拖散欧盟，但至少，目前还看不到短期内结束危机的迹象。

为什么在进入 21 世纪之初的时候，在“二战”后六十多年以后，在欧盟各国普遍进入政治制度比较成熟、政治生态持久稳定、经济发展水平相对较高、社会环境安定、人民安居乐业、国富民强的阶段，会发生如此复杂深刻、震荡激烈、影响深远的危机呢？我们是不是可以理解为欧盟在过去六十多年里，积累了一些没有解决的问题，伴随国际形势的变化，新增了另外的问题。

第一，在地缘政治上，以欧洲为中心的“大西洋世纪”，正在加速被美、中、俄等为中心的“太平洋世纪”代替或超越，这股势头越来越明显。

欧洲不再是世界经济的中心，在全球化的舞台上，重量相对变轻，重要性相对下降。由此带来的是经济发展乏力、增长艰难、失业率高等。这是这场危机发生的大背景。当然，不是所有欧洲国家和地区都陷入了同样严重的危机。

第二，欧盟内部制度上的缺陷或弱点。首先，最大的问题是跨国家货币——欧元的使用、欧盟范围内金融—货币政策的统一，与财政—经济政策的主导权却仍然在各个成员国手中这个不可调和的矛盾；其次，欧盟一体化进程中，政治统一的步伐远远落后于经济统一，在经济高度一体化的同时却迟迟没有实现共同的外交与安全政策一体化，可以说是制度设计或实行上的缺陷；另外，福利社会模式下的“小病大养”“宁领救济金也不找工作”等人性中痼疾的泛滥，加上政府管理上的疏忽、腐败、懒政、堕政，造成国家财政过高的社会福利支出压力，也是制度性问题。举例来说，希腊卫生部在为该国一个岛屿上的居民进行健康检查时发现，申请政府残疾人补助的“失明者”中，82%的患者并未失明。来体检的221人中，182人的检查结果显示他们是正常人。另外还有146名“失明者”接到政府的体检通知但并未前来接受体检。早在2011年，希腊卫生部就已经发现，在这个仅有4万人左右的小岛上，有600人在享受“失明补助”，这一比例占到该岛总人口的1.5%。另外，希腊由政府发放工资的公务人员，约占全部就业人口总数的四分之一。希腊长期靠举债度日，但每年仍把国民收入的26%用于社会福利。还有，希腊政府每年因逃税损失的收入达200亿美元，约占该国国内生产总值的10%。

第三，欧盟东扩后，新老欧洲的矛盾错综复杂。经济基础深厚、主要为新教文明的北部欧洲，与经济基础相对薄弱、主要为天主教文明或东正教文明的南部欧洲，在文化背景、生活习俗、消费传统、节俭、勤勉程度等方面有着天壤之别。例如，欧元区北部国家传统上一直是高储蓄率、低通胀，因为其文化强调长期投资而非消费；但某些南部国家储蓄率早已是负数，充分体现出他们过度消费的传统。欧盟东扩后加入欧盟的一些国家需要从欧洲一体化中“少付出多得到”，这与原来的“老欧洲”国家的利益又有了冲突。欧盟成员国单位小时工资的差距是15倍，最高的是瑞典，最低的是保加利亚。在这样的差距下，很多政治、经济、社会等议题上的共同立场就很难协调。何况作为欧盟“三驾马车”的法、德、英之间也是矛盾重重，各成员国的贸易保护主义借机甚嚣尘上。

我们看到，欧盟的危机使欧盟面临了更多亟待解决的问题，但可以试想，假使这些问题解决了，人们将如何面对欧盟的未来这个问题依然存在。正像德国前总理施罗德已经谈到的，欧洲没有国家会单独站出来挑战一体化已经取得的成果。[①] 一体化的历史表明，欧洲只有作为一个整体出现在世界上，才能够是和平的、繁荣的和更容易接近的。为保持政府间体系的优势，欧盟的主要的政策事实上是由民族国家来决定的。民族主义被认为是加固欧洲一体化的障碍，这场博弈在欧洲一体化中延续下来。但是有一点，没有强大的欧洲，就不会有强大的欧洲国家，这已经为一体化的进程所决定和证明。[②] 图 10—1 为欧盟委员会及欧盟各国对"我理解欧盟的作用"的调查，图中显示的是持肯定态度的百分比，可见，欧盟的存在对于欧洲国家来说没有因为危机的出现而显得可有可无。

政治制度最可能的表现方式是一个复杂的带有历史偶然性的结合体。对于欧盟来说，这一结合体是建立在共同体、欧盟、欧洲这三种概念基础之上的。欧盟可以被看作是一个不确定的或尚不被认知的实体，它与欧洲民族国家的发展路径完全不同。研究这些不同的内容会帮助我们理解欧盟的特殊性，进而帮助我们理解现有的欧洲政治体制与欧洲秩序。在此基础上我们再来研究欧盟扩大，自然就有两个问题摆在面前：既然欧盟的扩大要付出代价与风险，为什么欧盟仍然要坚持扩大？为什么没有一个国家，包括那些被认为要为欧盟扩大付出巨大代价的国家对此诉诸否决权？如果欧盟是一个解决成员国问题的实体，那么如何来解释成员国愿意在扩大过程中分享利益，分享利益会一直是解决成员国内部问题的有效方式吗？显然，欧盟扩大的问题不仅仅是一个决定扩大的问题，同样重要的是，欧盟是如何扩大的，如何执行其扩大的？在这一过程中欧盟又是如何制定其规则与制度的，这又会为成员国及欧盟带来怎样的改变？这是专家学者都在探索的问题，在这其中，可以确定地说，欧盟作为其内部角色，必定要成为"超越解决问题的欧盟"。坚定的一体化思想，和平、统一、繁荣的欧洲理念，是使欧盟之所以成为欧盟的根本。

三　治理规则与建立"超越解决问题"的欧盟

正确解释欧盟治理规则是认清欧盟是否是一个"超越解决问题"的实体的重要前提条件。同时，我们还有两个问题需要面对，即欧盟扩大的

① Friedman, A., "Schroeder Assails EU Deficit Critics", *International Herald Tribune*, Satuday-Sunday, February, 2-3: 1, 2002.

② Eriksen and Fossum, "Europe in search of Lagitimacy: Strategies of Legitimation Assessed International Political", *Science Review*, Vol. 25 (4): 438, 2004.

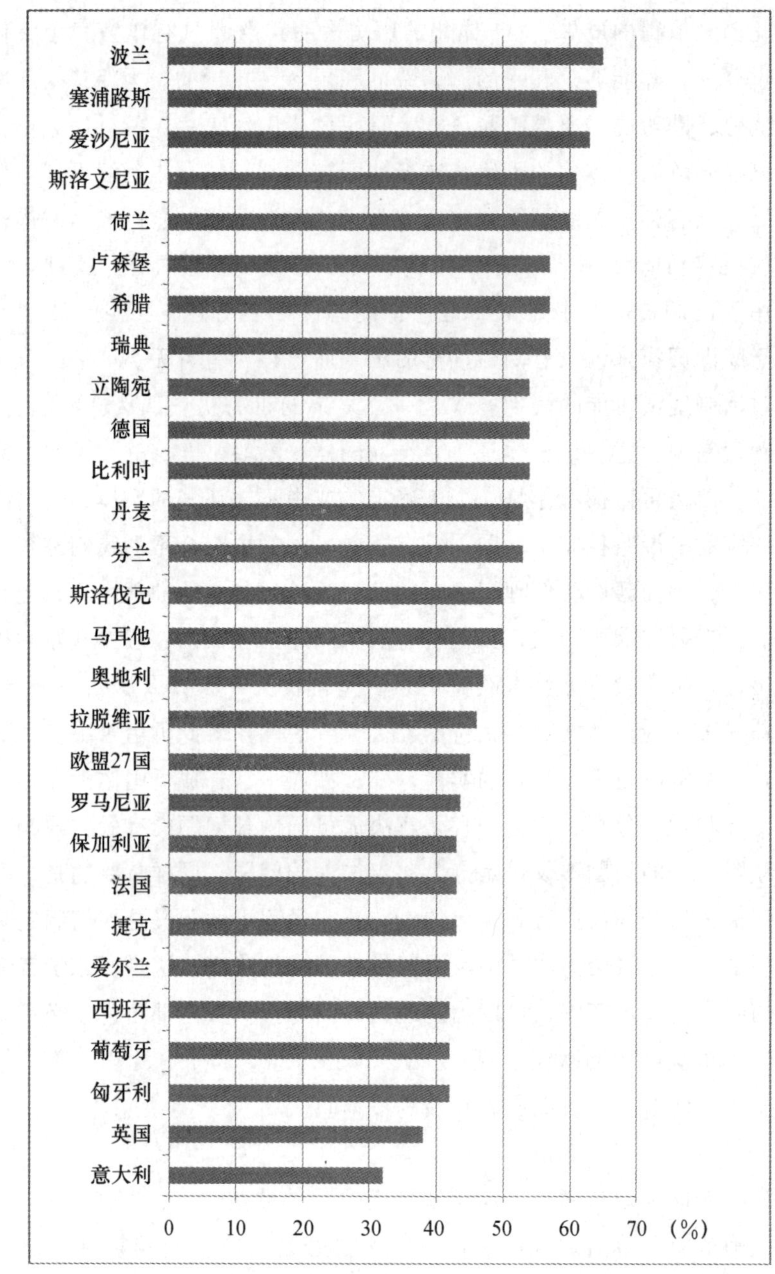

图 10—1　欧盟委员会及欧盟各国对“我理解欧盟的作用”调查

数据来源：European Commission，Eurobameter 71，September 2009.

目的是什么？如果欧盟是一个“解决问题”的实体，那么它应该解决什么问题？

谈到治理，先要谈到沟通理性，它要求社会成员的相互作用是在规则引导下的，并对规则产生作用。这使行为体本身不仅能够反映他们自己的利益、期望和对现实的理解，而且，要与其他成员共同去讨论自己所处的立场及参与共同制定规则。当面临讨论的时候，他们应该善于修正自己的观点，根据对其他行为体立场的有效性与合法性的有效评估，进而做出对其立场的判断。应该说，欧盟扩大的规则谈判与竞争就是建立在这样的沟通理性基础之上的，在这样的概念基础之上，可以将欧盟扩大理解为一种合作行为。

我们在分析欧盟是一个后国家时代的权利实体还是建立在认同基础之上的价值共同体的时候，不能脱离对道德与伦理政治的讨论。伦理政治的讨论离不开与特殊共同体特征相联系的价值概念，以此来理解根据文化和社会关系而变化的集体事务。规则或者权益的公正判断，应该是普世的，能够被独立的认同和附属感所接受。[①] 人们也一直在讨论老欧洲 15 国与后入盟的东欧国家的关系。可以肯定的是，不同类型的规则在欧盟扩大过程中发挥了不同的作用。并且，对普世的、道德的定义与讨论不包含任何使欧盟的成员国相互有别的因素。事实上，欧盟还没有发展到具有能够平衡所有国家利益的强大实力，而是通过规则对成员国实施压力，以确保其权力实施的连贯性。欧盟对内对外的双重标准问题仍然存在，并且会在一个时期内一直存在下去。可以试想，如果欧盟的成员国将其他成员国视为欧盟整体的一部分，而且是平等的一部分，那么，在入盟后权利的重新排序问题就不会出现了。因此，可以说，对于道德以外的因素的讨论也非常重要。

也有一种看法认为，欧盟为扩大所付出的代价与其获得的特别利益相抵，即便欧盟扩大不像表面上那样是为了和平与统一，即便成员国是为了自身的私利而导致欧盟的扩大，欧盟最终也必须形成有效、真实、正确的规则，否则，欧盟的扩大不会取得成功。这种说法不仅可以用来解释成员国对于欧盟扩大的支持，而且，也解释了欧盟对于国家权利的重新排序。

欧盟的规则自然而然地与治理联系起来。欧洲一体化进程使欧盟治理

---

① Eriksen and Weigard, "Conceptualizing Politics: Strategic or Communicative Action?" *Scandinavian Politics Studies*, Vol. 20 (3): 219 - 241, 1997.

方式作为一种独特的方式凸显出来，也有学者称之为欧盟模式。[①] 治理在国际关系领域与在国内政治中有相同的重要性，人们对治理的关注开始转向，已经从制度层面转向政治进程方面，这包括：治理目标的设定、社会行为体之间意见的协调，以及使这些社会行为体信守承诺。随着国家责任的不断分散化，非国家行为体无论在国际关系中还是在扩大的欧盟中都越来越活跃了，它们的参与会产生更广泛的专业知识，代表更广泛的多样性利益。并且，治理强调谈判与协商，而不是等级制的决策，更容易获得认同。

在绝大多数情况下欧盟的内部决策仍然带有以条约为基础的"共同体方法"的烙印。欧盟已经引入新的治理模式来补充和支持欧盟决策。新治理模式提高了专家和行政机构的作用，推动了欧盟权力向下级管理层和准独立机构进一步下放，激发了目标群体的参与。由于新治理模式的引入，欧盟开始以更加灵活的治理方式来应对欧盟扩大所带来的复杂性和异质性；通过日益分化的决策工具和决策程序支持欧盟相对平稳地运行。不过，权能在不同政府层面和众多功能性领域的分散以及越来越多的行为体参与决策，进一步损害了欧盟内部的民主代表制度和民主责任制度。

经过几十年的发展，欧盟已经从有限的政策领域内（煤钢共同体，原子能共同体和经济共同体）具有极高权能的超国家机构，发展成为了具有政治权能的政治体系。它几乎涵盖了所有领域，尤其在第一支柱下（建立在欧洲共同体条约基础上的欧洲共同体），欧盟具有很高的规制性权力。过去六十年里，欧盟内部没有发生变化的是成员国对宪政政治的控制。成员国政府继续享有"权力能力"，即是否将权能转移至欧盟的权力。

尽管欧盟在过去二十年里进行了一系列的制度改革和新的治理模式的引进，但欧洲共同体的决策模式，仍然带有"共同体决策方式"的烙印。欧盟的主导性政治理念是：欧盟政治应该找到解决问题的最佳方案，在满足共同利益的同时，不违反成员的根本利益。欧盟决策一旦形成，便成为具有约束力的法令。

今天的欧盟，仍然是通过法律来实现一体化。最近二十年来，欧盟治

① 周弘、［德］贝娅特·科勒—科赫主编：《欧盟治理模式》，社会科学文献出版社2008年版。

理所发生的变化，首先是对具有集体约束力的决策方式产生了影响；其次，引进了通过法律实现一体化的手段。欧盟新的治理模式并没有代替欧盟原有的治理，而是对原治理模式的一种补充。

欧盟作为当代世界区域一体化运作的成功案例，体现在欧盟治理模式的创新上。现代意义的治理不再是传统意义上的政府行为，而是一种有意识的确定政治目标并不断改变社会现状的持续过程。它所反映的价值取向，特别是非权力取向，正好符合欧洲一体化的发展需要。为了保证欧洲一体化的顺利扩展与深化，一方面共同体机制要求成员国政府让渡部分决策权力；另一方面，欧洲各国公民并不希望欧洲一体化发展的结果是在已有的权力的金字塔基础上再添一个等级。而从治理的角度来看，人们关注的焦点集中于更好地解决一体化过程中的问题，使现有的制度更加完善。从制度结构来看，欧盟属于典型的多层级治理体制，其形成源于国家权力向上、向下和向两侧的多维度转移，即中央政府的权威同时向超国家、次国家和地方的层级以及公共网络分散、转移。欧盟迄今已发展成为一个“决策权可以在不同层级之间共同分享的政体”，即多层级政体。这种治理的本质是通过协调行动，促进成员国以及各层级行为体之间的稳定与合作，不断增加共同利益，最终实现共同目标。

第二次世界大战后，欧洲存在着欧洲各民族国家如何重建欧洲秩序的不同选择。政府间主义者把一体化解释为民族国家为重获解决问题的能力、挽救发展颓势的策略性选择，欧盟发展到今天并不意味着威斯特伐利亚的政治秩序业已消亡，恰恰相反，它是民族国家在新情势下为追求经济利益、强化治理能力而进行的一系列理性选择的结果。

在政府间主义者的观点中，欧盟作为一个解决问题的实体是一种理性的思考方法，在这样的理论工具下，我们很难做出欧盟是一个“超越解决问题”的实体的判断。但是，也不能为此而得出欧盟就是为解决成员国问题而存在的联盟。

要理解欧盟是一个“超越解决问题”的联盟，还有一个需要解释的问题是，欧盟扩大的目标是什么？欧盟扩大后，更加剧了它的多元性，但是却使其变得模糊，它的一致性就此终结。无论是官方的文件还是学术文章都大量关注欧盟的扩大，但是却没有直接而共同的答案。占主导的思路仍然是国家中心论：欧盟将要建立成一个威斯特伐利亚式的联邦，由一个中心政府来控制一定的领土。但是也有一些学者认为，现代的扩大后的欧盟更类似于一个新的中世纪的帝国而不是一个联邦。在扩大后的欧盟，我们可能看到在同一体系中运作的各种类型的政治单元，它没有一个明确的权力中心和等级。社会经济也会出现相互不一致的各种类型。“欧盟的扩大带来的是软体的边界的变迁，而不是硬体的或固定的外部边界的改变。”“泛欧洲主义的认同会变得模糊与脆弱，那是由于没有真正的欧洲样本。”① 简而言之，扩大改变了人们对欧洲联盟旧有的认识，虽然其他结构性的因素，如现代化和全球化依旧在此地上演。

短期来看，欧盟不会成为一个超国家的设计，而产生一个遍及欧洲或在其之上的巨大权力。它是要形成一个多中心的政治体制进行渗透而不是控制。各种各样的制度和政策是其主要的运行规则。欧盟的多层治理体系，不确定的边界，软体的对外权力框架等，使其作为一个政治体系来说，比现代的民族国家要复杂得多。当共产主义在欧洲衰落和冷战结束，扩大是保卫整个大洲安全、繁荣和民主的最合适的方式。②

威姆·库克（Wim Kok）是荷兰的前首相和欧盟理事会 1994—2002 年的成员。这一时期正是欧盟东扩的关键时期。在 2003 年他写道：“纵观我的一生，我一直对欧洲充满信心，从我年轻时代起。我记得过去的世界大战，我懂得我们今天拥有的和平、稳定和繁荣的价值。我理解我们在过去五十年中在欧洲一体化进程中的收获。前南斯拉夫的战争和暴行使我们看到了在非一体化的情况下，欧洲人之间可以相互做出怎样的行为。因此，欧盟的扩大对我来说，是一幅让人满足的景象——它太容易让人忘记过去的悲伤时代而想当然地看到欧洲的安全与繁荣。但是如果我们停止反思，我们看到的欧盟和扩大的欧洲的真正意义在于：将欧洲人用一个宪法框架重新结合起来并鼓励他们在和平与稳定中工作。欧盟的东扩，对于西欧来说，争论最多的是关于安全、民主和繁荣，而最终目的也是如此。”③这段话准确地回答了欧盟作为“解决问题的实体”将要解决什么样的问题。它的最终目标不是要解决欧盟政治、经济、文化的某一方面的问题，而是欧洲长久的和平与发展。

---

① Jan Zielonka, *Europe as Empire: The Nature of the Enlarged European Union*, Oxford: Oxford University Press, 2006, p. 20.

② Ibid., p. 52.

③ Wim Kok, *Enlarging the European Union, Achievements and Challenges*, Flirence: European University Institute, 2003, p. 2.

另外，以欧盟治理作为工具的角度来看，欧盟治理也并非以解决问题为具体的目标。现在的欧盟，不是为民族利益而行动的国家类型，而是一个复杂的国际机构，它一直在努力地制定自己的目标、工作程序，并证明其合法性。这其中的原因在于：第一，欧盟内部对于一体化的本质始终存在争论，欧盟的政策议程也一直与成员国的议程存在竞争。这意味着欧盟的政策一定是建立在利益基础之上的，且这些利益在欧盟内部已经被限定了，但一直没有一个直接的执行方式。这在某种程度上也表明，欧盟不能解释清楚一体化及其自身存在的完整意义。因此，欧盟扩大的目的也显得模糊、模棱两可。第二，欧盟对外部世界的政策一直受到内部成员国的影响而没有形成具体的讨论议程。它寻求内部的折中，这已经是欧盟的主要决策特征。如果不能够达成一致，它需要采取措施应对“反对派”国家的争议。所以我们看到，欧盟更多的不是在自身层面而是通过与成员国协商才能通过决议。第三，欧盟的政策更多的是程序化的而不是指导性的。由于缺乏清楚的战略目标和有威胁力的投票，欧盟必须依赖程序，这是共同体方法的扩大。它根据共同承认的规则来保护灵活性和平衡外部压力，这就为欧盟扩大建立了这样的基础：欧盟扩大的过程更像一个技术和程序问题而不是欧盟的重要利益的执行。为此，欧盟的治理规则使欧盟更加成为一个规则的执行者，而不是偏重实现利益、解决问题的联盟。

第三节　新制度平衡的建立：欧盟改革的持续性

欧盟要维护其“规范性权力”，继续其规则制定者与执行者的角色，就注定了其制度设计与改革的持续性。《里斯本条约》是宪法条约被否决后的替代性条约，是一次重要的改革，但是它不会是欧盟最后的改革。未来的欧盟如果要走出危机，继续一体化进程，就需要通过不断地采用新的制度平衡来实现。欧盟的改革是持续性的，并会坚持既定的改革方向。

一　《里斯本条约》：不是欧盟最后的改革

在一般的概念中，国际条约是国家间对话的方式，其中包括了互利的认知，它们仅存的政治现实，及其内在价值建构。并且，在条约的内容之外，条约的合作因素以及从签约、批准到实施都是极其严肃的。这些对于欧盟的条约来说也是一样的，除此以外，欧盟条约还具有运行的特殊方式及其不寻常的多边主义。

伴随欧盟行为能力的不断扩大，条约也在不断产生。从 1986 年的统一市场行动到 1992 年的《马斯特里赫特条约》，到 1997 年的《阿姆斯特丹条约》，到 2001 年的《尼斯条约》以及它的不断扩大（1973，1981，1986，1995，2004，2007），就其纯粹的必要性来讲，欧盟条约已然成为政府间协商对话的方式，也是与他们的选民进行对话的方式。

《里斯本条约》的批准是在 2009 年 1 月，并于 2009 年 12 月 1 日生效。标志着特别而又不可预期的欧盟的制度变化进程的结束。条约在 2007 年 12 月 13 日就已签订，到生效几乎花了两年时间，这比前面条约的修订期还要长得多。

但是从严格的法律意义上讲，这一条约经历了两次更名，有一个长期的过程。最初的制度议案要返回到 1989—1990 年的两德统一时期。经过长期的讨论生成了《欧洲公约》和 2003 年的《欧盟宪法条约》草案，然后发展成为《欧盟宪法条约》。而《里斯本条约》是这一《欧盟宪法条约》未被批准而后艰难通过的替代产物。但欧洲一些学者认为，对《里斯本条约》的评估，还远不能过于乐观。一些人认为“它不是一个成功的联邦主义的选择因而遭到了某些民族国家的斥责，但它也不是民族主义势力的胜利”。“它是一个非常欧洲的条约，充满了对细微差异解释的余地，需要在未来不断平衡的问题很多，有很多问题需要通过谈判解决，有建设性，也有歧义性。”[①] 他们认为，条约介绍了决策变化的过程和制度建议的过程，但是没有太多的革新。大多数关于决策方式的变化都是对已经存在的形式的扩大，如理事会的多数投票原则以及合作决议范围的扩大。在制度设置方面，变化是可见的，但是革新并不占有主要的部分。条约设立了一个固定的欧盟理事会主席和欧盟外交与安全政策最高代表的职务（每届任期两年半）。但是原来的设置中就已经有一个欧盟理事会的主席，也有一个最高代表和专员来负责对外关系。长期的托管、相互结合与权力再分配对于他们来说已经形成事实，现在这种变化并不是根本上的变化。在条文上来说，传统的三角制度也保留下来。因此，从表面意义上来

---

① Loukas Tsoukalis and Janis A., *Emmanouilidis*, *The Delphic Oracle on Europe*: *Is There a Future for the Europe Union*? Oxford University Press, 2011, p. 2.

看，这次改革的变化是有限的；但从其现实意义上来说，由两个新职位的出现而发生的变化不免是深刻的：其一，从角色、托管责任和资源方面来说这两个职位具有新功能的特征；其二，他们的行为将被视为政治因素而不再只代表他们所运行的制度。这些变化将成为影响制度内部持续变化的动力，是欧盟条约连续性的表现，只是它不是改革的终结点。

二 新的制度平衡的建立需要更多的时间

《里斯本条约》不会是欧盟改革的终点，欧盟的发展需要新的制度平衡的建立，而它的建立需要更多、更久的时间。

第一，《里斯本条约》的制度结构说明改革的压力需要用比预期大得多的弹性来释放。从某种程度上说，《里斯本条约》的执行赶上了一个不好的时代。从条约的本意来看，是试图处理欧盟扩大后的问题和建立制度的尺度以及对决策过程的制定，试图简化与理清对内对外事务，在全球化背景下，提高欧盟在世界舞台上的地位。但是，与事实相悖的是，《里斯本条约》的制度结构说明改革的压力比《欧盟宪法条约》的预期要大，特别是对欧盟委员会和欧洲议会来说更是如此。挑战之一在于它在执行之初遇到了金融危机及其产生的后果。而单纯从制度上来看，《里斯本条约》对于解决现实的情势并无帮助。但是欧洲联盟要做的事情并不仅仅是建立制度，还包括建立欧洲社会与政治联结的密集而复杂的网络，以至于形成共同工作的习惯、方法，以及经验交流的能力。这些问题显然还没有得到很好的解决。

虽然，欧盟理事会在2009年12月11日声明，《里斯本条约》为联盟提供了稳定而持久的制度框架，将使联盟集中应对所面临的挑战。这似乎只反映了欧盟对制度改革的一种疲惫。一般认为，这次改革历时长，困难大，给参与者和未参与者带来的政治利益的差别也几乎无法辨别。但是，参与者在某种程度上付出了高昂的政治代价。因此，布鲁塞尔一直说不会再有这样的改革，并且认为欧盟在这个问题上几乎达成了一致，就是在可预见的未来没有制度改革发生。

但是这种观点似乎低估了这样的现实，就是制度改革对于欧盟来说一直都是必要的。《里斯本条约》不是一个完备的可以作为终结制度的条约。从一开始，它体现出的的确是一种进步。例如大多数投票原则，其他的方面也会在接下来的阶段中显现。但是，它也具有其制度弹性，比如，从很多方面，《里斯本条约》还没有为其充分执行提供细节，还有大批的事务需要通过例如内部的制度协议、其他有关实践的事务，尤其是类似于建立欧盟对外行动署（European External Action Service）的功能等进一步发展。显然，欧盟制度的改革没有结束。考虑到过去的实践和面临的挑战，可以预见到，欧盟的制度改革还将继续。而与之前相比，只是发生了形式上的变化。就是直接制定宪法条约的设计方案可能被放弃了，更温和的与谨慎的变化将会发生，尤其是体现为在现有条约修订过程中去履行责任。

第二，变化中的连续性将一直会是欧盟改革的特点。

欧盟在发展的过程中已经政治化了，不再仅仅是一个发展中的机构，也不仅仅代表某一个功能。政治作为其附属物承担了重要的角色，即便这并不代表欧盟高层的观点。

比如，国家间的政党合作在欧洲政治中的影响力很大，所以它们不仅是在为欧洲议会工作，并且还会对一些成员国的未完全成熟的政党体系产生影响。它们的角色在《里斯本条约》中被认识到并且引起了特殊的重视。如，条约规定，在每一次欧盟理事会之前，成员国及政府的领导人要以党派的名义会面。

还有，在很多年里，欧洲一体化讨论的一个重要的问题是“民主赤字”。作为其带来的危机之一，在《里斯本条约》的讨论过程中，所有的利益相关方都会要求更多的民主。在它们看来，其意义不仅仅对于自身是重要的，对于欧洲一体化的前景也是至关重要的。为此，条约在民主的方面关注了很多。但是到现在为止，它还只是政府条文中的，只能是得到行政管理方审慎支持的且以不带来危机为前提的执行方案。

但是，欧洲政治的建立不是任何国家体系的政治转换，更不是成员国中不同元素的结合。它必须认识到它自身是一个独立的体系。因此，也不能从一个国家的视角来判断，不能将其作为一个国家类型的政治行为体来判断其所面对的挫折与误解。

欧盟的制度体系仍然在建立之中，这需要更多的政治支持，而不是在可以预见的未来终止制度建立。换句话说，现在，将欧盟看作有主导国的成员国政治还为时尚早，与小成员国的合作政治路线可能会在欧洲盛行。在不远的将来，对于新成员（冰岛、克罗地亚等）的准入条约也会做出一些调整。事实上，欧盟制度设计的计划与执行一直在变化之中。其中最主要的原因在于欧盟在面对新的挑战时需要不断做出新的回应。新的制度平衡需要为之建立，这也是一直以来欧盟制度改革的最直接原因与动力。

第三，新的制度平衡的建立需要更多的时间。

《里斯本条约》就是一个欧盟制度平衡的节点。欧洲联盟 27 个成员国从 2009 年 11 月 19 日晚开始在比利时首都布鲁塞尔举行特别首脑会议，推举产生首任欧盟“总统”和“外长”。在平衡了国家大小、政治倾向、性别等因素后，中右阵营出身的比利时首相赫尔曼·范龙佩出任欧盟理事会常任主席，得到中左阵营支持的欧盟委员会英国籍贸易委员凯瑟琳·玛格丽特·阿什顿则出任负责外交的“最高代表”。其中的亮点似乎在于，英国政府最终放弃推举前首相托尼·布莱尔为欧盟“总统”人选，从而为欧盟内部最大程度达成共识扫清了障碍。

欧盟各国普遍具有悠久的民族国家历史，尽管彼此联系密切，政治体制相近，但文化传统、语言和生活习惯差异巨大，对一体化的抵触情绪依然强烈。“欧盟总统”这一职位，按照最初欧盟宪法的构想，是由民选产生、具有相当权力的“准国家元首”，但在漫长的争论和妥协后，最终变成了一个有些吃力的角色：每年要在全球各地出席 200 场以上各种会议；由于欧盟复杂的政治架构，且并没有很大的主导权和决策权，“欧盟总统”不得不在 27 个国家的不同立场间周旋、平衡。正如法兰西学院教授贝尔顿·希尼所质疑的，《里斯本条约》中竟没有明确规定“欧盟总统”的职权范围，没有明确他如何与欧盟委员会主席等旧角色分工，以及如何界定自己的权限，这些还都缺乏足够的依据。[①] 不仅如此，27 个欧盟成员国的意见并不统一，一些国家希望“欧盟总统”就是个任期较长的形象代表，而另一些国家则希望出现一个可以和美、俄、中等大国元首分庭抗礼的“欧盟总统”。两种意见相持不下，加上《里斯本条约》的定义模糊、权限不明，可能令“欧盟总统”进退失据，甚至卷入各成员国的政治分歧旋涡，最终徒然让欧盟一体化变成“象征的统一”。所以，欧盟常任主席的诞生并不意味着欧洲一体化的最终实现，在各国的吵闹声中，条约甚至未指定正式的国旗、国徽和国歌。呱呱坠地的“欧盟总统”究竟是统一的象征，抑或象征的统一，还需要在今后的平衡中去验证。

从欧洲政治一体化发展的曲折历程来看，未来的发展趋势主要体现在

① http：//news. 163. com/09/1121/08/5OKLLNJ9000120GR. html.

以下两个方面：一是在欧洲政治一体化的决策和制度领域会出现一定的突破，但不会改变欧盟目前民族国家联盟的本质。这种联盟的制度化，会使法律化水平进一步提高。在尊重民族国家特性和国家基本利益的前提下，欧盟体制的超国家性也会有明显加强，但这种加强在短期内不会使欧盟过渡到一个传统意义的欧洲联邦，也不会成为一个完全类似美国的“欧洲合众国”。二是欧盟会继续通过革新机构体制来提高其决策效率，增强欧盟政策机构的民主合法性。同时会通过强化共同外交与安全政策以及司法和内务合作，进一步加强欧盟在国际舞台上的地位和影响力。政治一体化进程由于涉及更敏感的主权领域，多数成员国对于许多实质性的主权让渡或转移仍持非常谨慎的态度，因此欧盟的政治一体化只能渐进式地发展。欧洲的制度平衡需要更多的时间来实现。

在未来，对于和平、安全和稳定的考量将仍然是对欧盟最为系统的价值参考。这比伦理政治和道德判断具有更为直接的利益基础。然而，这样的讨论是对整个欧洲的安全而不是个别国家的安全的考量。当安全与和平、稳定结合起来的时候，它对于整个欧洲的意义就不言而喻了。尤其是欧洲特殊的几百年的内战背景，欧洲一直处于自身的威胁之中，欧盟的东扩是欧洲战胜自我的一个过程，而不是欧洲的安全受到了外部因素的威胁而产生的对安全现实的期待。欧盟将自身定位为一个建立在现代民主制度与规则基础上的实体，但我们还没有看到欧盟国家形成了真正的集体认同——真正的集体认同的建立对于欧洲来说似乎需要更多的时间。

如我们所看到的一样，由于欧盟条约的连续性，当制度和行政管理的工具只需要最小限度的调节去处理问题的时候，并不意味着改革就是权力的再分配。当现有的制度和行政管理的工具面临抵制的时候，自然的改变也会出现。由于内在的利益会一直存在，合作有时候是比保守更有效的办法，一些时候矛盾会因此而自然解决。有章可循的内部制度也会解决这些问题，但是它需要一定的时间。由于当前的金融危机，欧盟希望在一些领域能够很快取得经济效益，这也成为欧盟改革的驱动力量。欧盟2020战略打着“改革联盟”的旗号，意在“精简、可持续和增长”。它的风险在于，增长、竞争和改革将作为最终目标，放在了人的可持续发展的前面。人们担心这会带来不可持续地利用资源、削弱植被和增加废气的排放。人们期待的是在危机中的欧盟能够顺利地应对这一切。欧盟的改革必须有益于社会。

对欧盟来说，改革永远不会是一个最终的目标，它是促进可持续发展和人类健康生存的重要手段。由于技术与意识形态不会解决经济、社会和环境危机问题。欧盟的改革话语、政策和行为必然要向着具有社会意义的改革方向发展。欧盟的研究政策一直是以“为全人类的目标发展经济”作为口号，相信短期内的危机不会为之带来改变。

参考文献

一　中文类

丁纯：《欧盟经济发展报告2007》，复旦大学出版社2007年版。

丁银河：《冷战后欧洲联盟多边外交战略研究》，武汉大学出版社2011年版。

马胜利、邝杨主编：《欧洲认同研究》，社会科学文献出版社2008年版。

马晓强、雷钰等：《欧洲一体化与欧盟国家社会政策》，中国社会科学出版社2008年版。

王坚：《欧盟完全手册》，中央编译出版社2010年版。

王展鹏：《跨国民主及其限度——欧盟制宪进程研究》，人民出版社2010年版。

王彩波主编：《欧盟政体与政治》，吉林大学出版社2007年版。

中国社会科学院欧洲研究所、中国欧洲学会编：《大欧盟　新欧洲2004—2005欧洲发展报告》，中国社会科学出版社2005年版。

中国社会科学院欧洲研究所、中国欧洲学会编：《欧盟的国际危机管理：2006—2007欧洲发展报告》，中国社会科学出版社2007年版。

中国欧洲学会欧洲一体化史分会编著：《欧洲一体化史研究：新思路、新方法、新框架》，世界图书出版公司2012年版。

文峰：《欧盟非法移民治理研究》，暨南大学出版社2012年版。

邓宗豪：《欧洲一体化进程：历史、现状与启示》，四川大学出版社2011年版。

古莉亚：《欧洲一体化的悖论》，吉林大学出版社2010年版。

石坚、易丹：《寻找欧洲：欧洲一体化之魂》，四川大学出版社2008

年版。

冯存万：《欧洲共同外交的结构与功效分析》，中国社会科学出版社 2009 年版。

冯绍雷等：《构建中的俄美欧关系——兼及新帝国研究》，华东师范大学出版社 2010 年版。

吕艳滨、［英］卡特：《中欧政府信息公开制度比较研究》，法律出版社 2008 年版。

朱明权：《欧盟共同外交和安全政策与欧美协调》，文汇出版社 2002 年版。

朱绍中主编：《德国在扩大的欧盟中》，同济大学出版社 2006 版。

朱贵昌：《多层治理理论与欧洲一体化》，山东大学出版社 2009 年版。

伍贻康主编：《欧洲一体化的走向和中欧关系》，时事出版社 2008 年版。

伍贻康等：《多元一体欧洲区域共治模式探析》，上海社会科学院出版社 2009 版。

刘玉安：《北欧福利国家剖析》，山东大学出版社 1996 年版。

刘文秀：《欧盟的超国家治理》，社会科学文献出版社 2009 年版。

刘光华、闵凡祥、舒小昀：《运行在国家与超国家之间：欧盟的立法制度》，江西高校出版社 2006 年版。

刘军、曹亚雄主编：《大构想——2020 年的欧盟》，华东师范大学出版社 2010 年版。

刘泓：《欧洲联盟：一种新型人们共同体的建构》，中国社会科学出版社 2008 年版。

刘雪莲主编：《欧洲一体化与全球政治》，吉林大学出版社 2008 年版。

关呈远主编：《零距离解读欧盟——外交官的前沿报告》，中国人民大学出版社 2009 年版。

李寿平主编：《〈里斯本条约〉时代的欧盟法与中欧关系》，北京理工大学出版社 2010 年版。

杨友孙：《欧盟东扩与制度互动：从一个入盟标准说起》，世界知识出版社 2008 年版。

杨晓燕：《欧洲主义还是大西洋主义？——冷战后欧盟对华政策中的美国因素》，上海交通大学出版社 2011 年版。

杨烨、［捷］梅耶斯特克主编：《欧盟一体化，结构变迁与对外政策》，华东师范大学出版社 2009 年版。

吴志成、薛晓源主编：《欧洲研究前沿报告》，华东师范大学出版社 2007 年版。

余南平：《欧洲社会模式——以欧洲住房政策和住房市场为视角》，华东师范大学出版社 2009 年版。

余南平主编：《欧盟一体化共同安全与外交政策》，华东师范大学出版社 2009 年版。

汪波：《欧盟中东政策研究》，时事出版社 2010 年版。

宋锡祥主编：《〈里斯本条约〉与欧盟法的发展》，上海社会科学院出版社 2012 年版。

张迎红：《欧盟共同安全与防务政策研究》，时事出版社 2011 年版。

张海冰：《欧洲一体化制度研究》，上海社会科学院出版社 2005 年版。

陈志敏、盖拉茨：《欧洲联盟对外政策一体化：不可能的使命》，时事出版社 2003 年版。

陈玉刚：《国家与超国家——欧洲一体化理论比较研究》，上海人民出版社 2001 年版。

林甦、张茂明、罗天虹主编：《欧盟共同外交和安全政策与中国—欧盟关系》，法律出版社 2002 年版。

罗志刚：《俄罗斯—欧盟关系研究》，中国社会科学出版社 2009 年版。

罗志刚、严双伍主编：《欧洲一体化进程中的政治建设：国家关系的新构建》，人民出版社 2009 年版。

罗英杰：《利益与矛盾：冷战后俄罗斯与欧盟关系研究》，世界知识出版社 2009 年版。

周弘主编：《欧盟是怎样的力量》，社会科学文献出版社 2008 年版。

周弘主编：《欧洲发展报告（2008～2009）》，社会科学文献出版社 2009 年版。

周弘主编：《欧洲发展报告（2009～2010）》，社会科学文献出版社 2010 年版。

周弘、[德] 贝娅特·科勒·科赫主编：《欧盟治理模式》，社会科学文献出版社 2008 年版。

周保巍、成键主编：《欧盟大国外交政策的起源与发展》，华东师范大学出版社 2009 年版。

郑启荣主编：《全球视野下的欧盟共同外交和安全政策》，世界知识出版社，2008 年版。
房乐宪：《欧洲政治一体化：理论与实践》，中国人民大学出版社 2009 年版。
胡瑾等：《欧洲当代一体化思想与实践研究》，山东人民出版社 2002 年版。
钮松：《欧盟的中东民主治理研究》，时事出版社 2011 年版。
俞可平：《治理与善治》，社会科学文献出版社 2003 年版。
洪霞：《欧洲的灵魂：欧洲认同与民族国家的重新整合》，中国大百科全书出版社 2010 年版。
祝宝良、张峰主编：《欧盟地区政策》，中国经济出版社 2005 年版。
秦亚青主编：《观念、制度与政策：欧盟软权力研究》，世界知识出版社 2008 年版。
顾俊礼主编，闫小冰撰写：《西欧政治》，经济科学出版社 2001 年版。
资中筠主编：《冷眼向洋》上卷，三联书店 2000 年版。
黄正柏：《欧洲一体化进程中的国家主权问题研究》，湖北人民出版社 2011 年版。
阎小冰、邝杨：《欧洲议会——对世界上第一个跨国议会的概述与探讨》，世界知识出版社 1997 年版。
董礼胜等：《中国人看欧盟：现状、成因及其政策涵义》，社会科学文献出版社 2012 年版。
郇庆治：《多重管治视角下的欧洲联盟政治》，山东大学出版社 2002 年版。
《欧洲联盟基础条约》，程卫东、李靖堃译，社会科学文献出版社 2010 年版。
傅义强：《欧盟移民政策与中国大陆新移民》，暨南大学出版社 2008 年版。
雷建锋：《欧盟多层治理与政策》，世界知识出版社 2011 年版。
戴炳然主编：《里斯本条约后的欧洲及其对外关系》，时事出版社 2010 年版。
《欧洲共同体条约集》，戴炳然译，复旦大学出版社 1993 年版。
［英］安特耶·维纳、［德］托马斯·迪兹主编：《欧洲一体化理论》，朱

立群等译，世界知识出版社 2009 年版。

［法］奥利维·法弗里主编：《直通欧洲：欧盟官方术语汇编》，谢军瑞译，上海外语教育出版社 2008 年版。

［法］鲍铭言、［法］钱伯内特：《欧洲的治理与民主》，李晓红译，社会科学文献出版社 2011 年版。

［德］贝娅特·科勒－科赫等著：《欧洲一体化与欧盟治理》，顾俊礼等译，中国社会科学出版社 2004 年版。

［德］迪特·卡塞尔、［德］保罗·J. J. 维尔芬斯主编：《欧洲区域一体化：理论纲领、实践转换与存在的问题》，马颖总校译，武汉大学出版社 2007 年版。

［英］吉登斯等：《欧洲模式》，沈晓雷译，社会科学文献出版社 2010 年版。

［英］伦纳德：《为什么欧洲会领跑 21 世纪？》，廖海燕译，上海三联书店 2009 年版。

［德］马迪亚斯·赫蒂根：《欧洲法》，法律出版社 2003 年版。

陈志敏等：《中国、美国与欧洲：新三边关系中的合作与竞争》，上海人民出版社 2011 年版。

［西班牙］圣地亚哥·加奥纳·弗拉加：《欧洲一体化进程——过去与现在》，朱伦等译，社会科学文献出版社 2009 年版。

［意］泰洛：《国际关系理论：欧洲视角》，潘忠岐等译，上海人民出版社 2011 年版。

［法］雅克·勃莱尔等：《欧洲书简》，生活·读书·新知三联书店 2004 年版。

二　外文类

A. J. P. Taylor, *A Personal History*, New York: Atheneum, 1983.

Allot, *The Health of Nations: Society and Law Beyond the State*, Combridg and New York: Combridg University Press, 2002.

Andrew Moravcsik, *The Choice for Europe: Social Purpose and State Power from Messina to Maastricht*, N. Y: Cornell University Press, 1998.

Andrew Shonfield, *Europe, Journey to an Unknown Destination: An Expanded version of the BBC Reith lectures 1972, with an Introduction to the Ameri-*

can Edition, International Arts and Sciences Press, White Plains, N. Y. , 1974.

Anne Stevens, Handley Stevens, *Brussels Bureaucrats? The Administration of the European Union*, London: Palgrane. 2001.

Antinio vmenendez-Alarcon, *The Culture Realm of European Integration: Social Representations in France Spain, and the United Kingdom*, London: Praeger. 2004.

Antje Wiener, Thomas Diez, *European Intergration Theory*, Oxford: Oxford University Press, 2004.

Atzenstein and Keohane, *Anti-Americanisms in World Politics*, Cornell: Cornell University Press, 2007.

Bekemans, *European Integration and Cultural Policies: Analysis of Dialectic Polarity*, Florence: European University InstiTute, 1990.

Brent F. and Alexander Stubb Nelsen, *The European Union: Readings on the Theory and Practice of European Integration*, Lynne Rienner Pub, 1994.

Brigid Laffan, Rory O'Donnell, Michael Smith, *Europ's Experimental Union: Rethinking International*, Londan: Routeledge, 2000.

Cameron, F. , *An Introduction to European Foreign Policy*, London: Routledge, 2007.

Daniel C. Thomas, *Making EU Foreign Policy: National Peferences, European Norms and Common Policies*, Palgrave Mac Millan, 2011.

Daniel Finke, *European Integration and its Limits: Intergaovernmental Conflicts and Their Domestic Origins*, ECRP Press, 2010.

David Mitrany, *The Functional Theory of Politics*, London: London School of Economic and Political Science Preus, 1975.

De La Porte and Pochet, *Building Social Europe through the Open Method of coordination*, Peter Lang Pub. Inc. , 2002.

Desmond Dinan, *Origins and Evolution of the European Union*, *Oxford*: Oxford University Press, 2006.

Douglas R. Holmes, I*ntegral Europe: Fast-Capitalism*, *Muticulturalism*, *Neofascism*, *Princeton*: Princeton University of Chicago Press, 2000.

Eizabeth Bomberg, John Peterson and Alexander Stubb, *The European Union: How Does It Work? Oxford*: Oxford University Press, 2008.

Ellul, J., "*Interview*", *in L'Europe et les Intellectuels*, Paris: Galllimard, 1984.

Emerson M., *The Economics of 1992: The E. C. Commission's Asessment of the Economic Effects of Completing the Internal Market*, Oxford: Oxford University Press, 1988.

Ernst B. Haas, *The Uniting of Europe: Political, Social, and Economic Forces 1950 - 1957*, Stanford: Stanford University Press, 1968.

Fiona Hayes-Renshaw, Helen Wallace, *The Council of Ministers*, Second Edition, Palgrave MacMillan, 1996.

Fritz Wilhelm Scharpf, *Optionen des Föderalismus in Deutschland und Europa*, Campus Verlag Gmbh, 1994.

Fritz Wilhelm Scharpf, *Recht und Politik in der Reform des deutschen Föderalismus*, Max-Planck-Inst. für Gesellschaftsforschung, 2005.

Gerard Delanty, *Interventing Europe: Idea, Identity, Reality*, New York: St. Martin's Press, 1995.

George L. Mosse, *Fallen Sodiers: Eeshaping the Memory of the World Wars*, New York: Oxford University Press, 1990.

Gene Sharp, *Making Europe Unconquerable*, London: Taylor & Francis, 1987.

George Tsebelis, "The Power of the European Parliament as a Conditional Agenda Setter", *The American Political Science Review*, 1994.

George Tsebelis and Eunyoung Ha, *Coalition Theory: A Veto Players Approach*, Unpublished Manuscript, University of Los Angeles, 2006.

Giandomenico Majone, *Regulating Europe*, London: Routledge, 1996.

Hans Kohn, *Nationalism: Its Meaning and History*, Princeton: Van Nostrand, 1955 .

Hans Kohn, *The Idea of Nationalism*, Newyork: Macmillan, 1967.

Hall and Soskice, *Varieties of Capitalism: The Institutional Foundation of Ccamparative Advantage*, New York: Oxford University Press, 2001.

Heather Grabbe, *The EU's Transformative Power: Europeanization through Conditionality in Central and Eastern Europe*, Palgrave Mac Millan, 2006.

Helen Drake, *Jacques Delors: Perspectives on a European Leader*, London:

Routledge, 2000.

Helene Sjursen, *Questioning EU Enlargement: Europe in Search of Identity*, London: Routledge, 2006.

Hugh Seton-Watson, *Nations and States*, London: Methuen, 1977.

Ingeborg Tommel, Amy Verdun, *Innovative Governance in the European Union: The Politics of Multilevel Policymaking*, Lynne Rienner Pub., 2008.

Jack Hayward and Edward C. Page, *Governing the New Europe*, Combridge: Polity Press, 1995.

Jan Zielonka, *Europe As Empire, The Nature of the Enlarged European Union*, Oxford: Oxford University press, 2006.

Jeffrey T. Checkel and Peter J. Katzenstein, *European Identity*, Combridge: Combridge Press, 2009.

Johan P. Olsen, *Europe in Search of Political Order: An Institutional Perspective In Unity/Diversity, Citizen/Their Helpers, Democratic Design/ Historical Drift and Co-existence of Orders*, Oxford: Oxford University Press, 2007.

John Peterson, Elizabeth Bomberg, *Decision-Making in the European Union*, London: Palgrave, 1999.

John Peterson, Helene Sjursen, *A Common Foreign Policy for Europe?* London: Routledge, 1988.

John Peterson, Michael Shackleton, *The Institutions of the European Union*, Oxford: Oxford University Press, 1996.

John Pinder, *European Community: The Building of a Union*, Oxford: Oxford University Press, 1991.

Joseph Jupille, *Procedural Politics: Issues, Influence, and Institutional Choice in the European Union*, Cambridge University Press, 2004.

Justine Lacroix, Calypso Nicolaidis, *European Stories: Intellectural Debates on Europe in National Context*, Oxford: Oxford University Press, 2010.

Karl W. Deutsch, *Nationalism and Social Communication*, Combridge: Technology Press and New York: Wiley, 1953.

Kathleen R. McNamara, *The Currency of Ideas: Monetary Politics in the European Union*, N. Y.: Cornell University Press, 1998.

Katzenstein and Shiraishi, *Beyond Japan. The Dynamics of East Asian Regionalism*, *Ithaca*, N. Y.: Cornell University Press, 2006.

Leon N. Lindberg, *The Political Dynamics of European Economic Integration*, Stanford: Stanford University Press, 1963.

Leonard, M., *Why Europe Will Run the 21st Century*, London: Fourth Estate, 2006.

Liesbet Hooghe, *Cohesion policy and European Integration: Building Multilevel Governance*, Oxford: Oxford University press, 1996.

Loukas Tsoukalis, Janis A. Emmanouilidis, *The Delphic Oracle on Europe: Is There a Future for the Europe Union?* Oxford: Oxford University Press, 2011.

Mario Monti, Alexander Spachis, John Farnell, Pierre Buiges, *The Single Market and Tomorrow's Europe*, Kogan Page, 1996.

Mark A. Pollack, *The Engines of European Integration: Delegation, Agency, and Agenda Setting*, Oxford University Press, 2003.

Mark Mazower, *Dark Continent: Europe's Twentieth Century*, London: Penguin, 1998.

Mary Farrell, Stefano Fella, Michael Newman, *European Integration in the 21st Century: Unity in Diversity?* London: Sage, 2002.

Max Pensky, *The Ends of Solidarity: Discourse Theory in Ethics and Politics*, N. Y.: State University of New York Press, 2008.

Maxime Rodinson, *Europe and the Mystique of Islam*, Seattle: University of Washington Press, 1987.

Michael Albert, *Capitalism Contre Capitalism*, Paris, 1991.

Michael Bruter, *Citizens of Europe? The Emergence of a Mass European Identity*, Palgrave Macmillan, 2005.

Michelle Cini, Nieves Perez-Solorzano Borragan, *European Union Politics*, New York: Oxford University Press, 2003.

Michael Wintle, *Culture and Identity in Europe: Perceptions of Divergence and Unity in Past and Present*, Aldershot: Avebury, 1996.

Milada Anna Vachudova, *Europe Undivided: Democracy, Leverage, and Integration after Communism*, Oxford: Oxford University Press, 2005.

Michelle Egan, *Constructing a European Market: Standards, Regulation, and Governance*, Oxford: Oxford University Press, 2001.

Neil Nugent, *The Government and Politics of European Union*, Basingstoke: Palgrave Macmillan, 2010.

Ngaire Woods, *Explaining International Relations since 1945*, Oxford: Oxford University Press, 1996.

Nick Bernard, *Multi-level Governance in the European Union*, Kluwer Law International, 2002.

Nill Nugent, *The Government and Politics of European Community*, London: Macmillan, 1989

Paolo Graziano, Maarten P. Vink, *Europeanization: New Research Agendas*, London: Palgrave MacMillan, 2006.

Pierson, *Dismantling the Welfare States? Regan, Thatcher and the Politics of Retrenchment*, New York: Combrige University Press, 1994.

Peter Gay, *Freud, Jews and Other Germans*, Oxford: Oxford University Press, 1978.

R. Daniel Kelemen, *The Rules of Federalism: Institutions and Regulatory Politics in the EU and Beyond*, Harvard: Harvard University Press, 2004.

Renand Dehoussse, *The Community Method, Obstinate or Obsolete?* Palgrave Macmillan, 2011.

Rhodes, R. A. W. , *Understanding Governance: policy Networks, Governance, Reflexivity and Accountability*, Basingstoke: Macmillan, 1997.

Robert Pahre, *Politics and Trade Cooperation in the Nineteenth Century: The "Agreeable Customs" of 1815 - 1914*, Cambridge: Cambridge University, 2007.

Rodrigo Salgado, *The Engineering of Foundations*, McGraw Hill Higher Education, 2007.

Svein Andersen, Kjell A Eliassen, *Making Policy in Europe*, Sage, 2001.

Sven Steinmo, Kathleen Thelen, Frank Longstreth, *Structuring Politics: Historical Insititutionlism in Comlarative Anlysis*, Comlarative: Cambridge University Press, 1992 .

Simon Hix, *The Political System of The European Union*, London: Palgrave,

1999 .

Simon Hix, *What's Wrong with the Europe Union and How to Fix It*, Polity, 2008.

Sonia Lucarelli, Lorenzo Fioramonti, *External Perceptions of the European Union as a Global Actor*, London and New York: Routledge. 2010.

Sophie Meunier, Kathleen R. McNamara, *Making History: European Integration and Institutiona Change at Fifty*, Oxford: Oxford University Press, 2007.

Stanley Hoffmann with Robert C. Johansen, James P. Sterba, and Raimo Vayrynen, *The Ethics and Politics of Humanitarian Intervention*, University of Notre Dame Press, 1996.

Stephen George, *Politics and policy in the European Community*, Oxford: Oxford University Press, 1991.

Sverre Lodgaard, *The North-South Dimension of European Security*, PRIO-Report, 1986.

Timothy A. Byrnes, Peter J. Katzenstein, *Religion in an Expanding Europe*, Cambridge: Cambridge University Press, 2006.

Thompson. E. P, *Beyond the Cold War*, New York: Pantheon, 1982.

Vilho Harle, *European Values in International Relations*, London and New York: Printer Pub. 1990.

Walter Mattli, *The Logic of Regional Integration: Europe and Beyond*, Cambridge. Cambridge University Press, 1999.

Wim Kok, *Enlarging the European Union, Achievements and Challenges*, Flirence: European University Institute, 2003.